불멸의 화 ㅇㄷㅇㅓㄴㅣ회

The Immortalization Commission: The Strange Quest to Cheat Death

불멸화 위원회

The
Immortalization
Commission

유령과 볼셰비키,
그리고 죽음을 극복하려는
이상한 시도

존 그레이
John Gray | **김승진** 옮김

ꝋ 이후

총알 구멍 하나하나가 불멸로 가는 문이다.
- 프레더릭 사이델[1]

사랑은 죽은 자를 일어나게 하는 것만 빼고 모든 것을 할 수
있다.
- 에밀리 디킨슨[2]

차례

다윈, 교령회에 참석하다 • 〈심령연구학회〉 설립자 F.W.H. 마이어스, 죽은
뒤에 메시지를 보내기로 윌리엄 제임스와 약속하다 • 자동 기술과 교차 통
신 • 자연선택 이론의 공동 발견자인 앨프리드 러셀 월리스, 심령주의자가
되다 • 시지윅의 사후 세계 추구와 윤리학의 블랙홀 • 영혼의 불멸에 대한
다윈의 견해 • 조지 엘리엇, 트리니티 칼리지 정원에서 '의무'에 대해 논하
다 • 내세의 몇 가지 버전들 • 사후 세계에서의 진화에 대한 마이어스의
견해 • 사후 세계에서 '시지윅'이 보낸 메시지, "나는 아직도 추구한다" •
무의식에 대한 두 가지 견해 • 식역하 자아와 체현의 위력 • 헨리 시지윅
과 마담 블라바츠키 • 시지윅, 마이어스, 그리고 동성애 • 마이어스와 비
밀스런 사랑 • 과학, 신앙, 의심에 대한 아서 밸푸어의 견해 • 오래 전 숨
진 연인이 밸푸어에게 메시지를 보내다 • 종려 주일 • 교차 통신: '이야
기'와 '계획' • 사후 세계의 우생학과 예언자 아기 • 화성에서 온 편지 •
마이어스의 기묘한 뮤즈 '클레리아'의 출현과 사라짐 • 식역하 로맨스, 끝
이 나다 • 영원한 환생에 대한 우스펜스키의 견해 • 런던을 뒤덮은 화염

H.G. 웰스, 러시아에서 사랑에 빠지다 • 모라, 막심 고리키의 여인이자 웰
스의 '그림자 연인' • 로버트 브루스 록하트와 모라, 그리고 '록하트 작전'

• 웰스, 모라의 비밀스런 삶을 알게 되다 • 모라의 웃음 • 꿀 냄새 • 웰스, 다윈, 모로 박사: "소멸하는 존재인 야수들" • "'다가올 일들의 패턴' 같은 건 없다" • 막심 고리키, 건신주의자 • 아나톨리 루나차르스키, 신비주의자이자 소비에트 인민 계몽 위원회 위원장 • 신경과학자이자 초심리학자 블라디미르 베흐테레프, 스탈린을 방문한 대가를 치르다 • 라마르크와 리센코 • 백해 운하의 휴머니즘 • 고리키, 쥐와 비슷한 존재는 박멸돼야 한다고 이야기하다 • 불멸과 로켓 과학: 콘스탄틴 치올콥스키 • 스탈린, 거대한 벼룩 • 고리키의 여행 가방 • 고리키의 마지막 말 • 레오니드 크라신: 소비에트 인민위원, 돈 세탁꾼, 그리고 저온학의 개척자 • 니콜라이 페도로프: 러시아 정교 신비주의자이자 기술적 불멸주의자 • 불멸화위원회 • 카지미르 말레비치: 입체 미래주의 건축가, 레닌 묘의 형태에 영감을 준 사람 • '태양에 대한 승리' • 두 명의 체카 초인 • 스탈린의 커피 기계 • 살인 기계 • 향수, 재, 갓 구운 빵 • 월터 듀런티: 알레이스터 크롤리의 사도이자 스탈린 옹호자 • 메소드 연기법과 모스크바 공개 숙청 재판 • 모라의 모닥불

자동 기술에서 저온 보존까지 • 영원한 삶을 얻기 위해 몸을 얼리거나 굶기기 • 지구온난화와 필멸하는 지구 • 레이 커즈와일과 특이점 • 인공 지능과 가상 진화 • 불멸주의, 인간 소멸의 프로그램 • 풀 수 없는 문제들을 만들어 내는 과학 • 자연법칙이냐, 태고부터의 혼돈이냐 • 비 • 카사블랑카에서 나는 죽음의 달콤한 향기 • 낙엽의 떨어짐

여는 글
죽음을 벗어나려 했던 사람들

19세기 말과 20세기 초, 과학은 죽음을 공격하는 데 쓰이는 도구가 되었다. 인간을 필멸의 운명에서 벗어나게 하려는 목적에서 지식의 힘이 소환되었다. 과학은 과학에 반反 하여 쓰였고 마법으로 가는 통로가 되었다.

이 시기에 과학은 인간도 나머지 동물과 다르지 않다는 사실을 막 드러낸 참이었다. 죽으면 결국 잊혀지고 언젠가는 종種 전체도 소멸하게 된다는 점에서 말이다. 이것이 바로 다윈주의가 암시하는 내용이었는데, 사실 다윈 본인도 이런 함의를 온전히 받아들이지는 못했다. 당시의 거의 모든 사람에게 이는 결코 받아들일 수 없는 전망이었다. 하지만 그들 대부분은 이미 종교를 버린 상태였기 때문에 과학이 드러낸 세계에서 벗어나기 위해 다시 과학에 의지했다.

영국의 명사들 사이에서는 인간 개개인의 고유한 영혼[개인성]이 육체의 죽음 이후에도 지속된다는 것을 과학적으로 증명하려는 움직임이 일었다. 심령연구자들은 불멸이 물리적인 증거로 뒷받침될 수 있는

'사실'일지도 모른다고 생각했고 여러 저명 인사들이 이를 지지했다. 이 시기 매우 유행했던 교령회交靈會는 그저 따분한 저녁 시간을 보내려고 만든 빅토리아시대의 실내 오락이 아니었다. 교령회는 삶에서 의미를 찾아내려던 열정적이고 때로는 절박한 노력의 일부였다. 오늘날까지 읽히고 있는 윤리학 책의 저자인 케임브리지 철학자 헨리 시지윅Henry Sidgwick, 다윈과 함께 자연선택을 알아냈으나 나중에 심령주의자가 된 앨프리드 러셀 월리스Alfred Russel Wallace, 영국 수상과 〈심령연구학회〉 회장을 지냈고 말년에는 오래 전에 숨진 여인과 자동 기술*을 통한 교신을 시도했던 아서 밸푸어Arthur Balfour 등 당대의 명사들이 삶에서 의미를 찾으려는 이러한 노력에 빠져들었다.

개인성이 사후에도 지속된다는 증거를 찾으려 했던 이들의 시도는 과학적 물질주의에 대한 반발에서 나온 것이었다. 하지만 종종 또 다른 개인적인 동기들도 크게 작용했다. 이 시기 주요 심령연구자들은 엘리트 집단의 일원이었고 서로의 비밀을 지켜 주는 것이 암묵적인 규칙이었기 때문에, 이들의 사적인 삶은 외부로 좀처럼 노출되지 않았다. 이들은 자기 삶의 여러 측면 가운데 그들 자신과 그들의 문화가 받아들일 수 없거나 받아들이려 하지 않았을 부분들을 드러냈다가 다시 숨기는 데에 심령연구를 이용했다. 예언자 아기를 잉태한다는 비밀스런 계획에 가담하기도 했다. (이 계획은 한 세기가 지나도록 알려지지 않고

---

* automatic writing. 자신이 글을 쓰고 있다는 사실이나 쓰는 글의 내용 등을 의식하지 못한 채 다른 누군가가 이끄는 듯한 상태로 글을 생산하는 것을 말한다.

있다가 최근에야 공개됐다.) 이들은 "교차 통신"**을 통해 죽은 이들과 교신하면서, 죽은 과학자들이 현세에 평화를 가져다 줄 실험을 내세에서 진행하고 있으며 자신들이 거기에 참여하고 있다고 생각했다.

영국의 엘리트들이 심령연구에 빠져 있을 때, 러시아에서도 죽음에 맞서려는 움직임이 일었다. 영국에서와 마찬가지로, 러시아에서도 과학과 주술은 분리되지 않았고 종교의 대체물을 만들려는 생각의 시류 속에서 하나로 합쳐졌다. 이를 가장 잘 보여 주는 사례가 건신주의자들God-builders일 것이다. 이들은 볼셰비키 지식인 분파로, 인간이 언젠가는, 아마도 곧, 죽음을 정복할 수 있으리라고 믿었다. 막심 고리키Maxim Gorky를 비롯해 아나톨리 루나차르스키Anatoly Lunacharsky, 레오니드 크라신Leonid Krasin 등이 여기 속한다. 소비에트 정권에서 인민계몽 위원장으로 임명되는 루나차르스키는 한때 신지론자였고, 대외무역 담당 인민 위원이 되는 크라신은 러시아 정교 신비주의자 니콜라이 페도로프의 제자로, 페도로프처럼 죽은 자를 기술적으로 되살릴 수 있다고 믿었다. 크라신은 〈불멸화위원회Immortalization Commission〉를 만들어 레닌의 사체를 영구 보존하기로 결정한 핵심 인물이기도 하다.

러시아 건신주의자들은 과학의 힘으로 죽음을 무찌를 수 있다고 생각했다. 영국 심령연구자들은 죽음이란 또 다른 삶으로 가는 통로라는 사실을 과학이 증명해 주리라고 믿었다. 두 경우 모두, 과학, 종교, 마술 사이의 경계는 흐릿하거나 아예 존재하지 않았다.

---

* cross correspondence, 죽은 자가 내세에서 보내는 메시지를 복수의 영매가 따로 수신하여 내용을 비교해 보는 것. 거의 30년에 걸쳐 생성된 교차 통신 문서는 수천 쪽에 달한다.

영국에서도 러시아에서도, 과학은 다윈의 가르침을 회피하기 위해 사용되었다. 다윈의 가르침에 따르면 인간도 동물이며, 특별히 인간만이 지상의 삶을 넘어서는 미래를 갖도록 창조되지는 않았다. 이는 과학 소설가 H.G. 웰스가 통렬히 깨달은 진실이었다. 원래 웰스는 지적인 소수가 진화의 과정을 통제해야 한다고 열정적으로 주장했다. 볼셰비키 체제가 인류를 역사의 혼돈 밖으로 이끌어 줄 수 있으리라고 믿었던 웰스는 볼셰비키의 핵심 인물이던 고리키와 레닌을 만나러 러시아를 방문했다. 하지만 러시아에 머무는 동안 웰스는 나중에 일생의 동반자가 될 여성을 만나게 되는데, 그녀는 웰스와 달리 역사의 혼돈에서 빠져나갈 길이란 없다는 점을 경험으로 알고 있는 사람이었다. 그녀에게 생존의 기술이란 닥쳐오는 사건들의 흐름을 타는 것이었고, 비밀경찰이 웰스에게 (웰스 이전에는 고리키에게) 심어 놓은 스파이 노릇을 한 것도 생존의 기술이었다. 자신의 '그림자 연인'(웰스는 그녀를 이렇게 표현했다)이 어떤 방식으로 살아남았는지를 알고 난 뒤, 웰스는 세계관이 크게 흔들렸다. 연인을 이해할 수 없었지만 헤어질 수도 없었던 그는, 자신도 나머지 인간들과 다르지 않음을 깨달았다. 그가 희망을 걸었던 지적인 소수란 존재하지 않았다. 그리고 인간의 소멸은 막을 수 없다는 사실을 인정할 수밖에 없었다.

불멸을 추구하기 위해 과학을 사용했다는 점은 같았지만 영국과 러시아가 죽음에 대항한 양상은 매우 달랐다. 두 나라의 사회적 상황이 크게 달랐다는 점이 하나의 이유일 것이다. 심령연구가 활발하던 시기 내내 영국에서의 삶은 깨어지지 않고 연속성을 유지했다. 1차 세계대전조차도 사회의 주된 양상을 무너뜨리지는 않았다. 땅은 흔들렸지만 거기 서 있던 옛집은 무너지지 않았다. 이런 상황에서, 만약 죽음이 극복되어야 할 무언가라면, 그 극복은 죽은 자가 산 자에게 나타나는 방식으로 이뤄질 것이었다.

심령연구자들의 목적은 인간의 정신이 육체의 사후에도 계속 활동한다는 것을 보여 주는 것에 그치지 않았다. 죽은 자가 산 자와 소통할 수 있게 하는 것도 그들의 목적이었다. 그리고 교차 통신의 경우에는 목적이 이보다도 거대했으니, 죽은 자들은 산 자들을 구원할 임무를 갖고 있었다. 죽은 자들이 내세에서 현세로 메시아를 내보내 인류를 인류 자신에게서 구원하리라는 것이었다. 심령연구자들은, 이 세상은 혼란으로 빠져들고 있는지 몰라도 저쪽 세상에서는 진보가 계속되고 있다고 생각했다.

반면 러시아에서는 '저쪽 세상'이란 존재하지 않았다. 한 문명 전체가 붕괴됐고 사후 세계도 그와 함께 사라졌다. 영국에서 1차 세계대전 때문에 점진적 진보라는 개념이 약화됐다면, 러시아에서는 아예 파괴됐다. 자유주의적 진보주의자들이 옹호했던 점진적인 개혁은 더 이상 가능하지 않았다. 하지만 진보라는 개념마저 내팽개쳐진 것은 아니었다. 진보의 개념은 급진화되었고 러시아의 새 지도자들은 인류의 진보가 파괴적 재앙들을 거치며 이뤄진다는 확신을 더 강하게 갖게 되었다. 사회제도뿐 아니라 인간의 본성도 일단 파괴되고 나서 새로 지어져야 했다. 러시아 지도자들은 과학의 힘을 완전하게 활용할 수 있게 되면 죽음을 인위적으로 극복할 수 있을 것이라고 보았다. 하지만 이를 성취하려면 먼저 인간을 새로운 인간형으로 개조해야 했고 그것을 시도하는 과정에서 수천만 명의 목숨이 희생됐다.

건신주의자와 심령연구자 모두, 인간은 당대의 과학이 인식할 수 있는 것보다 큰 역량을 가지고 있다고 생각했다. 하지만 심령연구자들의 과학적 연구는 기대했던 '인간의 새로운 역량'을 드러내는 데 실패했다. 오히려 그들의 연구는 "의식적인 지각"의 한계를, 그리고 인간의 의지로는 결코 지배할 수 없는 삶의 방대함을 드러냈다. 오늘날의 우리 눈에는 심령연구가 상당 부분 의사擬似 과학으로 보일 것이다. 하지만 과학과 의사 과학의 경계는 불분명하며 계속 변한다. 그 경계가 어디인지는 훗날 되돌아볼 때만 분명한 것처럼 보일 뿐이다. 신념의 엉뚱함에 영향을 받지 않은 순수한 과학은 존재하지 않는다.

오랜 통념에 따르면, 과학은 미신을 거부하는 데서 시작됐다고 한다. 하지만 사실 과학적 탐구는 합리론에 대한 거부에서부터 시작됐다. 고대와 중세의 사상가들은 '기본 원칙'들을 적용함으로써 세상을 이해할 수 있다고 생각했다. 그런데 관찰과 실험을 우선시하고 거기서 나온 결과는 설사 그것이 이상해 보일지라도 받아들이면서 근대 과학이 시작됐다. 과학적 경험론은 합리적 원리로 여겨지는 것들이 아니라 실제 경험에 의존한다. 역설적으로 들릴 수도 있겠지만, 이러한 과학적 경험론은 마법에 대한 관심과 함께 진행되는 경우가 많았다.

과학과 주술은 많은 지점에서 서로 관련을 맺어 왔다. 영국과 러시아에서 벌어진 '죽음에 맞서는 저항'에서도 과학과 주술이 결합됐다. 두 경우 모두, 예전에는 종교와 마법이 인류에게 주마고 약속했던 것, 즉, 불멸의 삶을 이제는 과학이 줄 수 있다고 주장했으니 말이다.

1장

교차 통신,
유령과 나누는
대화

우리가 살아 있었다는 것은 환상이다.

어머니의 집에 살았던 것,

우리 자신을

스스로의 움직임을 통해 자유롭게 구성해 내었다는 것도······.

우리의 그림자조차, 그들의 그림자조차, 더 이상 남아 있지 않다.

정신 속에 존재했던 이 삶들은 끝났다.

그 삶들은 결코 존재하지 않았다······.

    - 월리스 스티븐스Wallace Stevens [1]

1874년 1월 16일, 찰스 다윈은 형 에라스무스의 집(런던 퀸앤 가 6번 지)에서 열린 교령회에 참석했다. 인류학자이자 우생학자이고 근대 심 리학의 선구자 중 한 명이며 다윈의 배다른 사촌이기도 한 프랜시스

골턴Francis Galton, 그리고 빅토리아시대 삶의 모호함을 누구보다 깊이 있게 탐구한 소설가 조지 엘리엇George Eliot도 함께였다. 세 사람 모두, 심령주의가 유행하면서 과학의 진보를 가로막을까 봐 걱정했다. 다윈은 그 모임이 "너무 열띠고 피곤해서", 불꽃이 보인다든지 탁자를 두드리며 영매가 영혼과 교신한다든지 의자가 탁자 위로 들어 올려진다든지 하는 기이한 일이 일어나기 전에 자리를 떴다. 열하루 뒤에 교령회가 또 열렸는데, 이번에는 다윈 대신 아들 조지 다윈과 토머스 H. 헉슬리가 참석했다. 이들은 영매들이 교묘하게 속임수를 썼다고 다윈에게 보고했고, 다윈은 [헉슬리에게 보낸 편지에서] 이렇게 언급했다. "나에게 단순한 속임수를 넘어서는 무언가를 믿게 하려면 굉장히 무게 있는 증거가 있어야만 할 것입니다. (…) 퀸앤 가에서 있었던 일들은 생각하면 할수록 모두 속임수라는 확신이 점점 강하게 듭니다. 이 사실을 그저께 가족 모두에게 말할 수 있어서 다행이라고 생각합니다."[2]

다윈 말고도 과학적 물질주의를 따르는 몇몇 사람들이 비슷한 반응을 보였다. 골턴은 교령회에서 본 몇 가지 현상들 때문에 "굉장히 어리둥절했다"고 고백했다. 하지만 '다윈의 불독'이자 열정적인 물질주의자인 헉슬리의 영향으로 생각을 고쳐 잡았고, 나중에는 심령주의를 전적으로 거부했다. 심령주의만큼이나 미심쩍은 사조인 골상학과 최면술에 오래도록 관심을 가졌던 조지 엘리엇도 심령주의에는 일관되게 적대적이었다. 엘리엇은 "증거를 판단하고 평가하는 능력이 떨어지는 사람들의 천치 같은 짓이거나, 그게 아니라면 파렴치한 속임수"라며

심령주의를 비난했다.[3] 불가지론agnosticism이라는 말을 만든 헉슬리
는 그중에서도 가장 단호했는데, 심령현상이 속임수가 아니라 진짜라
고 해도 자신은 그 현상을 조사할 생각이 없다고 단언했다.[4]

이 세 명의 물질주의 전도사가 그날 교령회의 또 다른 참석자 프레
더릭 마이어스Frederic W. H. Myers가 앞으로 어떤 일을 벌일지 알았더
라면, 그들의 걱정은 더 깊어졌을 것이다. '텔레파시'라는 말을 만들
어 냈으며 식역하 정신 작용[*]에 대한 연구를 개척한 마이어스는 나중
에 동료들과 함께 〈심령연구학회Society for Psychical Research〉를 설립하
며 회장도 지낸다. 〈심령연구학회〉의 초대 회장은 빅토리아시대의 존
경받는 사상가 헨리 시지윅Henry Sidgwick이었다. 그 밖에 회장을 지낸
사람들로는 소설가 헨리 제임스의 형인 윌리엄 제임스William James,
앙리 베르그송Henri Bergson, 노벨상을 수상한 생리학자 샤를 리셰
Charles Richet 등이 있다. 〈심령연구학회〉는 존 러스킨John Ruskin이나
알프레드 로드 테니슨Alfred Lord Tennyson 같은 시인과 작가, 그리고
W.E. 글래드스턴William Ewart Gladstone이나 아서 밸푸어Arthur Balfour
같은 고위 정치인들의 관심도 끌었다. 저명한 과학자들도 참여했는데,
그중에서 케임브리지 실험 물리학 캐번디쉬 석좌교수인 존 레일리John
Rayleigh[**]와 '생각 전이'(마이어스의 용어로 표현하면 '텔레파시')가 실제

- 의식적 지각이 없는 상태에서 일어나는 정신 작용. 옮긴이
- 밸푸어의 누이 이블린의 남편이다.

로 존재함을 자신이 증명했다고 믿은 물리학자 윌리엄 버렛William Barrett은 회장을 지냈다.

〈심령연구학회〉는 초자연 현상을 "편향되지 않은 과학적 방법"으로 연구할 목적에서 설립됐다. 이들 빅토리아시대 심령연구자들은 초자연 현상을 반드시 과학적 방법으로 조사해야 한다고 믿었으며 강신술, 심령체, 영혼 사진, 신비한 성자의 편지 같은 것들의 속임수적인 요소를 폭로함으로써 자신들이 과학적인 방법을 엄밀하게 따르고 있다는 것을 보여 주려고 했다. 하지만 이들이 과학적 지식 전반에 걸쳐 엄밀한 과학적 방법론을 따른 것은 아니었다. 이들이 진행한 연구는 이들 모두가 집착하고 있던 하나의 질문에 초점을 두고 있었다. 그 질문은 '죽음이 의식적인 인간 개인의 소멸을 의미하는가' 였다. 심령연구자들은 포기할 줄 모르는 자세로 이 질문에 대한 답을 구하면서 연구 내용을 동료들과 소통했고 (자동 기술 문서가 진짜라면) 동료들이 죽은 다음에도 그들과 계속 소통했다.

마이어스는 1901년 1월, 로마의 어느 병원에서 숨졌다. 그는 신장염의 일종인 브라이트 병을 앓고 있었는데 윌리엄 제임스의 권유에 따라 이 병원에서 실험적인 치료를 받고 있었다. 마이어스를 치료한 의사에 따르면, 제임스와 마이어스는 "둘 중 누구든 먼저 죽는 쪽이 미지의 세계로 건너가면서 살아 있는 쪽에게 메시지를 보낸다"는 "맹약"을 맺었다. "그들은 이런 식의 통신이 가능하다고 믿었다." 제임스도 그 병원에서 치료를 받고 있었는데, 너무 슬픈 나머지 마이어스의 임종은 지켜볼 수 없었지만 친구가 보내기로 약속한 메시지는 받아 보려 했다.

제임스는 열린 문 옆의 의자에 파묻혀 앉아 무릎에는 공책을 놓고, 손에는 펜을 들고, 그다운 꼼꼼함으로 받아 적을 준비를 하고 있었다. (⋯) 내가 나갈 때도 윌리엄 제임스는 의자에 뒤로 기대 앉아 두 손으로 얼굴을 감싸고 무릎에는 공책을 펼쳐 놓고 있었다. 공책은 여전히 빈 칸이었다.[5]

내세에서 메시지를 보내려던 마이어스의 또 다른 시도도 실패로 돌아간 듯 보였다. 마이어스는 죽기 전에 봉인된 봉투 하나를 심령연구자 올리버 로지Oliver Lodge에게 남겼고, 로지는 1904년 12월에 그 봉투를 열었다. 그런데 그 안의 내용은 마이어스 사후에 영매들이 마이어스에게서 받았다는 자동 기술 메시지의 내용과 맞아떨어지지 않았다.

내세에서 현세로 교신을 하려던 마이어스의 시도는 수포로 돌아갔다. 하지만 남아 있는 심령연구자들은 마이어스가 계속해서 현세로 메시지를 보내리라는 믿음을 버리지 않았다.

수십 년에 걸쳐 영국, 인도 등지에서 영매들이 교차 통신 문서(상호 연결된 자동 기술 문서)를 생성하게 되는데, 마이어스는 인간 개인의 영혼이 육체의 사후에도 지속된다는 것을 증명하기 위해 내세에서 메시지를 보내오는 발신자 중 한 명으로 여겨졌다. 뛰어난 음악인이자 고전학자였으며 〈심령연구학회〉 창립 멤버였던 에드먼드 거니Edmund

Gurney도 교차 통신 문서의 주요 발신자였다. 거니는 누이 중 세 명이 나일 강에서 사고로 익사한 일 때문에 크게 상심했으며, 본인은 41세인 1888년에 클로로포름 사용 도중 숨졌다.(사고였던 것으로 보인다.) 세 번째 주요 발신자는 빅토리아시대를 대표하는 학자 중 한 명인 시지윅이었다. 그 밖에 이 교신에 참여한다고 여겨진 사람으로는 프랜시스 메이트랜드 밸푸어, 애니 마셜, 메리 리틀턴, 로라 리틀턴 등이 있다. 프랜시스 메이트랜드 밸푸어는 아서 밸푸어의 동생이며 케임브리지의 생물학자로 1882년에 산악 등반 사고로 숨졌다. 애니 마셜은 마이어스가 사랑에 빠진 여성으로 마이어스 사촌의 아내이며 1876년에 자살했다. 메리 리틀턴은 아서 밸푸어가 사랑에 빠진 여성으로 1875년에 티푸스로 숨졌다. 로라 리틀턴은 메리의 올케로 1886년에 출산 도중 숨졌다.

'교차 통신'은 1901년에 시작된 것으로 보인다. 이때 처음으로 자동 기술 실행자들이 마이어스가 내세에서 보내온 것이라는 메시지들을 받아 적기 시작했다. 자동 기술 실행자들로는 베럴 부인, 헬렌, '홀랜드 부인', '윌렛 부인', 파이퍼 부인 등이 있었는데, 모두 여성이었고 한 명만 전문 영매였다. 베럴 부인은 케임브리지 고전학자의 아내고, 헬렌은 베럴 부인의 딸이자 〈심령연구학회〉 회장을 지내는 변호사 W.H. 살터의 아내다. '홀랜드 부인'은 앨리스 플레밍Alice Fleming의 신원을 숨기기 위해 심령연구자들 사이에서 통용되던 별칭이다. 그는 인도 주둔 영국군 장교 존 플레밍의 아내이자 『정글북』의 작가인 조지프 러디어드 키플링G. Rudyard Kipling의 여동생으로, 키플링의 초기 인도 작품 중 일부의 공저자이거나 실제 저자라는 설이 있다.[6] '윌렛 부인'은 여권주의자이자 국제연맹 영국 대표자인 위너프리드 쿰브-테넌트Winifred Coombe-Tennant의 별칭이다. 숨진 딸과 통신을 하려고 자동 기술에 참여했다. 파이퍼 부인은 전문 영매다.

1901년 3월 5일, 처음으로 해독 가능한 메시지를 받아 적은 사람은 베럴 부인이었다. 베럴 부인은 영혼이 정말로 사후에도 지속되는지에 대해서는 미심쩍어했지만 그래도 만일 마이어스의 영혼이 여전히 살아 있어서 사후 통신을 시도한다면 자신이 그 통로가 될 수 있을 거라고 생각해 그해 초에 자동 기술을 훈련하기 시작했다. 베럴 부인이 메시지를 받은 이후로 다른 자동 기술자들도 마이어스가 보낸 것이라는 메시지를 받아 적기 시작했다. 1902년에는 베럴 부인이 미국에 있던 파이퍼 부인이 받은 내용과 관련 있어 보이는 메시지를 받았고, 1903년에는 인도에서 '홀랜드 부인'이 자신이 받아 적은 메시지를 [메시지가 지시하는 대로] 영국의 베럴 부인 주소로 발송했다. '홀랜드 부인'은 1898년에 정신착란을 겪었는데 키플링 집안에서 이를 자동 기술 실험 탓이라고 생각했기 때문에 그 뒤로 몇 년간 자동 기술을 중단한 적이 있었다.[7] 그러나 마이어스의 책 『인간 고유의 개인성, 그리고 그것의 사후 지속Human Personality and Its Survival of Bodily Death』을 읽은 뒤에 자동 기술을 재개했다. 그 책에서 마이어스는, 제기될 법한 의심들을 불식시키고 인간 영혼의 사후 지속을 증명하려면 내세에서 공동으로 활동하고 있는 사람들의 의도를 보여 주는 명백한 증거가 필요하다고 언급했다. '홀랜드 부인'은 자동 기술을 다시 시작한 지 얼마 지나지 않아 'FWHM(Frederic W. H. Myers)'이라는 서명이 담긴 메시지를 받아 적게 된다.

주요 심령연구자들은 마이어스가 자신의 책에서 제시한 실험을 내세에서 진행하고 있다고 믿게 되었다. 1908년에 헨리 시지윅의 아내이자 저명한 심령연구자인 엘리너 시지윅Eleanor Sidgwick은 이런 질문을 던졌다.

> 육체의 죽음 이후에도 계속 살아 있으면서 교차 통신을 통해 자신의 존재와 작용을 증명하려는 영혼들과 우리가 통신하고 있는 것일까? 만약 (…) 이 가설이 맞다면, 우리는 영혼의 지속을 증명하려는 의도에서 고안된 이 새로운 실험을 통해 육신을 넘어선 정신들과 지적으로 협력할 수 있게 된 것이다.[8]

심령연구자들은 본인 스스로는 영혼의 지속을 확신했다 해도 자신이 연구한 현상 중 어느 것도 영혼의 지속을 명백한 사실로 증명해 줄 증거가 되지는 못한다는 사실 역시 잘 알고 있었다. 사후에도 정신이 활동한다는 증거가 되려면, 상호 연결된 것이 분명한 통신이 상당 기간에 걸쳐, 복수의 경로를 통해 와야만 했다. 그런데 자동 기술에서 나온 문서의 내용은 매우 모호하고 혼란스러웠다. 이 문서들을 면밀히 조사한 한 심령연구자의 말을 빌면, "조사되어야 할 문서들이 스스로를 이리 저리 실험해 보고 있는 것 같았다."[9]

자동 기술로 생성된 문서가 영혼의 사후 지속을 증명하기 위해 고안된 교차 통신일 것이라는 가설은 1908년 6월에 앨리스 존슨Alice Johnson이 처음 제기했다. 앨리스 존슨은 〈심령연구학회〉 회원이었고, 비판적이고 날카로운 견해로 잘 알려져 있었다.

이 문서들의 (혹은, 적어도 이 문서들 중 일부의) 특징은 한 영매가 받아 적은 내용이 다른 영매가 받아 적은 내용을 그대로 반복하거나 축약하고 있지 않다는 점이다. 자동 기술자들 사이에 직접적인 텔레파시가 작동했다면 동일한 아이디어가 각 문서에 다른 형태로 등장했겠지만, 우리가 얻은 문서는 그렇지도 않다. 하나의 자동 기술 문서만 보면 그 자체로는 어떤 의미나 맥락을 지니지 않은 것처럼 보이는 언명들이 분절적으로 나온다. 또 다른 자동 기술 문서를 봐도 역시 맥락 없어 보이는 언명들이 나와 있다. 하지만 이 두 개의 문서를 합해 놓고 보면, 우리는 이 둘이 서로를 보완하고 있으며 기저에는 하나의 아이디어가 있다는 것을 알 수 있다. 하나의 아이디어가 각각의 자동 기술 문서에 부분적으로만 표현된 것이다.

(…) 자, 그런 통신이 가능하다는 전제하에, 지난 몇 년간 일군의 사람들이 내세에서 우리와 통신을 시도해 왔다고 상정해 볼 수 있을 것이다. 그들은 이전의 모든 증거에 대해 합당하게 제기됐던 반론들을 다 알고 있을 만큼 학식이 있으며 일단 그러한 반론들이 모두 제기될 때까지 기다릴 만큼 지능적인 것으로 보인다. 그러고 나서 이 모든 반론들을 불식시키기 위해 그들이

새로운 계획을, 즉, 교차 통신이라는 계획을 고안해 냈으리라고 생각해봄 직하다.[10]

내세에서 메시지를 보내는 발신자라고 여겨진 사람들, 메시지를 받는 자동 기술자들, 문서를 연구하는 심령연구자들은 수천 킬로미터씩 떨어져 있는 경우도 있긴 했지만 모두 다양한 방식으로 연결되어 있었다. 베럴 부인은 시지윅, 마이어스, 거니를 알고 있었고, 살터 부인과 파이퍼 부인은 마이어스를 알고 있었으며, 마이어스는 위너프리드 쿰브-테넌트의 시누이 중 한 명과 결혼했다. 정도의 차이는 있었지만 자동 기술자들 모두가 주요 발신자들에 대해 익히 알고 있었다. 시지윅의 아내 엘리너(〈심령연구학회〉 회장이 되며 교차 통신을 오래도록 연구했다)는 아서 밸푸어의 누나였다. 제럴드 밸푸어Gerald Balfour(역시 〈심령연구학회〉 회장을 지낸다. 교차 통신 문서를 오랫동안 세세하게 분석했으며 그 자신이 교차 통신에서 비밀스런 역할을 맡기도 했다)는 아서 밸푸어의 동생이었다. 교차 통신 문서들을 자료로 정리해 보관한 진 밸푸어Jean Balfour는 제럴드 밸푸어의 며느리였다.

교차 통신에 관여한 사람들은 에드워드 시대 최상류층에 속해 있었다. 상당수는 사랑하는 사람이 죽는 아픔을 겪었으며, 몇 명은 오랫동안 비밀스러운 연인 관계에 있기도 했다. 교차 통신 문서들은 해소할 길 없는 개인적 상실과 비밀스런 사랑을 위한 통로가 되었다.

수천 페이지에 달하는 자동 기술 문서에는 '영혼과 뇌의 관계'와 같이 영혼의 사후 지속과 관련된 주제도 물론 담겨 있었지만 그 이상의 기획도 포함돼 있었다. 이 문서들은 세상을 구원하려는 계획의 통로이 기도 했던 것이다. 자동 기술 문서에는 문서 생성에 밀접하게 관여한 사람 중 두 명이 역사에 개입해 인류를 혼돈에서 구원하기 위해 관계를 맺는 것으로 암시되어 있었다.

사회 지도층 인사들이 심령연구에 대거 참여한 것은 과학적 물질주의가 뿌리내리는 데 큰 장애였다. 다윈은 이 문제를 잘 알고 있었다. 앨프리드 러셀 월리스는 다윈이 자연선택의 공동 발견자라고 인정한 사람인데도, 인간 정신은 단순히 진화의 결과만으로는 설명할 수 없다고 결론을 내린 상태였다. 어느 면에서 월리스는 심령주의에 잘 속아 넘어갔던 것 같다. 이를테면 그는 '영혼 사진'을 열렬히 지지했다. 그런데 다윈이 보기에 이보다 더 큰 문제는 월리스가 심령주의를 "전적으로 사실에만 기초를 둔 과학"이라고 묘사한 데 있었다. 월리스는 "생물학적인 뇌와 관련되지 않은 **정신**이 존재하며, 따라서 **정신의 세계**라는 것이 존재한다는 사실을" 자신이 **알고 있다**고 주장했다. 월리스는 "이 **지식** 때문에 인간 역량의 본질과 기원에 대해 내가 가지고 있었던 기존의 견해를 수정하게 되었다"고 말했다.[11]

월리스는 1869년 4월 『쿼털리 리뷰*Quarterly Review*』에 쓴 글에서 인간의 정신은 '압도적인 지적 존재'가 작용하지 않았다면 존재할 수 없다고 주장했는데, 이를 읽고 다윈은 크게 놀라고 실망했다. 이 글이 실리기 전에 다윈은 월리스에게 이런 편지를 보냈다. "『쿼털리 리뷰』 기사가 매우 궁금해서 어서 읽고 싶습니다. 당신이 그 글에서 당신 자신의 자식이자 나의 자식을 완전히 죽여 버리지는 않았기를 바랍니다."[12] 그런데 월리스는 그렇게 해 버리고 말았다.

서로를 존경하고 존중했지만 다윈과 월리스의 성격은 참 많이 달랐다. 가난한 집안에서 태어나 독학으로 공부했으며 언제나 돈이 궁했던 월리스는 자신의 생각의 흐름을 따라가는 것에 두려움이 없었다. 여러 지역을 돌아다녀 보고서 월리스는 문명사회의 가난한 사람들보다 원시사회 사람들이 더 문명화되어 있다는 생각에 이르렀다. 그래서 정치적으로 급진화되었고 토지 국유화를 지지했다. 심령주의로 돌아선 것도 평생을 걸쳐 계속된 이단적 성향이 나타난 것으로 볼 수 있다. 그 결과, 머지않아 월리스는 사실상 잊혀졌다. 반면, 다윈은 매우 조심스런 성격 덕에 오히려 우상 파괴자라는 평판을 확고히 갖게 됐고 이 평판은 시간이 지나면서 더 강해졌다.[13]

월리스가 심령주의로 돌아섰다는 것은 다윈의 업적 전체에 대한 위협이었다. 다윈은 '정신 능력 면에서 인간보다 열등한 다른 모든 동물과 인간 사이에는 넘을 수 없는 장벽이 있다'는 생각[14]을 깨뜨리고자 했으며, 그래서 저서인 『인간과 동물의 감정 표현The Expression of the Emotions in Man and Animals』(1872)에서 '인간만의' 고유한 특성이라고 여겨지는 능력도 사실은 동물적 능력에서 진화한 것이라고 주장했다. 그런데 월리스는 다윈이 무너뜨린 인간과 동물 사이의 장벽을 다시 세우려 했다. 사실상 월리스는 일종의 지적 설계론*을 주장하면서 그것을 인간의 정신에 적용하고 있는 셈이었다.

월리스의 이론이 그리 타당해 보이지는 않는다. 어느 인간을 보더라도 지적 존재의 작품이라는 생각은 달아날 테니 말이다. 하지만 어쨌든 월리스는 다윈이 너무나 마주하기 싫어했던 질문을 제기했다. 다윈은 자신의 종교적 신념에 대해 공개적으로 이야기하는 것을 피했다. 다윈은 유신론자에서 불가지론자로 돌아섰지만 이는 자연선택 이론 때문이 아니라 사랑하는 딸 애니의 죽음 때문인 것으로 보인다. 하지만 다윈의 자연선택 이론이 암시하는 바는 명확했다. 인간이 세상 만물의 질서에서 어떤 특별한 위치를 차지하지는 않는다는 점이었다.

그렇게 조심했지만, 다윈은 종교에 대해 공격이 쏟아지던 빅토리아 시대 중기 영국에서 종교를 지켜 주던 불안한 평화를 뒤흔들었다. 『종의 기원The Origin of Species』(1859)이 출간되기 전까지는 불가지론자라 해도 인류가 특별하게 창조됐다는 가능성만은 열린 채로 놔둘 수 있었다. 그런데 『종의 기원』이 출간되면서 인간도 여타의 동물과 마찬가지로 자연 세계에 속한다는 견해가 등장한 것이다.

시지윅과 더불어 빅토리아시대 저명한 지식인 가운데 한 사람이었던 존 스튜어트 밀**은 종교에 관한 몇 편의 에세이를 썼는데 (사후에

---

* theory of Intelligent Design, 지적 존재가 자연을 창조했다는 변형된 창조론. 옮긴이
** John Stuart Mill, 1806~1973. 밀의 『자유론On Liberty』은 다윈의 『종의 기원』과 같은 해인 1859년에 출간됐다.

아내 해리엇이 출판했다) 여기에 다윈에 대한 언급은 하나도 없다. 밀의 경험론 철학은 다윈이 제기한 질문을 흥미로운 방식으로 비켜갈 수 있었다. 경험론은 물질세계를 인간의 정신이 구성한 것으로 봄으로써 세계 만물의 질서에서 일종의 중심적인 위치를 인간의 정신에 부여한다. 경험론에 따르면 감각기관을 통해 지각되는 인상이 지식의 토대고 물질적 대상은 이러한 인상들의 묶음으로 나타난다. 반면 다윈주의는, 정신이 물질의 역사에서 지엽적인 에피소드에 불과하다고 보는 환원주의적 물리주의reductive materialism의 토대가 되었다.

사상사에서의 통념과는 달리, 다윈주의가 종교에 위협이 된 주된 이유는 성경의 창조론에 도전했기 때문이 아니었다. 한두 세기 전까지만 해도 창세기 이야기는 신화로 여겨졌다. 다른 방식으로는 다가갈 수 없는 진실들에 접근하는 시적인 방식이라고 간주됐던 것이다. 기독교 초창기에 아우구스티누스는 직해주의의 위험을 경고했다. 아우구스티누스 이전의 유대 율법학자들도 언제나 창세기를 다른 방식으로는 접근할 수 없는 진실에 대한 은유로 여겼다. 신화였던 창세기 이야기가 어떤 현상의 실제 원인을 설명하는 '이론'으로 오해받기 시작한 것은 근대 과학이 발흥하면서부터였다.

어쨌든 다윈주의는 종교에 큰 위협이기는 했다. 인간이 궁극적으로 필멸한다는 사실을 빅토리아시대 사람들의 코앞에 들이밀었으니 말이다. 다윈의 이론 때문에, 사람들은 자신들의 삶이 여타 동물들의 삶처럼 끝이 있으면 왜 안 되는지를, 자신들의 삶은 無로 돌아가면 왜 안

되는지를 확신할 수 없게 됐다. 하지만 삶에 끝이 있다면 인간 존재가 어떻게 의미를 가질 수 있겠는가? 인간의 개인성이 사후에 사라져 버린다면 어떻게 인간적인 가치들이 유지될 수 있겠는가?

> 그렇게 되면 도덕적 의무의 세계는 진정 혼돈에 빠질 것이다. 그리고 행위에 대해 완벽한 이상을 설정하려는 인간 지성의 지난한 노력은 애초에 실패할 운명이었다는 결론에 도달하고 말 것이다.[15]
>
> – 헨리 시지윅

위의 두 가지 질문에 가장 깊이 몰두한 사람은 헨리 시지윅이었을 것이다. 친구 마이어스처럼 시지윅도 국교회 성직자의 자제였다. 빅토리아시대 저명인사들이 많이들 그랬듯이 시지윅은 계시종교를 받아들일 수 없었다. 하지만 그들 대부분과 달리 시지윅은 종교에 대한 회의를 행동에 옮겨 1869년에 케임브리지 트리니티 칼리지의 평의원직에서 사임했다. 평의원들은 영국 국교회의 39개 신조를 의무적으로 받아들여야 했던 것이다. 시지윅은 트리니티 칼리지 내에서 많은 존경을 받았기 때문에 도덕 과학 강사로 다시 임명되었다. 나중에는 교수가 되고 평의원직도 재개된다. 시지윅은 이미 잃어버린 기독교 신앙으로 되돌아가지는 않았다. 하지만 유신론, 즉, 초월적인 존재가 우주를 창조했다고 보는 견해가 진실일 거라는 희망을 포기하지도 않았다.

정통적인 방식의 기독교를 믿는다는 것은 상상도 할 수 없게 된 지 오래다. (…) 하지만 유신론에 대해서라면 이야기가 다르다. (…) 내가 이 우주에 도덕적 질서, 즉 모든 것을 종국에는 좋은 쪽으로 인도해 주고 절대 선의 행복으로 이끌어 줄 지혜와 자비의 대원칙이 있다고 **믿고 있는** 것인지, 아니면 단지 그렇기를 **바라고 있는** 것인지 잘 모르겠다. (…) 나는, 파악되는 방식은 다를지라도 도덕적 의무가 물리적 세계만큼이나 실재한다고 생각한다. 그런데 세상을 지배하는 도덕적 원칙이 있다는 믿음을 철회하게 되면 의무에 대해 내가 가진 모든 명백한 지식들이 혼돈으로 떨어지게 된다. 나는 나 자신이 도덕적 의무를 믿지 않게 내버려 둘 수는 없다. 그렇게 둔다면, 철학적 회의주의나 진리에 대한 불신으로 완전히 빠지지 않게 나를 막아 주던 마지막 벽이 무너져 버릴 것이다. 그래서 나는 때때로 나 자신에게 "나는 신을 믿는다"고 말한다. 그러다가 다시, "그 믿음이 진실이기를 나는 **바란다**. 그리고 나는 그게 진실인 것처럼 행동해야 하고 행동할 것이다"라는 정도밖에 말할 수 없게 되지만 말이다.[16]

이 글에서 시지윅은 자신이 왜 계속 신을 믿어야 할 필요가 있는지를 밝히고 있다. 유신론이 진실이 아니라면 '세상을 지배하는 도덕적 원칙'이 존재할 수 없고, 그렇다면 도덕적 의무의 규범에 따라 살아간다는 것이 무의미해지기 때문이라는 것이다.

시지윅은 유신론의 필요성을 주장하기 위해 종교의 권위를 끌어들이지는 않았다. 전적으로 근대적 사상가였던 시지윅은 모든 지식을 판단하는 기준은 과학이어야 한다고 생각했다. 죽음 이후에 삶이 없다면 세상은 혼돈에 빠지게 될 테지만, 그렇다고 증거가 없는데도 내세를 믿을 수는 없었다. 시지윅은 증거가 필요했고 과학만이 증거를 제공할 수 있었다.

자신과 동료들이 심령연구에 접목한 과학적 방법론에 대해 설명하면서 시지윅은 이렇게 단언했다.

> 우리는 근대 과학의 방법론을 전적으로 믿었으며, 전문가들의 동의에 의해 뒷받침되기만 한다면 과학적 방법론으로 얻어 낸 합리적인 결론을 얼마든지 받아들일 준비가 되어 있었다. 하지만 과학적이라 자처하는 사람들의 편견에 불과한 것까지 받아들일 생각은 없었다. 그리고 우리가 보기에는, 영혼 혹은 정신이 〔물질세계로부터〕 독립적으로 존재한다는 점을 보여 줄 만한 중요한 증거가 있는 것 같았다. 근대 과학은 이런 증거들을 무지한 경멸로 한쪽에 치워 버렸으며, 그럼으로써 자신이 공언한 방법론을 충실히 따르지 못한 채 〔영혼의 독립성에 대해〕 성급히 부정적인 결론에 도달해 버린 것으로 보였다.[17]

시지윅은 지식으로서의 과학과 탐구 방법론으로서의 과학을 구분했다. 물질주의에 따르면 우주는 인간 위주의 의미를 갖지 않는다. 하지만 이에 대한 해결책은 과학을 거부하는 것이 아니었다. 시지윅은, 해결책은 과학적 방법론을 적용하는 것이며 과학적 방법론으로 물질주의의 오류를 밝힐 수 있을 것이라고 생각했다. 그때나 지금이나 많은 사람들이 그렇듯이, 시지윅은 과학으로부터 구원받기 위해 과학에 기대었다. 과학이 세계를 탈주술화했다면, 과학만이 세계를 재주술화할 수 있을 것이었다.

시지윅은 과학적 탐구의 결과 인류만은 다르다는 결론이 나오기를 기대했다. 진화는 종의 소멸을 가져올 것이고, 태양이 식어 지구가 생명이 살기에 적합하지 않게 되면 종국에는 생명 자체가 사라지고 말 것이다. 이것은 암울한 전망이지만 인간 개인의 영혼이 우주의 소멸을 넘어서도 지속될 수 있다는 것을 과학이 증명만 해낸다면 받아들일 수 있는 전망이었다.

역설적이게도, 다윈의 진화론은 불멸의 희망에 다시 불을 지폈다. 다윈의 『자서전Autobiography』을 보면 다윈도 이를 잘 알고 있었던 것 같다.

어떤 위대한 존재가 태양을 향해 돌진해 태양을 되살리지 않는 한 태양과 모든 행성들이 점차로 식어 생명이 살 수 없게 되리라는 데 현재 대부분의 물리학자가 동의하고 있다. 내가 보기에는 불멸에 대한 사람들의 믿음이 매우 강할 수밖에 없다는 점을, 그 믿음이 거의 본능에 가까울 수밖에 없다는 점을 이보다 더 명확히 보여 주는 것은 없다고 생각한다. 진화를 통해 먼 미래의 인간이 현재보다 훨씬 더 완벽한 생명체가 되리라는 것을 믿는다면(나도 그렇게 믿는다), 인간과 지각 능력을 가진 모든 존재들이 그토록 기나긴 진보의 과정을 기껏 거치고 나서 완전히 소멸할 운명에 이른다는 것은 받아들이기 어려운 생각이다. 하지만 인간 영혼의 불멸을 믿는 사람들에게는 이 세계의 소멸이 그리 끔찍한 전망으로 여겨지지는 않을 것이다.[18]

우주가 소멸할 것이라는 과학적 예견 때문에, 삶이 사후에도 지속된다고 믿어야 할 필요성은 더욱 커졌다. 과학의 임무는 사후의 삶이 가능함을 증명하는 것이었다. 마이어스는 자신과 시지윅이 심령연구에 들어선 계기가 된 어느 날의 대화를 다음과 같이 회상했다.

별빛 속에서 그[시지윅]와 걸었던 날(1869년 12월 3일)을 잊을 수 없을 것이다. 나는 거의 전율하면서 그에게 물었다. 전통, 직관, 형이상학 모두가 우주의 수수께끼를 푸는 데 실패하고 난 후에도, 관찰 가능한 현상들(유령이든 영혼이든 무엇이든 간에)로부터 미지의 세계에 대해 타당한 지식을 끌어내는 것이 여전히 가능하다고 생각하는지 말이다. 시지윅은 이미 그렇게 생각하고 있는 것 같았다. 그리 낙관적이거나 자신감이 넘치는 어조는 아니었지만, 시지윅은 희망의 마지막 토대 몇 가지를 줄곧 내비쳤다. 그날 밤 이후, 나는 답이 있든 없든 그의 편에서 이 질문을 파고들어 보기로 마음먹었다.[19]

영혼 지속의 증거를 찾으려던 시지윅의 노력은 그가 전개한 윤리학과 깊은 관련이 있었다. 시지윅은 인간 개인의 영혼이 육신의 죽음 이후에도 계속 존재하지 않는다면 도덕이 무의미해진다고 생각했다. 이점에서, 유신론은 인간적인 가치들이 의미를 가질 수 있는 세계를 제시한다. 선하게 살면 현세에서는 보상을 못 받을지라도 내세에서는 보상을 받을 것이다. 시지윅은, 이런 확신이 없다면 사람들이 이기심이나 변덕스런 욕망대로 살지 말아야 할 이유를 갖지 못하게 될 거라고 생각했다.

시지윅은 보편애(普遍愛, universal benevolence)가 자명하게 좋은 것이라고 생각했다. 하지만 이기애(利己愛, self-interest)도 그만큼이나 자명한 원칙이었다. 시지윅은 저서 『윤리학의 방법들Methods of Ethics』에서 몇 가지 도덕 이론을 비판했는데 여기에는 보편애와 이기애라는 두 가지 원칙을 융합하려고 시도한 공리주의도 포함되어 있었다. 시지윅은 도덕적으로 행동하는 것이 곧 이기심에도 부합한다는 것을 증명할 방법은 없다고 생각했다. 그 결과로 윤리학의 핵심에는 블랙홀이 생기게 되는데, 시지윅은 유신론만이 그 블랙홀을 메울 수 있다고 확신했다.

시지윅의 시대에도 그 이후에도, 도덕주의자들은 선한 사람이란 이기애에 부합하는 이유가 없더라도 도덕적으로 행동한다며 시지윅의 주장을 반박했다. 선한 사람은 자신이 손해를 보더라도 선을 행한다는 것이다. 시지윅도 이 점을 부인하진 않았다. 시지윅도 선한 사람이란 도덕적 의무 그 자체를 위해 의무를 행하는 사람이라고 생각했고 그 자신도 그런 사람이었다. 그보다, 시지윅이 제기한 질문은 "왜 우리가 선한 사람이 되기를 원해야 하는가"였다. 도덕적인 사람이 되어야 할 이유가 없다면 내키는 대로 살아도 그만 아니겠는가? 시지윅은 도덕적인 사람이 되어야 할 이유를 제공할 수 있는 것은 유신론뿐이라고 생각했다. 그는 『윤리학의 방법들』의 초판을 이렇게 맺었다.

개인적 합리성과 보편적 합리성을 조화시키는 가설(이는 경험으로는 확증할 수 없는 가설이다)이 없다면, 현세에서는 불완전하게 실현되는 것처럼 보이는 도덕적 질서가 사실은 완벽한 질서라는 믿음이 없다면, 행위의 본질적인 합리성에 대한 우리의 신념 체계 전체가 무너지고 말 것이다. 그런 믿음을 거부하더라도, 도덕이 존재하지 않는 우주 속에서 〔실천적 합리성은 아니더라도〕 사변적 합리성의 대상을 찾는 것은 여전히 가능할지 모른다. 하지만 그렇게 되면 도덕적 의무의 세계는 진정 혼돈에 빠질 것이다. 그리고 행위에 대해 완벽한 이상을 설정하려는 인간 지성의 지난한 노력은 애초에 실패할 운명이었다는 결론에 도달하고 말 것이다.[20]

시지윅은 이후 판본들에서 이 부분을 삭제하고, 도덕적 의무와 이기애의 조화는 '매우 어렵고 논란도 많은 문제'라는 두루뭉술한 결론으로 마무리했다. 하지만 신이 없다면 인간이 도덕적이어야 할 이유도 존재할 수 없다는 생각을 바꾸지는 않았다. 시지윅의 윤리학은 해결할 수 없는 모순에 도달했는데, 그는 이 모순을 '실천적 합리성의 이중성'이라고 불렀다. 만약 이기심도 도덕만큼이나 합리적인 행위 준칙이라면, 그 둘이 상충할 때는 '합리적이지 않은 충동'이 결정을 내리게 될 것이다. 이런 경우, 윤리학의 근본적인 질문들은 해결이 불가능하다.

시지윅이 과학적 물질주의를 두려워한 이유는 과학적 물질주의가 "도덕이 존재하지 않는 우주"를 의미하기 때문이었다. 당대 탈종교적 사상가들은 '진보에 대한 믿음'이 종교를 대신할 수 있을 것이라 확신했지만 시지윅은 그들의 생각에 동의할 수 없었다. 프랑스 실증주의자 오귀스트 콩트가 창시하고 밀과 엘리엇이 전파한 인도교(人道敎, Religion of Humanity)에 따르면 도덕의 기반을 무너뜨리지 않은 채로도 유신론을 없애는 것이 가능했다. 빅토리아시대의 많은 지식인들이 이렇게 생각했고, 오늘날에도 많은 탈종교적 휴머니스트들이 이렇게 믿고 있다. 하지만 그들보다 통찰력이 있었던 시지윅은 이 믿음이 환상이라는 점을 알고 있었다.

시지윅에게 도덕 원칙이란 정언명령定言命令이었다. 도덕 원칙은 사람들에게 "옳은 일을 하라"고 말한다. 이런 개념에서는 도덕적 가치들이 다른 어떤 가치보다 큰 중요성을 가진다. 하지만 아름다움이나 쾌락 같은 다른 가치들을 따르면 왜 안 되는가? 왜 우리는 도덕 원칙이 의무라고 정해 준 것들을 우선적으로 따라야 하는가? 시지윅은 여기에 이유를 제시할 수 있는 것은 유신론뿐이라고 생각했다.

하지만 좋은 삶을 구성하는 요소 가운데는 시지윅이 미처 고려하지 않은 개념들도 있다. 기독교의 영향을 많이 받은 시지윅은 도덕의 핵심이 당연히 명령과 금지라고 생각했다. 하지만 시지윅식 '도덕' 개념을 갖고 있지 않았던 고대 그리스인들에게는 좋은 삶이냐 아니냐가 정언명령을 따르느냐 아니냐의 문제가 아니었다. 그들은 삶의 기술을 윤리학이라고 불렀는데, 이는 아름다움과 쾌락을 포함했다. 더 중요하게, 고대 그리스인들의 견해에는 '인류에 대한 의무'란 개념이 아예 존재하지 않았다.

빅토리아시대의 탈종교적 사상가들은 신이 사라지고 나면 남은 자리를 도덕이 채울 것이라고 생각했다. 하지만 유신론이 없어지면 정언명령적 도덕이라는 개념 자체가 무의미해진다. 니체처럼 시지윅도 유신론과 도덕은 불가분이라고 생각했다.(이 점을 빼면 니체와 시지윅 사이에는 공통점이 거의 없다.) 신을 믿지 않기로 하면, 의무 체계로서의 도덕 개념도 포기해야 한다.

마이어스가 남긴 다음의 이야기를 보면, 종교 없이도 의무 개념이 지속될 수 있다고 생각한 조지 엘리엇 등 탈종교적 사상가들의 견해와 시지윅의 견해가 얼마나 달랐는지를 알 수 있다.

5월의 어느 비 오는 저녁에 트리니티 칼리지의 펠로우스 가든에서 그녀(엘리엇)와 산책을 한 날이 기억난다. 엘리엇은 평소보다 약간 들떠서, 그것들이 의기를 북돋우는 나팔 소리라도 되는 양, **신, 불멸, 의무**라는 세 단어를 자주 이야기했다. 그녀는 첫 번째 것이 얼마나 생각도 할 수 없는 것인지, 두 번째 것이 얼마나 믿을 수 없는 것인지, 그런데도 세 번째 것이 얼마나 우선적이며 절대적인 것인지에 대해 굉장히 열심으로 말했다. 인간사와 관련이 없으며 인간사에 어떤 보상도 해 주지 않는 법칙의 지배를 이보다 더 확고하게 말할 수는 없을 것이다. 나는 들었고, 밤은 깊어 갔다. 마치 어둠 속의 고대 예언자처럼 심각하고 위엄 있는 얼굴로 엘리엇이 나를 보았다. 내게서 약속의 두 가지 자락을 하나씩 떼어 내고 운명처럼 무서운 세 번째 자락만 남겨 놓은 것 같았다. 정원의 나무들 사이에서 별빛 없는 하늘의 마지막 땅거미 속에 오래도록 서 있다가 헤어질 무렵, 나는 예루살렘에 간 디도처럼, 신의 후광이 없어진 성지의 텅 빈 의자와 복도를, 신이 떠나고 외롭게 남은 천국을 보고 있는 것 같았다.[21]

엘리엇은 종교가 사라지는 것을 환영했다. 그래야 도덕적 의무감이 더 순수하게 존재할 수 있다고 생각해서였다. 같은 맥락에서 엘리엇은 심령주의도 거부했다. 보상을 기대하지 않는 채로 미덕을 행하는 것이 갖는 고귀함에 매혹되었기 때문이다. 내세의 존재는 이런 만족감을 허용하지 않을 것이고, 따라서 엘리엇은 영혼의 사후 지속을 증명하려는 시도를 경멸했다. 엘리엇은 마이어스에게 이렇게 말했다. "당신이 믿는 것이 승리하면 나의 삶이 가르쳐 준 모든 것이 무가치해지고 말아요."[22]

더 회의적이고 더 현실적이었던 시지윅은 종교가 사라진 뒤에도 도덕적 의무감이 지속될 수 있으리라는 생각을 의심했다. 물론 얼마간은 사람들이 도덕적 의무감을 유지할지도 모른다. 종교에 대한 의심이 불신으로 바뀌면 사람들은 심지어 일종의 위안을 얻기 위해 도덕적 의무를 행할지도 모른다. 영혼의 사후 지속에 대한 증거를 결코 찾을 수 없을지도 모른다는 결론을 내린 후에 시지윅이 보인 태도도 바로 이런 것이었다. 하지만 영혼이 지속되지 않고 개인은 죽으면 소멸한다는 것이 자명한 사실로 널리 받아들여지고 나면 도덕은 결국 붕괴하고 말 것이다.

따라서 모든 것은 영혼 지속의 증거를 찾는 일에 달려 있었다. 하지만 시지윅은 이에 대해 종종 절망했다. 1858년에만 해도 시지윅은 "심령연구가 번성하고 있다"고 적었지만, 1864년에는 "심령연구에 대해 말하자면, 진전이 보이지 않고 나는 고통스러운 의심에 싸여 있다"고 적었다. 1886년이 되면 "내 마음의 생각을 따라가다 보면, 나는 이제 인간을 초월한 지적 존재들에 대해 전적으로 불신하는 방향으로 나아가고 있는 것 같다"고 언급하게 된다. 삶이 거의 끝나 갈 무렵, 시지윅은 친구 마이어스에게 이렇게 말했다. "내 삶을 되돌아보니, 낭비한 시간 말고는 별로 보이는 게 없네."

시지윅은 영혼의 사후 지속에 대한 믿음이 없으면 도덕적으로 살아야 할 이유를 가질 수 없다고 생각했다. 그러나 대부분의 측면에서 불합리할 정도로 도덕적인 사람이었던 시지윅은 영혼이 지속된다는 믿음을 갖지 못한 채 죽었다.

태어난다고 삶의 수수께끼를 알게 되지 않듯, 죽는다고 죽음의 수수께끼를 알게 되지도 않는다. 내 경우만 해도 그렇다.[23]

— '헨리 시지윅'이 내세에서 보내 온 메시지

시지윅은 자신이 발견한 윤리학의 블랙홀을 내세의 존재가 메워 줄 것이라고 생각했지만 여기에는 논리적 빈틈이 있었다. 이기애와 보편애라는 두 가지 원칙이 정말 상충하는 것이라면 내세의 존재도 이 사실을 바꾸지는 못한다. 내세의 존재가 기껏 보장할 수 있는 것은, 현세에서나 내세에서나 이 원칙들을 따르는 결과가 동일하리라는 점일 것이다. 그런데 시지윅이 유신론을 통해 이끌어 내고 싶었던 결론은 도덕적 의무와 이기심이 같은 방향을 가리키는 세상이었다. 시지윅은 이런 세상에서라면 두 원칙이 정말로 상충하지는 않으리라 생각했다.

시지윅이 바란 것을 유신론이 가져다 줄 수 있었을까? 유신론자들은 이 세상이 신격에 의해 창조되었고 그 이미지를 본떠 인간이 만들어졌다고 생각한다. 인간 개인의 영혼이 유신론자들이 생각하는 식으로 실재한다면, 인간이 죽음을 넘어서도 계속 살 수 있다고 생각해봄 직하다. 하지만 그렇더라도 시지윅이 고민한 이중성의 문제는 해결되지 않을 수 있다. 가령, 유신론이 옳다 해도 시지윅이 생각하는 가치들을 신이 공유하지 않을 수도 있지 않겠는가?

당대의 사상가들이 으레 그랬듯이 시지윅도 보편 후생universal well-being이 최고의 선이라고 생각했다. 하지만 유신론 중에는 다른 가치들을 보편 후생보다 더 중요하게 취급하는 분파도 있다. 이를테면, 어떤 사람들은 신앙인은 이기적이더라도 천국에 가지만 신앙이 없으면 선한 일을 해도 지옥에 간다고 생각한다. 바로 이런 이유에서 19세기 칼뱅주의자들은 천국의 내세가 모두에게 약속되어 있다고 본 심령주의에 매우 적대적이었다. 만약 신이 모든 이의 후생보다 선택된 소수의 구원에 더 신경을 쓴다면 유신론도 이기애와 보편 후생의 통합을 보장해 주지 못하게 된다.

게다가 유신론 중에는 내세를 약속하지 않는 분파도 있다. 성서 시대 유대주의는 내세에 대해 거의 이야기하지 않는다. 내세계sheol에 대한 언급이 나오기는 하지만 이곳은 죽은 자의 영혼이 살아남아 존재하는 곳이 아니라 죽은 자의 그림자가 존재하는 곳이다. 유신론의 또 다른 형태로는 고대 영지주의자들을 들 수 있는데, 이들은 이 세상이 악신에 의해 창조됐다고 믿었다. 영지주의자들에게 구원이란 높은 차원으로 올라가 인간을 초월한 진정한 신성에 통합되는 것이었다. 18세기 스코틀랜드 철학자 데이비드 흄David Hume은 『자연 종교에 관한 대화Dialogues Concerning Natural Religion』에서 이러한 영지주의 신앙을 소개하고 있다. 이 책의 등장인물 중 한 명이 "모든 이단 철학 중에서 가장 종교적이고 가장 독실한 철학자들의" 견해를 보여 주는데, 이 견해에 따르면 신을 기리는 것은 존경이나 숭배나 감사나 사랑을 통해서가 아니라 자아의 무화라는 신비로운 상태, 혹은 우리의 모든 신체적·정신적 능력의 완전한 소멸을 통해서 이뤄진다. 이 책에 등장하는 또 다른 견해는 현세가 다음과 같이 창조되었다고 설명한다.

이 세상은 어떤 꼬마 신이 엉성하게 만들어 놓고 나중에 창피해서 내버린 첫 번째 과제물에 불과할지도 모른다. 아직 어리고 서툰 신이 만들어서 그보다 나은 신들이 웃음거리로 삼는 작품 말이다. 그게 아니라면, 이 세상은 늙고 노망난 신의 작품이며 그 신이 죽은 후로는 그가 처음에 부여했던 충동과 활성의 힘에 의해서만 마구잡이로 돌아가고 있는 세상인지도 모른다.[24]

이 세상이 꼬마 신이나 노인네 신에 의해 창조되었으며 그 신은 자기가 이걸 왜 만들었는지도 까먹고 있을지 모른다는 흄의 짓궂은 이야기는 어쩌면 유신론 중 가장 그럴 법한 버전일지도 모른다. 이런 신이라면 자기가 창조한 인간들에게 내세를 만들어 줘야 한다는 생각을 기억조차 못 하고 있기 십상일 것이다.

유신론이 내세를 약속하는 경우라 해도 각 유신론이 제시한 내세의 양태는 천차만별이었다. 예수가 이끈 유대교 분파는, '신이 창조해서 육신에 불어넣은 불멸의 영혼'이라는 개념을 갖고 있지 않았던 것 같다. 예수의 분파에서 불멸은 죽은 자의 육신이 '예전의 육신' 그대로 부활해 부패하지 않은 채 세상에서 영원히 사는 것을 뜻했다. 하지만 바울과 아우구스티누스가 만들어 낸 기독교에서는 불멸의 의미가 이와 매우 달랐다. 이 종파는 플라톤의 영향을 많이 받았는데, 여기에서 불멸은 죽은 자의 '정신'이나 '영혼'이 시간을 초월해 존재한다는 뜻이었다. 그런데 이 플라톤식의 불멸 개념은 죽은 자의 영혼이 그 사람이 살아 있을 때의 특성을 어떤 식으로 유지하는지에 대해서는 명확하게 설명하고 있지 않다. 한편, 시지윅이 살던 시대의 기독교인이 많이들 믿던 종류의 유신론은 현세에서의 개인성이 현세의 육신이 가졌던 불완전함을 떨쳐 버린 새로운 육신을 가지고 내세로 그대로 이어진다고 믿었다. 이 견해는 시지윅이 기독교를 더 이상 믿지 않게 된 후에도 시지윅의 사상에 여전히 영향을 미쳤다.

한편, 비유신론 종교들은 위에서 언급한 것들과는 또 다른 종류의 내세 개념을 보여 준다. 힌두교나 불교는 신이 인간에게 불어넣었다는 신격 대신 인간적 의미를 초월한 도덕 법칙을 믿었다. 카르마Karma는 존재의 모든 측면을 관장하는 도덕적 인과법칙이다. 여기에서는 인간의 삶을 판단하는 신을 상정할 필요가 없다. 인간과 여타 동물들 사이에 넘어설 수 없는 간극 같은 것도 없다. 영혼들은 (혹은, 영혼이라는 개념을 거부하는 불교식으로 말하자면 '정신 현상들의 연쇄'는) 환생의 고리 속에서 생물 종의 경계를 넘나들며, 그 환생은 어쩌면 끝없이 이어질 수도 있다. 이러한 비유일신교 신앙에서 보자면 현세의 존재가 다른 세상에서도 지속된다는 것은 바람직한 일이 아니라 피해야 할 일이다. 인간이 이승에서 살던 채로 영원히 존재한다는 것은 지옥의 한 형태에 불과하다. 불멸이란, 죽고 나면 이승에서건 다른 세상에서건 다시 태어나지 않는 데 있다.

불멸에 대한 이 다양한 견해 중 어느 것도 완전히 일관성을 갖추고 있지는 않다. 모두가 시간과 영원성, 육신의 부활과 나이 들지 않음, 개인의 구원과 개인 정체성의 소멸 등과 같이 서로 모순되는 개념들을 품고 있다. 죽음을 대하는 인간의 반응이 일관되지 않다는 점을 생각하면 이런 모순은 놀랄 일이 아니다. 우리는 살 만하다고 여겨질 때는 삶이 지속되기를 바라고 삶이 무의미해 보일 때는 영원히 죽기를 바라거나 아예 태어나지 않았더라면 좋았을 거라고 생각한다.

물론 내세가 물리적 실재일 수도 있다. 불멸을 추구한 빅토리아시대 사상가 중에는 내세가 존재한다면 그 내세 역시 물리적이고 자연적인 체계의 일부일 거라고 생각한 무신론자나 불가지론자도 있었다. 사후에도 영혼은 지속될 수 있지만 숨겨진 능력을 개발해 낸 소수의 사람에게만 가능한 일일 거라고 생각한 신비주의자도 있었다. 또한, 진화라는 과학적 사실이 내세가 실재한다는 점을 암시한다고 믿은 마이어스 같은 사람들도 있었다. 심령주의 지지자이자 저명한 이집트 학자이며 시인인 제럴드 매시Gerald Massey는, "심령주의는 다윈주의를 받아들여서 그것을 저 세상에서 완성시킬 것"[25]이라고 말했다. 이러한 비유신론자들에게 심령주의는 물질세계를 환상이라고 보는 비물질론▪이 아니라, 물질세계를 눈에 보이지 않는 세계로까지 확장한 자연주의의 한 형태였다.

이런 식으로 생각하면 사후에 인간 영혼이 취할 수 있는 양태도 매우 다양하다. 우선, 사람이 죽으면 그의 정신 속에 존재하는 내용물들은 한동안 지속되지만 그 정신이 더 이상의 경험은 할 수 없는 경우를 생각해 볼 수 있다. 이 경우 정신의 흔적들은 별도의 사고 흐름들로 지속되다가 점차 사라져 없어질 수도 있고, 아니면 우주의 저장소 같은 곳으로 이동해 그곳에서 영원히 존재할 수 있을지도 모른다. 이 중 어느 경우든 내세의 영혼이 현세에 영향을 미칠 만한 행동을 취할 수는 없을 것이다. 이와 달리, 죽은 자의 정신적 내용물이 지속되고 내세에서도 개인적인 경험을 할 수 있지만 그 경험이 마치 꿈에서처럼 분절적이고 단속적으로 일어나는 경우도 생각해 볼 수 있다. 그리스 신화에 등장하는 내세의 영혼이 이런 형태인데, 한때 현세에 살았던 사람들의 그림자들이 무슨 일이 벌어지는지 파악하지 못한 채로 우중충한 지하 세계를 돌아다닌다. 이도 아니면, 죽은 자의 영혼이 이승에서 살던 시절의 그 인물과 더 닮은 채로 존재할 수도 있을 것이다. 이런 영혼은 육신 없는 정신으로 존재할 수도 있고 '영적 세계의' 혹은 '창공의' 육신을 새로 얻어서 존재할 수도 있다. 둘 중 어느 경우든, 내세의 영혼은 현세에 살던 시절의 기억도, 그리고 의도를 가지고 계획을 세워 행동하는 능력도 여전히 갖고 있을 수 있다.

---

* immaterialism, 이를테면 힌두교와 불교 철학에서 영향을 많이 받은 19세기 독일 철학자 아르투어 쇼펜하우어가 이러한 유심론을 주장했다.

사후에 지속될 영혼의 형태가 다양한 만큼이나 사후 세계의 형태에 대해서도 다양한 견해가 있었다. 티베트 불교는 각각의 환생 사이에 중간 세계인 바르도가 있다고 보았다. 여기서 사후 세계는 정신적인 구성물로, 사람마다 다르다. 또 다른 견해는 사후 세계를 초월적 정신이 꾸는 꿈이라고 본다. 살아 있는 자들의 세계와 마찬가지로 이 세계도 허구며, 이곳에 사는 사람들은 꿈 속의 등장인물이다. 또 다른 견해에서는 내세가 현세에 살던 사람들이 향상된 형태로 거주하는, 완전히 발전된 형태의 환경이다. 대부분의 빅토리아시대 사람들이 원한 내세의 모습이 바로 이것이었는데, 이 목가적인 사후 세계(심령연구자들은 이 세계를 '서머랜드Summerland' 라고 부르기도 했다)에는 현세의 삶이 가진 추한 오류들이 사라지고 없다.

내세에 대한 이런 견해 중 어느 것도 죽은 뒤에 그 사람의 불멸을 약속해 주지는 않는다. 죽음 이후에도 지속되는 것이 무엇이든지 간에, 그것은 잠시 동안만 지속되고 그 다음에는 사라지거나 다른 형태로 변형된다. 또, 죽은 뒤에 영혼이 들어가게 될 세상도 현세처럼 유한한 세상일 수 있다. 그렇다면, 인간 개인의 영혼이나 인간적인 특질이 내세에까지 이어질 수 있다 하더라도 그 내세 자체가 파열돼 붕괴할 것이다.

내세가 자연적 실재라고 해도 그게 곧 개인의 영혼이 영원히 지속된다는 의미는 아니다. 다원주의가 맞다면, 영혼 지속은 말이 되지 않는다. 인간의 정신과 동물의 정신 사이에 넘을 수 없는 간극이 존재하지 않는다면 내세가 인간의 영혼으로만 구성되어 있으리라는 법은 없다. 하지만 다른 동물들도 사후에 내세로 들어올 수 있다면 그들은 육신 없는 정신으로 존재할 것인가, 아니면 새로운 육신을 얻을 것인가? 그리고 어느 쪽이든 간에, 지상에 생명이 생겨나 죽음이라는 사건이 처음으로 발생하기 전까지 내세는 텅 빈 세계였을 것인가? 과학이 진보해서 의식이 있는 기계를 만들 수 있게 되면 문제는 더 복잡해진다. 기계가 망가지고 나면 기계의 영혼도 심령연구자들이 인간에 대해 생각했던 것과 같은 형태로 내세에 들어오게 될 것인가?

우리는 이런 질문 중 어느 것에도 답할 수 없다. 사실 다윈주의는 어떤 종류의 내세든 내세라는 개념과는 어울리지 않는다. 다윈의 체계에서 생물 종은 고정되어 있거나 영원한 것이 아니다. 종들 간의 경계는 불분명하며 변화한다. 그렇다면, 어떻게 하나의 종만이 사후에 지속될 수 있단 말인가? 인간이 일으킨 기후변화 같은 것 때문에 지구상에서 모든 생명이 소멸한다면, 내세에서는 인간 영혼만이 존재하면서 자신들이 남겨 놓고 온 망가진 세상을 내려다보고 있을 것인가? (하나의 종만 특별한 게 아니라면) 지각 능력이 있는 모든 생명체의 영혼이 다 같이 불멸하거나 다 같이 필멸해야 말이 된다. 하지만 죽은 생명 모두가 (이 세상에 살던 모든 세대의 사람들과 멸종한 모든 동물들까지 포함해서) 어떻게 다 내세에서 영원히 존재한단 말인가?

영혼이 사후에도 지속된다는 생각을 가진 빅토리아시대 사상가들은 내세에서도 진화의 과정이 계속될 거라고 생각했다. 하지만 그러면서 그들은 항상 다윈주의를 왜곡했다. 다윈주의가 상정하는 진화에는 애초에 진보라든가 목적이라든가 하는 개념이 존재하지 않는데, 이들은 그런 개념을 진화에 주입한 것이다. 유럽 대륙과 러시아의 신비주의자들과 건신주의자들이 라마르크의 이론을 받아들였듯, 빅토리아시대 영국 사람들도 다윈주의의 진짜 교훈을 회피했다.

진화라는 단어야말로 희망의 공식이며 희망의 상징이다.[26]

– 프레더릭 마이어스

프레더릭 마이어스(1843~1901)는 워즈워스에 대한 짧은 책도 쓰고 지극히 빅토리아적인 산문도 쓴 고전학자였으며, 심령연구 분야에서도 가장 걸출한 학자였다. 케임브리지 트리니티 칼리지를 다니면서 시지윅에게 지도를 받던 시절에는 자기 본위적이라는 평판을 받았고 표절 추문에도 휘말렸다. 그가 상을 받은 시에 옥스포드에서 출판된 다른 시들의 구절이 들어 있었던 것이다. 어쨌든 마이어스는 야심차고 대담했는데, 자신의 다재다능함을 꽃피울 수 있는 직업을 찾기가 쉽지 않았다. 결국 마이어스는 장학관으로 일하면서 평생의 업이 된 '인간 영혼 불멸에 대한 증거를 찾는 작업'도 함께 해 나가게 된다. 마이어스는 당대의 과학에 대해 그가 느낀 혐오가 어떻게 해서 그를 심령연구로 이끌었는지를 다음과 같이 설명했다.

처음에는 심령주의자들이 주장하는 현상들을 연구하는 것에 크게 거부감이 들었다. 천국의 저택에서 앞문으로 내동댕이쳐진 다음에 뒷방 쪽문으로 다시 기어들어가는 것 같았다. 1873년 가을에서야 나는 현대 과학이 인식하지 못하는 어떤 힘이 있음을 처음으로 경험하게 되었다. (…) 이때가 물질주의와 불가지론이 대세인 시절이었다는 것을 밝혀 두어야겠다. 물질주의와 불가지론은 영적인 사실들을 생리학적 현상으로 환원하는, 우주에 대한 기계적인 이론이었다. 모두가 다윈주의에 휩쓸려 있었고, 지상에서 이루어지는 진화가 너무나 많은 것을 설명했기 때문에 그 너머를 보는 것에 거의 신경을 쓰지 않고 있었다.[27]

마이어스는 과학에 자신의 희망을 걸었다. 그는 이렇게 언급했다. "나는 과학이 그동안 미뤄 뒀던 우주적인 사실들에 이제 막 침투하기 시작했다고 생각한다. 물론 그중 첫 번째는 인간이 죽음 이후에도 존재한다는 사실이다."[28] 게다가, 마이어스가 생각하기에, 과학은 인간 영혼의 지속을 증명하는 데서 그치지 않을 것이었다. 과학은 죽는다는 것이 '더 이상 물리적인 재앙으로 중단되지 않고 무한히 먼 목적(우주가 더 완전하고 더 높은 형태로 진화해 나가도록 돕는 우주적 목적)을 향해 계속 움직여 나가는 도덕의 진화 과정' 상에 있는 한 사건에 불과하다는 것을 보여 줄 터였다.[29] 마이어스에게 진화는 '지상의' 세계에만 한정된 것이 아니었다. 과학은, 진화란 결코 멈추지 않는다는 것을 보여 줄 것이었다. "그렇다면, **영혼의 진화**는 현세에서도, 그리고 다른 세상에서도 우리의 운명이다. 영혼의 진화는 점진적으로 이뤄지면서 끝없이 계속 상승할 것이다."[30] 죽음은 삶의 끝이라기보다는 우주적 진보의 한 단계였다.

마이어스는 자신이 일상의 익숙한 자아 곁에 존재하는 '이차적인 자아, 혹은 식역하 자아'를 발견했다고 믿었으며, 이 식역하 자아가 초현실적인 역량을 갖고 있다고 생각했다. 그런 역량 중 하나가 텔레파시였다. "텔레파시는 틀림없이 **진화**의 한 단계다. 감각 기관을 통해 들어오는 정보를 매개로 하지 않고도 다른 이의 생각을 안다는 것은 정신적 역량이 매우 광범위하게 확장될 가능성이 있음을 암시한다."[31]

당시의 많은 사람들처럼 (그리고 오늘날의 많은 사람들처럼) 마이어스는 인간의 진화가 진보의 증거라고 생각했다. 하지만 인간이 다른 형태의 생물보다 우월한 생명 형태냐의 질문은 차치하더라도 (이는 매우 어렵고 미묘한 문제다) 다윈주의를 받아들인다면 인간 종의 존재는 어떤 '우주적 목적'이 실현된 것이 아니라 우연한 사건일 뿐이다. 다윈 진화론의 핵심은 진화에는 어떠한 목적도 없다는 것이다. 자연선택은 때로는 복잡한 생명체를 만들기도 하고 때로는 그런 생명체를 멸종시키기도 한다. 다윈이 분명하고 단호하게 말했듯이, "생명체 사이의 편차나 자연선택의 양상은 미리 고안된 설계를 따라 이뤄지는 것이 아니다.

바람이 미리 설계된 방향대로 부는 게 아니듯이 말이다."[32]

하지만 다윈도 늘 이렇게 냉철한 것은 아니었다. 『종의 기원』 마지막 쪽에 다윈은 이렇게 적었다.

미래를 예측하자면, 각 강綱에서 더 크고 지배적인 집단에 속하는, 일반적이고 널리 퍼진 종이 궁극적으로 우세해지고 새로이 지배적인 종을 만들어 낼 것이라고 생각할 수 있을 것이다. (…) 일반적으로 말해서 이제까지 세대 계승은 한 번도 깨어지지 않았으며 어떤 대재앙이나 대변동도 세계 전체를 무너뜨리지 않았다고 확신할 수 있을 것이다. 그러므로 앞으로도 상당히 오랜 기간 동안 안정적인 미래가 계속될 거라고 어느 정도 확신해 봄직하다. 그리고 자연선택이 전적으로 각 생명의 이익에 의해, 그리고 이익을 위해 작동함에 따라, 육신과 정신의 모든 자질들은 완벽을 향해 진보해 가는 경향을 보일 것이다.[33]

"완벽을 향해 진보해 가는"이라는 말에서 볼 수 있듯이 다윈은 자신이 발견한 자연선택 이론의 함의를 스스로도 완전하게 받아들이지 못했다. 다윈은 진화의 과정이 인간이나 인간의 가치를 특별히 신경 쓰지 않는다는 점을 알고 있었다. 자신의 말대로 진화는 바람처럼 움직이는 것이었다. 하지만 이 진실을 고수할 수는 없었다. 진화가 목적 없는 과정이라는 의미가 되기 때문이다. 진보라는 개념은 모든 것이 향해 가는 종착점이 있음을 내포하는데, 자연선택에서는 그 모든 움직임이 목적 없이 부유할 뿐이니 말이다.

대중화된 진화론은 (진화가 목적 없는 과정이라는) 진실을 항상 거부했다. 사실, 진화론 중 영향력이 가장 큰 축에 속하는 것들은 결코 다윈의 진화론이 아니었다. 그중 하나가 허버트 스펜서(Herbert Spencer, 1820~1903)의 진화론이다. 스펜서는 자유방임 자본주의의 예언자이자 '적자생존'이라는 표현을 만들어 낸 사람이다. 스펜서의 진화론에 따르면 진화는 목적론적인 과정이며, 여기서 종착점은 복잡한 균형이 달성된 보편 상태였다. 프랑스 생물학자 라마르크(1744~1829)도 대중적으로 인기 있는 진화론을 펼쳤다. 라마르크는 어떤 생명체가 살아가면서 획득한 후천적 형질도 다음 세대에 유전될 수 있다고 생각했다. 다윈도 가끔은 그랬듯이(『종의 기원』 3판에서 다윈은 라마르크의 연구에 대해 모든 생명 형태가 진보하는 경향이 있음을 보여 주었다고 찬사를 보냈다), 라마르크도 진화에 완전함을 향해 가는 경향이 내재되어 있다고 보았다. 스펜서와 라마르크에게 (때로는 다윈에게도) 진화는 하등한 생명 형태에서 고등한 생명 형태로 가는 과정이었다. 사실 자연선택 이론에는 이런 개념을 뒷받침하는 요소가 전혀 없다. 그런데도 이 개념은 가장 고등한 생명 형태라고 상정되는 인간을 우주의 목적이라는 위치로 복귀시키는 효과가 있었기 때문에 사람들에게 매우 호소력이 있었다.

많은 사람들이 진화가 진보의 과정이라는 생각에 매료되었고 마이어스도 그중 한 명이었다. 마이어스는 진보하는 진화 과정이 내세에서도 계속된다고 생각했다. 하지만 '지상을 벗어난' 곳에서도 진화가 계속된다고 믿어서 우리가 얻을 수 있는 게 뭐란 말인가? 내세에서도 진화는 현세에서와 마찬가지로 방향성 없이 부유하는 과정일 뿐이고 그 과정에는 노쇠와 죽음이 따라올 텐데.

시지윅이 도덕 원칙의 상충을 해결하기 위해, 그리고 마이어스가 내세에서의 진보라는 전망에 끌려서 심령연구에 들어서게 되었다면, 누이 중 세 명이 나일 강에서 익사한 에드먼드 거니는 견딜 수 없는 상실을 경험하며 심령연구에 들어서게 되었다. 절망적인 고통을 절실히 느낀 게 계기가 되어 내세의 증거를 찾아 나서게 된 것이다.

> 사라지지 않는 최악의 고통을 달랠 수 있는 희망의 여지가 없다면, 내가 나 자신이나 다른 모두를 보고서 개인의 존재는 육신의 죽음과 함께 끝나는 것이라는 절대적 확신을 갖게 된다면, (…) 나는 (…) 차라리 인간 종 전체가 당장 소멸하는 편을 바라겠다.[34]

거니는 개인의 영혼이 사후에도 지속되는지에 대해서는 결국 죽을 때까지 확신하지 못했다. 하지만 시지윅과 마이어스도 그랬듯이, 인간의 영혼이 사후에도 지속된다면 지상에서 겪은 슬픔을 극복하는 데 도움이 되리라는 점에 대해서는 의심하지 않았던 것 같다. 개인 영혼의 불멸을 믿으면 우주의 소멸이라는 전망이 좀 더 참을 만한 것이 되리라는 다윈의 관찰을 살짝 뒤집어서, 거니는 개인의 영혼이 사후에 지속되지 않는다면 인간 종이 당장 사라지는 편이 낫다고 선언했다.

거니는 인간이 존재하지 않는 세계가 인간이 영원히 죽는 세계보다 낫다고 생각했다. 하지만 영혼이 내세에서 계속 살 수 있다고 해도 거니가 바라는 바는 실현되지 않을지도 모른다. 내세가 실재한다 해도 현세의 무질서가 내세에서 질서와 조화로 바뀌리라고 믿을 이유는 없기 때문이다. 개인의 영혼이 내세에, 혹은 여러 내세들을 거치면서 지속된다고 치자. 의식적인 인간 개인의 소멸이 무한히 연기될 수 있다고 치자. 하지만 '사랑하는 사람을 잃은 고통'을 현세에 떨쳐 두고 그런 고통이 없는 내세로 가게 되는 것은 아니다. 많은 이들이 이런 고통 때문에 교령회를 찾았지만, 그런 고통은 다른 세계에서도 계속해서 반복될 것이다.

내세가 현세의 연장이라면, 우리가 너무나 고통스럽도록 잘 알고 있는 현세의 딜레마들이 내세에서 사라질 거라 믿을 근거는 없다. 우리가 죽어서 들어갈 세상도 정의롭지 못하고, 무질서하며, 현세만큼이나 파악할 수 없는 세상일 것이다. 현생이 그렇듯이, 사후의 삶도 인간의 지능으로는 기껏해야 부분적으로만 이해할 수 있을 것이다.

시지윅이 사후에 보내 온 것이라는 메시지를 우리가 믿는다면, 시지윅이 내세에서 경험한 바는 다음과 같았다.

태어난다고 삶의 수수께끼를 알게 되지 않듯, 죽는다고 죽음의 수수께끼를 알게 되지도 않는다. 내 경우만 해도 그렇다. 나는 늘 무언가를 추구하는 사람이었다. 그러다 보니 가끔은 마치 추구 자체가 성취보다 내게 더 중요한 일처럼 보이기도 했다. 내가 찾던 것을 얻어도 그것은 보통 무지개 끝의 황금 항아리처럼 언제나 저 멀리, 저 위에 있었다. 지금도 전혀 분명하지가 않다. 나는 아직도 추구한다. 이전에 상상했던 어떤 낙관주의보다도 더 완벽하고 아름다운 낙관주의를 가지고 있어서 가능한 일이다. 나는 우리 중 몇몇이 그랬듯이 우리의 지식과 낙관을 때가 오기 전에 당신과 공유할 수 있을 거라는 들뜬 희망에 짓눌리지 않는다. (…) 그 위대한 문제에 대한 해답을 나는 당신에게 줄 수 없다. 나는 아직 그 해답에서 멀리 떨어져 있다. 존재에 불가피하게 따르는 추악함을 다 흡수해 없애 버릴 본질적인 진眞과 미美에 대한 확고한 지식은 때가 되면 당신이 알게 될 것이다.[35]

내세에서 보냈다는 위 메시지에 따르면, 시지윅은 살아 생전에 그렇게 오래도록 찾고자 했던 증거를 찾긴 했다. 즉, 인간 개인의 영혼이 내세에서도 지속된다는 것을 자신의 경험으로 알게 되었다. 하지만 심령연구도 해답을 주지 못했듯이, 죽음도 복잡하고 알 수 없는 그의 질문에 답을 주지 못했다.

나는

나 자신이 아닌가? 어떤 것의 절반일 뿐인가?

절반만 보이거나 잠깐 동안만 보이는 자인가?

생각 속에 존재하는 자인가? 너무나 가벼운 모습을 입고 있는

그래서 내 모습을 보려고 어깨를 돌리면,

빠르게, 너무나 빠르게, 사라져 버리는 유령인가?[36)]

- 월리스 스티븐스

심령학자들이 연구한 초자연 현상 중 어떤 것도 개인 영혼이 사후에 지속된다는 점을 증명해 보이지는 못했다. 심령연구의 고전으로 꼽히는 『살아 있는 자들의 환영 *Phantasms of the Living*』(1886)은, 유령을 죽어가는 사람이 보내는 텔레파시 메시지에 의해 촉발된 환영이라고 해석했다. 그런데 영매를 통한 소통도 이런 식으로 설명하는 것이 가능하다. 인간이 현대 과학으로 설명되지 않는 어떤 힘을 가지고 있다면 초자연 현상을 굳이 죽은 자와의 통신으로 설명해야 할 이유도 없다. 모든 초자연 현상이 살아 있는 자들에 의해 촉발된 것일 수도 있을 테니 말이다.

『살아 있는 자들의 환영』의 저자 중 한 명인 마이어스는 영혼의 사후 지속을 암시하는 듯 보이는 증거라면 어느 것에든 열정적으로 관심을 쏟았다. 하지만 마이어스의 연구는 '영혼의 사후 지속'과는 완전히 다른 결론으로 그를 이끌었다. 식역하 자아에 텔레파시 능력이 있다고 봄으로써, 서로 다른 개인의 정신이 직접적으로 소통할 수 있다는 가

설을 내세울 수 있게 된 것이다. 나아가, 마이어스는 이제까지 발생했던, 그리고 앞으로 발생할 모든 일을 적어 놓은 우주적 기록이 존재하며, 식역하 정신이 텔레파시의 도움 없이도 '초자연적인 직접 지각력'을 통해 그 기록에 접근할 수 있을지 모른다고 생각했다. 즉, 인간에게는 감각 기관을 초월하는 지각이 있어서 (이러한 초감각적 지각과 염력을 초심리학에서는 초프시super-psi라고 부른다) 그것을 이용하면 누구의 정신속에도 존재한 적 없는 정보를 획득할 수 있을지 모른다는 것이었다.

이런 가능성을 제기하면서, 마이어스는 살아 있는 사람 중 누구에게도 알려져 있지 않은 정보는 죽은 사람에게서만 올 수 있다는 주장을 약화시키고 말았다. 개인 고유의 영혼이 사후에도 지속된다는 증거로 삼으려면, 그 영혼이 〔의지와 의도를 가지고 행동하는〕 인간 주체임을 보일 수 있어야 했다. 교차 통신도 바로 이런 맥락에서 시도된 것이었다. 교차 통신은 시지윅, 마이어스 등이 사후 세계에서 보내오는 메시지라고 여겨졌다. 여기서 생성된 방대하고 다층적인 문서들[*]은 서로 다른 영혼들이 〔의도적으로〕 분절적인 실마리들을 제공하면서, 동시에 전체적인 아이디어가 어떻게 해석되어야 하는지를 서서히 알려 주고 있는 것처럼 보였다.

---

[*] 자동 기술로 생성된 교차 통신 문서는 수천 쪽에 달하는데, 어떤 부분은 너무나 어려운 학술적 내용으로 되어 있고, 또 어떤 부분은 너무나 은밀하고 이상한 내용이어서 아주 최근까지 공개되지 않았다.

이런 방식으로 영혼의 지속을 증명하려는 시도에는 좀 허황된 면이 있다. 교차 통신 문서에는 고전 문헌에 대한 언급이 많이 나오는데 이런 내용들 모두의 연관성을 파악하려면 방대한 학식을 갖춰야 한다. 그러나 그만큼의 학식을 갖춘 사람은 당시에도 거의 없었고 지금은 그때보다 더 적을 것이다. 또, 학식의 부족만이 문제가 아니다. 그만한 학식이 있는 사람도 문서를 해독하기가 쉽지 않았다. 연관성을 찾아냈다 해도 지극히 개념적이거나 상징적인 연관성일 뿐이었다. 발신자가 정말로 누구이냐는 문제도 결코 풀리지 않았다. 게다가 이들이 해석해 낸 내용들도 인간의 영혼이 그들이 증명하고 싶어했던 방식으로 지속된다는 증거가 되지는 못한다. 문서에서 주장된 대로라면, 문서 내용들 간의 얽히고 설킨 연결의 미로는 육신을 빠져 나와서 존재하는 의식적인 정신의 작품이었다. 그런데 마이어스의 식역하 자아에 대한 연구에 따르면 의식적인 정신이라는 개념 자체에 물음표가 생기게 된다.

프로이트처럼 마이어스도 (매우 다른 방식이기는 했지만) 인간의 행위 중 의식적 사고 과정에서 나왔다고 볼 수 있는 것은 일부에 불과하다고 주장했다. 프로이트의 연구를 영어권에 처음 소개한 사람이 마이어스였다. 프로이트와 요제프 브로이어는 1893년 1월에 빈에서 히스테리를 다룬 이들의 첫 논문을 출간했는데, 한두 달 뒤에 마이어스가 〈심령연구학회〉 모임에서 그 논문을 소개했다. 프로이트의 공식 전기 작가인 어니스트 존스Ernest Jones가 언급했듯이, "브로이어와 프로이트의 작업을 첫 번째로 해석한 사람은 마이어스였다."[37]

프로이트와 브로이어의 논문은 마이어스에게 매우 중요했다. 정신 작용 중 많은 부분이 의식에 잡히지 않는다는 견해를 발전시켰기 때문이다. 프로이트와 브로이어는 히스테리가 억압된 기억 때문에 생기는 증상이라고 설명했다. 그들은 이런 기억들을 의식 위로 떠오르게 만들면 히스테리 증상들이 사라질 것이라고 보았다. 이것이 사실상 정신분석의 시작이었다.

프로이트도 마이어스에 대해 알고 있었다. 프로이트는 저서『꿈의 해석The Interpretation of Dreams』에서 마이어스가 '기억앙진記憶昻進 꿈'■에 대한 "종합적인 내용"을 〈심령연구학회〉 논문 모음집에 게재했다고 언급했다. 〈심령연구학회〉의 교신 회원이던 프로이트도 그 논문 모음집에 자신의 무의식 이론과 마이어스의 식역하 자아 개념을 대조하는 짧은 논문을 실었다.[38]

평생 동안 프로이트는 정신분석이 신비주의나 주술적 낌새가 보이는 어느 것하고도 연관을 맺지 않게 하려고 애썼다. 텔레파시가 "개인들 간의 원초적이고 본래적인 의사소통 방식"일지도 모른다고 생각하기는 했지만[39] 신화와 연금술의 개념을 빌어 무의식을 이해할 수 있다는 융의 견해를 강하게 거부했다. 이런 생각이 드러난 프로이트와 융의 다음 대화는 유명하다.

■ 깨어 있는 자아는 사용할 수 없는 기억에 근거한 꿈.

"친애하는 융, 성性 이론을 버리지 않겠다고 약속해 주기 바랍니다. 성 이론이 가장 본질적인 것이에요. 아시겠지만 우리는 그것을 중심 원리로 삼아야 합니다. 그것을 흔들리지 않는 성벽으로 삼아야 해요." 그〔프로이트〕는 아주 열정적으로 내〔융〕게 말했다. (…) 나는 약간 놀라서 그에게 물었다. "성벽이라니 무엇에 맞서서 말인가요?" 프로이트는 이렇게 대답했다. "진흙의 검은 조류에 맞서서지요." 여기에서 잠시 머뭇거리더니 이어서 말했다. "신비주의라는 진흙 말이에요."[40]

프로이트도 인간들 사이의 관계에 무언가 신비롭고 알 수 없는 것이 있을 수 있다는 점은 인식하고 있었다. 아마도 이 때문에 텔레파시에 대한 관심을 버리지 못했을 것이다. 하지만 프로이트는 무의식을 〔어떤 신비로운 요소라기보다는〕 인간의 자연스러운 발달 과정 중 억압된 측면으로 보아야 한다는 주장을 굽히지 않았다.

무의식에 대한 상이한 견해들은 정신분석의 발전에 큰 영향을 미친다. 마이어스는 식역하 자아의 창조성을 믿으며 치료 기법으로 최면과 수정점을 권했고 프랑스 심리학자 피에르 자네(Pierre Janet, 1859~1947)는 '글쓰기 치료'의 일환으로 자동 기술을 지지했다. 정신분석이 '말하기 치료'로 발달한 것은 주로 프로이트의 영향이었다.[41] 하지만 정신분석이 발흥한 뒤에도 자동 기술의 치료적 역할은 사라지지 않았다. 자동 기술은 심령연구에서, 무엇보다도 교차 통신에서 지속됐다.

마이어스와 프로이트 모두 인간의 정신이 대체로는 의식적인 지각

없이 활동한다고 보았다. 하지만 이 둘의 공통점은 여기에서 끝난다. 프로이트는 무의식이 주로 억압된 경험으로 구성돼 있다고 생각했지만 마이어스는 그렇게 생각하지 않았다. 마이어스는 의식적인 정신 뒤에, 그리고 위에, 식역하 자아가 있으며 이것은 의식적인 정신(마이어스의 표현으로는 식역상의 정신)이 갖고 있지 못한 역량을 가지고 있다고 생각했다.[42]

마이어스는 자신의 주장을 이렇게 설명했다.

> 의식의 **역치**(閾値, limen, schwelle)는 간단하고 익숙한 개념이다. 감각이나 사고가 우리의 의식에 잡히려면 그것의 강도가 어느 수준 이상이어야 하는데, 그 수준이 역치다. 식역하(역치 아래)라는 말은 개별적으로 인식되기에는 너무 약한 감각들을 일컫는 말로 이미 쓰여 왔다. 나는 이 용어의 의미를 확장해서, 일상적인 역치의 아래에서, 혹은 일상적인 의식의 경계 밖에서 발생하는 **모든** 것을 포괄하는 말로 사용하고자 한다. (⋯) **식역하** 의식 혹은 **경계 밖의** 의식이 있다고 말해야 할 것 같다. 우리는 예를 들면, 이 의식이 식역상의 의식이 만들 수 있는 것만큼이나 복잡하고 일관된 문장을 발화하거나 기술할 수 있음을 보게 될 것이다.[43]

식역하 정신은 꿈에서 작동하면서 의식으로 메시지들을 보낸다. 또, 자동 기술을 통해서도 의식으로 메시지들을 보낸다. 마이어스는 꿈과 자동 기술 둘 다 "동일한 인격의 한 층위에서 다른 층위로 메시지가 전달되는 것"이라고 설명했다.[44] 많은 경우에 그 메시지들은 일상 속에서 감각기관이나 다른 사람들과의 접촉을 통해 얻은 정보들 가운데 무의식으로 들어간 것들이다. 하지만 마이어스는 그 메시지들이 식역하 자아가 의식이 활용할 수 없는 역량(이를테면, 텔레파시나 투시력)을 사용해 가져온 정보들인 경우도 있다고 믿었다.

마이어스가 언급한 식역하 정신 능력 중 하나는 체현impersonation이었다. 영매들을 연구한 결과, 마이어스는 영매가 행하는 연기performance의 상당 부분이 무의식이 가진 극화dramatization 능력으로 설명할 수 있다고 생각했다. 그렇다면, 교령회에 등장한 '지배령'*도 영매 자신이 식역하 자아의 자원을 이용해 만들어 낸 가상 인물일 수 있다. 이와 비슷하게, 마이어스는 일상생활에서 드러나는 개인성도 식역하 자아가 만들어 낸 분신의 체현이라고 주장했다.

이 지점에서 마이어스의 사고에 역설이 등장한다. 마이어스는 인간 개인의 고유한 영혼이 사후에도 지속된다는 것을 보이기 위해 초자연 현상을 연구했지만, 연구에서 얻은 결론은 살아 있는 사람도 '고유한 영혼'을 가진 단일한 인격체가 아닐 수 있다는 것이었다. 마이어스는 의식의 개인 단위로서 '영혼'이라는 개념을 중요하게 여겼고, 그 영혼이 사후에도 지속된다는 것을 증명하는 일을 평생에 걸친 과업으로 삼

---

* spirit control. 교령회에서 다른 영들의 출현을 관리하면서 영매와의 교신에서 핵심 역할을 하는 영. 옮긴이

았다. 마이어스는 단일하고 통합된 자아로서 영혼이 사후에도 지속된다는 것을 자신이 증명했다고 믿었지만, 사실 그의 연구는 그 단일하고 통합된 자아라는 개념을 해체하는 결과를 낳았다. 초자연 현상을 연구한 결과, 마이어스는 "우리가 인간 개인의 고유한 개인성이라고 알고 있는 것은, 여러 가지로 발현될 수 있으며 변형 가능하다"는 점을 확신하게 되어 버린 것이다.[45]

마이어스가 알게 되었듯이, 일상의 의식은 의식하지 못한 채 진행되는 훨씬 더 광범위한 과정 중에 나타나는 작은 사건에 불과하다. 주된 심리학적 실재는 식역하 정신이며 궁극적으로는 정신의 모든 과정이 여기에서 나온다. 후기 저작에서 마이어스는 한 발 더 나아가, 궁극적으로 인간의 개인성은 진화하는 우주의 자아에 흡수될 것이라고 주장했다. 이에 따르면, 인간 개인의 '영혼'은 떠오르는 신성으로 흡수되어 사라질 얼룩에 불과하다. 개인의 영혼이 사후에 지속된다는 개념은 인간의 자아 형상을 사후 세계에 투사한 것에 불과했다. 사실 현세의 자아 형상조차도 속임수일 뿐이다. 인간의 개인성 자체가 일종의 유령이었고, 오랫동안 마이어스의 심령연구 대상이었던 유령만큼이나 체계적으로 우리의 이해와 인식을 피해가는 것이었다.

시지윅의 윤리학 연구도 이와 비슷한 결과를 낳았다. 시지윅이 제기한 '실천적 합리성의 이중성'이라는 개념은 이기애의 원칙이 논란의 여지없이 합리적이라는 가정에 기반한 것이었다. 그러나 자아가 궁극적 실재가 아니라 우리가 갖고 있는 자아 형상의 일부에 불과할지도 모른다는 생각에 도달했을 때, 시지윅은 이기애의 원칙이 합리적이라는 가정에 의문을 품게 되었다. 개인이 감각의 꾸러미에 불과하다면 이기애가 보편애보다 더 합리적이라고 보아야 할 이유는 없는지도 모른다. 시지윅은 이렇게 언급했다.

보편애의 준칙이 자명한 것이 아니라는 주장이 가능하다면 이기애의 준칙이라고 왜 무조건 자명한 것으로 받아들여져야 하는가? 자기중심주의자들은 보편애의 준칙을 [이기애의 준칙보다] 합리적이지 않다는 이유로 거부한다. 하지만 그런 논리대로라면, '현재의 충동을 따르는 것과 신중함의 준칙을 따르는 것이 충돌할 때는 당연히 충동을 거부하고 신중함의 준칙을 따라야 한다'는 견해에 대해서도 문제 제기할 수 있다. 보편애의 준칙을 주장하려면 "내가 왜 다른 사람의 더 큰 행복을 위해 나 자신의 행복을 희생해야 하는가"라는 질문에 답을 내놓아야 한다. 마찬가지로, 이기애의 준칙을 주장하려면 다음 질문에 답을 해야 한다. "내가 왜 미래의 더 큰 행복을 위해 현재의 행복을 포기해야 하는가? 내가 왜 다른 사람들의 감정에 대해서보다 내 미래의 감정에 대해 더 신경을 써야 하는가?" (⋯) 흄이 주장한 것처럼 자아란 현상들이 어느 정도 응집력 있게 묶여 있는 하나의 연쇄에 불과하다는 전제를 받아들인다면, 왜 자아가 자신이 속하지 않은 다른 연쇄에 대해서보다 자신이 속한다고 믿는 감정 연쇄의 다른 부분[미래의 부분]을 더 많이 신경 써야 하는가?[46]

여기서 시지윅은 그의 가장 날카로운 분석을 보여 주고 있다. 신중함(현재의 욕망에 따른 행동 때문에 미래의 자아가 손해를 입지 않도록 하는 것)은 자명하게 합리적인 것이라고 늘 여겨져 왔다. 하지만 자아, 혹은 개인의 고유성이 단지 일련의 기억과 행위들이 모인 연쇄에 불과한 것이라면, 그리고 그중 일부는 극도로 허약하고 부서지기 쉬운 것이라면, 우리가 왜 우리의 미래 자아에 대해 귀찮게 신경을 써야 하는가? [이기애의 준칙을 따르는] 자기중심주의자들에게 다른 사람들의 자아가 별 의미를 갖지 않는 것처럼, 우리에게도 우리의 미래 자아가 별 의미를 갖지 않을 수도 있지 않은가?

개인의 고유성이 '현상들이 어느 정도 응집력 있게 묶여 있는 하나의 연쇄에 불과하다'는 말의 함의가 무엇인지는 친구인 로든 노엘이 시지윅에게 보낸 편지에 잘 드러나 있다.

개인이 절대적으로 유한한 것이라면, 순간의 반짝임이나 일종의 환상 같은 것이라면, (…) 인간 종도 마찬가지고 세계도 마찬가지네. 그리고 궁극적으로는 (몇몇 과학자들이 명시적으로 이야기하듯이) 우주도 마찬가지지. 결국 전체를 구성하는 것은 개인이니 말이네. 내가 나 자신을 희생하려 할 때, 대체 무엇을 위해서인가? 거대한 환상, 순간의 반짝임, 일시적이고 헛되며 실체가 없고 실재하지 않는 현상들의 묶음에 불과한 것, 그러니까 나 자신 같은 것을 위해서? 그렇다면 절대 선이나 절대 악을 이야기하는 것이 불합리하지 않은가? 그런 것이 있을 수나 있는가? 아니, 있을 수 없네. '나'도, '너'도, 실재하지 않고, 영원하지 않고, 지속되지 않으며, 진리이지도 않고, 절대적이 지도 않다면, 절대 선이나 절대 악 같은 것이 어떻게 존재할 수 있겠는가?[47]

노엘의 편지는, 개인의 고유성이 '실재하고 영원하고 지속되고 진리이고 절대적'이라는 점을 증명하기 위해 심령연구에 들어선 시지윅이 윤리학 연구에서는 개인의 고유한 정체성이 환상에 불과할지도 모른다는 생각에 도달했다는 아이러니를 보여 준다. 어찌 보면 이는 진전이라고도 볼 수 있다. 자아를 환상이라고 파악한다면 도덕적 의무와 이기애가 상충하는 문제는 해결되고, 따라서 도덕에 대한 반대 논리 중 하나[이기애]를 제거할 수 있으니 말이다. 하지만 시지윅이 발견한 윤리학의 블랙홀은 사라지지 않았다. 오히려 더 커졌다. 이제 문제는 '이기심이냐 도덕성이냐'가 아니라 '도덕 원칙에 따르느냐 충동(현재의 자아에게 내키는 바)에 따르느냐'가 되었다. 도덕과 경합하는 대안이 이기애가 아니라 욕망이 된 것이다. 이는 시지윅을 매우 불안하게 만드는 전망이었다.

개인의 영혼이 사후에도 지속되지 않는다면 욕망을 절제해야 할 이유도 사라질 것이다. 이 때문에 시지윅에게는 영혼이 사후에도 지속된다는 증거를 찾는 일이 매우 중요했다. 그러나 나중에 시지윅은 영혼 지속의 증거를 결코 찾을 수 없을 거라고 결론을 내리게 되는데, 헬레나 페트로브나 블라바츠키Helena Petrovna Blavatsky가 케임브리지에 온 것이 그런 결론을 내리게 된 계기 중 하나였던 것으로 보인다.

블라바츠키는 서커스의 여자 기수 출신이자 사업가이기도 했으며 (잉크 공장을 설립한 적도 있고 조화 공방도 운영했는데, 둘 다 실패했다), 차르 비밀경찰의 정보원 노릇도 하고 나이트클럽의 가수로도 일하다가 다시 전문 영매로 활동하고 있었다. 블라바츠키는 〈신지학회〉를 설립하고 서구 신비주의 저술의 정전으로 꼽히는 『베일을 벗은 이시스*Isis Unveiled*』를 펴냈다.[48] 처음에 시지윅은 블라바츠키를 환영했다. 진지한 케임브리지의 철학자 시지윅은 블라바츠키가 "지성과 감성의 측면 모두에서 활발하고 솔직한 사람이며 인류의 선을 향한 진정한 열망을 가지고 있다"고 보았다. 블라바츠키가 티베트의 신비로운 스승들에게서 비전의 지혜가 담긴 메시지를 받고 있다고 주장했을 때도 시지윅은 흔들리지 않았던 것 같다. 블라바츠키가 돌팔이에 사기꾼이라는 사실을 시지윅이 깨달은 것은 〈심령연구학회〉가 블라바츠키를 철저하게 조사하고 난 뒤였다.[49]

마이어스가 남긴 기록에 따르면, "마담 블라바츠키의 소위 신지학이 무너진 뒤"에 시지윅은 "우리가 이제껏 발견한 모든 증거들을 모으면 현세에서의 죽음은 영원한 죽음이라는 사실로 이어진다고 주장했다. 시지윅은 내세를 확인하려는 우리의 마지막 시도가 실패할지도 모른다고 생각했다. 그래서 우리는 절망으로 치닫는 불가지론에 만족하면서 종말의 음울함은 잊고 그저 일상의 소소한 의무들로 돌아오는 게 가장 나을지 모른다고 말이다."[50] 하지만 종교가 약화되고 있는 상황이었으므로, 시지윅은 '그래도 결국에는 영혼 지속에 대한 증거가 나타날 것'이라는 가망 없는 희망을 계속 갖지 않을 수 없었다.

시지윅이 영혼 지속의 증거가 있으리라는 희망에 집착한 데는 또 다른 이유가 있었다. 사후에 시지윅이 믿는 식으로 영혼이 지속된다면, 그가 자신의 개인 정체성에 대한 의심을 잠재울 수 있고 자신의 개인성이 분절되지 않은 고결한 상태라 확신할 수 있을 것이기 때문이었다. 육신을 벗어난 영혼으로서의 시지윅은 더 이상 나뉘고 분절된 상태가 아닐 것이고 지상의 삶에서 그가 (대체로 억압은 했으되) 떼어 놓을 수 없었던 욕망들은 더 이상 그를 괴롭히지 않을 것이었다. 영혼의 지속이 시지윅이 상상한 방식대로 이뤄진다면, 그가 스스로에 대해 품은 이상적인 이미지가 현실이 될 수 있었다.

시지윅의 현세 자아가 분절적인 내면을 가진 데는 빅토리아시대의 성적인 모호성이 영향을 미쳤다. 시지윅의 친밀한 지인은 모두 남성이었는데 이들 대부분은 생애 상당 기간 동안 동성애자이거나 양성애자였다. 시지윅은 〈사도회Apostles〉 세대에 속한다. 케임브리지 좌담회라고도 불리는 〈사도회〉는 동성애를 찬양했고, 존 메이너드 케인스John Maynard Keynes와 블룸즈버리 그룹이 나올 수 있는 문화를 만들었다. 시지윅의 일기를 보면, "(오스카 브라우닝Oscar Browning이) 내가 찾던 바로 그 친구일까"라며 자문하는 대목이 나온다. 브라우닝은 케임브리지의 전설적인 교수로 평생 동안 그리스식 사랑을 옹호했다. 시지윅이 이미 친구로 여긴 다른 사람들도 일기에 등장하는데, 시지윅은 그들 중 "일부는 내게 여성이고, 일부에게는 내가 여성이다"라고 적었다.[51]

로든 노엘은 순탄한 결혼 생활을 하는 한편으로 술의 신 바쿠스처럼 차리고 나체 사진을 찍기도 한 동성애자였는데 시지윅의 평생지기였다.(노엘은 개인 정체성의 덧없음에 대한 편지(66쪽)를 시지윅에게 보낸 사람이다.) 존 애딩턴 시먼즈John Addington Symonds도 시지윅의 친한 친구였다. 시먼즈는 월트 휘트먼을 흠모했고 「그리스 윤리학의 문제」라는 논문에서 파이데라스티아(Paiderastia, 소년애)를 가치 있게 평가했으며 에로틱한 동성애 시를 짓기도 했다. 시지윅은 이 시들이 시먼즈의 평판에 나쁜 영향을 미칠까 봐 우려했고, 그래서 그중 일부는 검은 양철 상자에 보관되어 있다가 열쇠와 함께 에이번 강에 버려졌다. 마이어스도 '동성애적 친밀성'을 가지고 있었던 것으로 보이며(철학자 C.D. 브로드는 마이어스를 양성애자로 보았다) 시먼즈와도 친밀했던 것 같다. 시먼즈와 친밀한 사람 중에는 시지윅의 게이 동생도 있었는데, 케임브리지에서 마이어스의 가장 친한 친구였다. 마이어스는 소년들 간의 사랑을 찬미한 월트 휘트먼의 운문 "창포"▪를 시먼즈에게 들려주기도 했다.[52] 또한, 1888년에 에드먼드 거니가 숨졌을 때 마이어스는 이렇게 기록했다. "15년 동안 우리는 남자들 사이에 있을 수 있는 최대한의 정도로 친밀했고 밀착되어 있었다. 우리 각자의 본성이 가진 모든 측면이 상대방의 이해 속에서 응답을 찾았다."[53] 마이어스는 자신의 삶에 '관능적인' 시기가 있었다고 고백했다. 이 시기에 꽤 많은 여성과 관계를 맺

▪ 이 시는 휘트먼의 시집 『풀잎Leaves of Grass』에 실렸다가 증쇄 과정에서 제외됐다.

었지만 헨리 시지윅을 비롯한 남성들과의 관계도 포함되었을 가능성이 있다. 죽음을 목전에 두고 쓴 편지에서 시지윅은 마이어스에게 그들의 우정이 "내 삶에서 **거대한 위치**"를 차지한다고 말했다.[54]

시지윅의 성 정체성에 동성애 성향이 있었다는 점은 거의 분명해 보인다. 시지윅이 생애 대부분의 기간 동안 동성애적 성향을 억압했다는 점도 거의 분명하다. 물론 우리는 어느 것도 확실히 알 수는 없다. 그가 남긴 글들은 사후에 철저하게 검열되고 숨겨진 것 같다. 이를테면 시지윅과 애딩턴 시먼즈 사이의 편지들은 폐기된 것으로 보인다.[55] 그렇더라도, '도덕적 의무의 혼돈'에 대한 시지윅의 고민을 읽고 있으면, 그 혼돈이 시지윅을 끊임없이 위협한 욕망에서 나왔으리라는 추측이 강하게 든다. 시지윅에게 의무의 핵심은 자아의 포기, 금욕이었다. 그런데 만약 죽음이 정말 끝이라면 그는 자아의 일부를 헛되이 거부한 꼴이 되는 것이다.

시지윅은 죽기 전에 메시지를 적어 봉인된 봉투에 남겨 놓았다. 그가 죽은 뒤인 1909년 2월에 그의 아내, 형제, 지인들이 모인 자리에서 이 편지가 개봉되었는데, 그 내용을 보면 시지윅은 자신의 욕망을 억압하는 것이 헛된 일일지도 모른다는 점을 인식하고 있었던 것 같다. 이 메시지는 1900년 5월 16일에 쓴 것으로 되어 있고 'H. 시지윅을 기억하기 바라며'라는 제목이 붙어 있는데, 다음과 같은 내용이 담겨 있었다.

나는 내 몸을 통제하고

복종시킨다.

신은 우리에게 결국 선을 건네줄까? 악이 아니라?[56]

자동 기술 문서에는 시지윅의 친구인 로든 노엘이 등장하는데, 노엘이 이전에 출판했던 시 구절과 비슷한 운문으로 드러나기도 하고 둘의 우정을 언급하는 듯이 보이는 무운시에서 나타나기도 한다. 이후의 자동 기술 문서들에서는 노엘의 이름이 직접 등장하고 그가 죽는 날짜가 언급되어 있다. 그 무운시의 일부는 다음과 같다.

창공은

평화와 황혼으로 가득 찼다. 그리고 우리는 걸었다.

그 이후로 이렇게나 다른 길을 걸어온 우리들은.

그러고는 이런 질문이 이어진다. "적어도 내가 닿을 수 있는 곳에 꿀이 있었다면, 벌집으로 아무 것도 가져오지 않고서도 내가 수벌이었을까?"[57]

현생에서 자신의 욕망을 억눌렀다는 사실이 죽은 뒤까지도 시지윅을 괴롭힌 모양이다.

논리적으로 말하자면, 사후에도 삶이 이어진다고 해서 그게 시지윅에게 욕망을 제한해야 할 이유를 제공해 주는 것은 아니다. 자기중심주의자들에게 다른 사람의 자아가 중요하지 않듯이 우리에게 미래의 자아가 현재의 자아보다 중요하지 않다면, 내세의 자아 역시 중요하지 않기는 마찬가지다. 내세의 자아에 우리가 왜 신경을 써야 하는지 그 이유 자체가 불명확하다. 내세의 자아가 현세의 자아와 완전히 동일하다면 내세의 자아에 신경을 써야 할지도 모른다. 하지만 개인 정체성을 규정하는 게 단순히 지속성이라면, 내세의 자아에 대해 신경 써야 할 이유가 적어진다. 누가 봐도 죽음은 상당한 불연속을 의미하니 말이다. 그리고 내세의 자아가 현세의 자아를 자기 자신으로 인식하지 못한다면, 현세의 자아는 내세의 자아에 아예 신경 쓸 필요도 없을 것이다. 지금의 나와 공통점이 거의 없는 누군가의 운명을 내가 왜 염려해야 한단 말인가?

육신의 죽음 이후에 영혼이 지속된다 쳐도 이는 개인 정체성에 대한 의심을 불식시키기는커녕 그런 의심들을 더 극명하게 만들 뿐이다. 그런데 시지윅에게 이 의심들은 그 자체로 중요한 것이 아니었다. 시지윅이 염려한 것은 그런 의심이 윤리학에 어떤 함의를 갖느냐였다. 시지윅은 로든 노엘에게 보낸 편지에서 이렇게 설명했다.

나는 자아에 대한 의식에 기초해서 불멸을 믿은 적이 없습니다. (…) 심령연구에서 얻은 증거와 종교적 근거들 이외에 내가 정말로 기초로 삼은 것은 **윤리학**입니다. (…) 미덕과 행복이 계속 갈등한다면, 내가 의지로 살아가는 삶, 그리고 나와 같은 모든 평범한 사람들이 의지로 살아가는 삶은 모두 절망적인 무질서로 환원되고 말 것입니다. (…) 이러한 견딜 수 없는 무질서를 피하는 유일한 방법은 〔개인 영혼의〕 불멸을 상정하는 것뿐입니다.[58]

시지윅은 윤리학에서의 도덕성 문제와 자신의 정체성 문제를 해결하기 위해 영혼이 사후에도 지속된다는 개념에 의지했다. 시지윅이 내세에도 지속되기를 바랐던 자아는 현세의 자아가 아니었다. 현세에 되고 싶었으나 되지 못한 자아였다. 그런데, 시지윅이 사후에 보내왔다는 메시지〔앞에 인용된 것〕가 진짜라면, 그는 내세에서도 완전한 자아가 될 수 없었던 모양이다.

시지윅은 살아 생전에 정직하다는 평판을 가졌지만, 그 자신과 친구들의 성적 욕망에 관해서는 빅토리아시대의 위선을 벗어나지 못했다. 오히려 정직하다는 평판 덕에 위선을 더 쉽게 행할 수 있었다. 게다가 능숙하게 위선을 행하는 것이 그의 철학과 배치되는 것도 아니었다. 시지윅은 '소수에게 허용되는 비밀/위선의 도덕'의 필요성을 오랫동안 주장했다. 비밀과 속임수의 실행을 엄밀히 윤리적인 이유에서 허용하는 준칙이 필요하다는 것이었다. 『윤리학의 방법들』말미에서 시지윅은 '보통 도덕'의 준칙을 이야기하면서 보통 사람들은 이 준칙을 성실하게 따라야 한다고 분명히 밝혔다. 하지만 공리주의의 원칙에서 볼 때 특별한 소수의 사람들에게는 '보통 도덕'의 준칙에서 벗어나는 특별한 자유를 부여할 필요가 있을 수도 있다고 주장했다.

공리적인 원칙에서 보면, 공개적으로 지지하기에는 옳지 않은 일을 행하거나 개인적으로 권하는 것이 특정한 상황에서는 옳을 수도 있다. 어떤 사람들에게는 가르치면 옳지 않을 일도 특정한 종류의 사람들에게 가르치는 것은 옳은 일일 수 있다. 공개적으로 행하면 옳지 않을 일도 비교적 비밀리에 행해진다면 옳은 일일 수 있다. 그리고 비밀이 완벽하게 지켜지리라고 기대할 수 있다면, 심지어 개인적으로 조언하거나 예를 들어 권하면 옳지 않을 일도 옳은 일이 될 수 있다. (…) 따라서, 공리적인 원칙에서 조심스럽게 결론을 도출한다면 다음과 같다. 비밀이 아닌 상황에서는 옳지 않을 수 있는 행위가 비밀의 조건에서는 옳은 것이 될 수도 있다는 견해 자체가 비밀이 되어야 한다. 마찬가지로, "비밀의 도덕"이라는 원칙이 편리한 방책이 될 수 있다는 점도 비밀로 지켜지는 편이 더 편리할 것이다.[59]

시지윅뿐 아니라 마이어스도 이 "비밀/위선의 도덕"을 평생 적용했다. 그리고 마이어스에게는 이것이 심령연구와 뗄 수 없이 관련되어 있었다.

그는 차갑게 우리를 바라보았다.
그의 눈은 죽어 있었고 노와 은화를 쥐고 있는 손은 검었으며

다리에는 정맥이 불뚝 튀어 나와 있었다. 그리고 그는 우리에게 차갑게 말
했다.

죽고자 한다면 돈을 내야 한다.[60)

– 루이스 맥나스Louis MacNeice

교차 통신의 등장인물들 모두가 시지윅이 말한 "비밀/위선의 도덕"
을 수행했다. 그의 친구인 프레더릭 마이어스는 영혼 지속의 증거를
찾는 일에 나서게 된 계기를 평생 비밀로 간직했다. 영혼 지속의 증거
를 찾는 일은 엄정하게 과학적인 방법론을 따르도록 되어 있었지만,
여기에 참여한 동기는 몹시 사적인 것이었다.

마이어스는 자전적인 에세이 『내면의 삶의 조각들Fragments of Inner
Life』에서만 자신이 사랑에 빠진 유부녀 애니 마셜을 언급하고 있다. 이
책은 마이어스 생전에 친구들 사이에서만 은밀하게 유통되다가, 1938
년에 처음 인쇄되었고, 그가 죽고 60년이 지난 1961년에 아내가 철저
하게 내용을 검열하고 추려낸 채로 출간되었다.[61)] 「여는 글」에서 마이
어스는 이렇게 말한다.

언젠가는 이 글 전체가 다 출간되기를 바란다. 하지만 적어도 일부는 내가
죽고 몇 년이 지나기 전까지는 출판하지 않고 두는 것이 좋을 수도 있겠다.
그래서 나는 사고를 피하기 위해 지금 이 글들을 개인적으로 인쇄한 뒤 복사
본을 봉인해 다음의 절친한 친구들에게 보내려고 한다. 케임브리지의 헨리

시지윅 교수, 하버드의 윌리엄 제임스 교수, 리버풀의 올리버 로지 교수, 클레어몬트의 R.H. 콜린스 경, 옥스포드의 R.W. 레이퍼 씨. 내가 죽은 뒤에 이 친구들이 열어 보기 바란다. (…)

복사본은 25부를 인쇄할 것이고 그중 여섯 부를 이 친구들에게 발송할 것이다. 네 부는 아내와 아이들을 위해 두고, 현재로서 나머지는 나의 서재에 두려 한다. (…)

이 원고에 '내면의 삶의 조각들' 이라는 제목을 붙인 것은 이것이 완전한 자서전이 아니라 한두 가지 특정한 면에서 흥미로울 수 있을 만한 사실들과 감정들에 대해서만 곱씹은 것이라는 점을 분명히 밝히기 위해서다. 나 자신에게 매우 중요한 부분들을 여기에서는 상당히 생략했다.[62]

이 사안에 대해 잘 알고 있으며 나중에 〈심령연구학회〉 회장을 지내는 살터는 자신의 미출판 회고록에서 『내면의 삶의 조각들』에 대해 이렇게 설명했다.

여기서 마이어스는 여섯 명의 친구에게 다음과 같은 내용을 고백하면서 이를 세상에 알려 달라고 말하고 있다. 그의 삶에서 가장 중대한 사건이자 그가 심령연구로 들어오게 된 계기가 된 것이 20년간 그의 아내로 존재하면서 그에게 세 아이를 낳아 주고 그의 사회적 성공에 크게 기여한 여성에 대한 사랑이 아니라 단 3년간 알고 지냈으며 25년 전에 숨진 한 유부녀에 대한 사랑이었다는 사실을 말이다.[63]

1876년 애니(마이어스는 위의 책에서 '필리스'라고 부른다)의 자살은 마이어스의 남은 생애에 큰 영향을 미쳤다. 정신병원에 있는 부유한 구두쇠 남편을 수년간 감당하느라 신경쇠약을 겪은 애니는 가위로 목을 끊으려는 시도가 실패로 돌아간 뒤에 물에 몸을 던졌다. 당시 애니는 다섯 아이의 엄마였다. 애니의 죽음은 영혼 지속의 증거에 대한 마이어스의 '관심'을 '열정'으로 바꾸어 놓았다. 마이어스는 영매들을 통해 애니와 접촉하려고 시도하기 시작했고 이런 시도는 오래 계속됐다. 1877년에 마이어스는 애니의 영혼과 접하는 데 어느 정도 성공한 것 같다는 생각을 하게 된다. 그리고 20년 뒤에는 이렇게 전적으로 확신하게 된다. "올해 1899년, 23년간 노력을 기울인 끝에 이제 나는 확신하게 되었다. (…) 나의 종교를 만들고, 나의 천국이 되어 줄 영혼이 가까이에 있다고."[64]

마이어스가 올리버 로지에게 봉인해 남긴 봉투는 그가 애니 마셜과의 만남에 얼마나 큰 중요성을 부여했는지를 잘 보여 준다. 마이어스가 죽은 지 3년 뒤인 1904년 7월 13일, 베럴 부인이 자동 기술로 메시지를 받았는데 그 봉투를 열어 보라는 지시가 담겨 있었다. "나는 오랫동안 당신에게 그 봉투의 내용에 대해 이야기해 왔습니다. 마이어스가 봉인해 로지에게 남긴 편지 말입니다. 당신은 이제까지 이해하지 못했습니다. 거기에는 (플라톤의)『향연』에 나오는 단어들이 있습니다. 〔삶과 죽음의〕 간극을 연결하는 다리가 되어 주는 사랑에 대한 것입니다." 로지는 1904년 12월 13일, 〈심령연구학회〉 운영진 모임을 소집해 그 봉투를 열었다. 하지만 그 편지에는 이렇게 쓰여 있을 뿐이었다. "내가 지상의 풍경을 다시 방문할 수 있다면 컴버랜드 홀스테드의 계곡을 선택하겠다." 플라톤의 『향연』에 대한 내용은 없었기 때문에 이날 모인 심령연구자들은 이 실험이 "완전히 실패했다"고 결론 내렸다.

그런데 이후에 벌어진 몇 가지 사건들로 인해 몇몇 사람들은 그 실험이 실패가 아닐지도 모른다고 생각하게 되었다. 베럴 부인이 봉인된 편지를 열라는 지시를 받기 몇 개월 전인 1903년 12월, 헨리 시지윅의 아내 엘리너 시지윅은 작고한 남편의 논문들을 정리하던 중에 마이어스가 쓴 『내면의 삶의 조각들』 복사본을 우연히 발견했다. [봉인된 편지를 연 지 1주일쯤 뒤인] 1904년 12월 21일에 베럴 부인에게 보여 주었더니 베럴 부인은 봉인된 편지가 담고 있는 암호를 해독할 수 있을 것 같다고 말했다. 홀스테드는 도로시 워즈워드(윌리엄 워즈워드의 여동생)의 친구들이 지은 저택인데 마이어스가 자란 곳이기도 했다. 또, 홀스테드는 마이어스가 애니 마셜과 만남을 가진 곳이기도 했다. 이 만남은 마이어스에게 매우 큰 영향을 미쳐서, 그 이후로 마이어스는 '관능적인' 관계들을 멀리했다. 베럴 부인은, 마이어스가 남긴 봉인된 편지의 메시지는 자신이 받은 메시지에 나온 플라토닉한 사랑을 언급하는 것이라고 결론 내렸다.[65]

이 일을 잘 아는 심령연구자들이 보기에, 드디어 마이어스가 내세에서 현세로 통신을 보내는 데 성공한 것 같았다. 마이어스의 아내도 그렇게 생각했는지는 확실치 않다. 결혼할 때 마이어스는 홀스테드에서 애니 마셜을 만났던 사실을 아내에게 이야기했고, 따라서 봉인된 편지에 담긴 내용 자체는 아내에게 그리 새로운 소식이 아니었다. 하지만 이미 오래 전 숨진 애니 마셜에게 남편이 가졌던 감정이 얼마나 강렬했는지는 이 편지를 통해 처음 알고서 놀랐을 것이다. 그래서인지 마이어스의 아내는 『내면의 삶의 조각들』을 비밀로 하거나 폐기해 버리려고 오래도록 애를 썼다.

애니 마셜에 대한 사랑(『내면의 삶의 조각들』에서 마이어스는 "필리스"에 대한 운문으로 애니 마셜에 대한 사랑을 표현했다), 그리고 애니의 자살로 인한 사랑의 중단은 마이어스의 세계관을 변화시켰다. '관능적인' 시기에서 플라토닉한 사랑으로 이행했을 뿐만 아니라 그는 물질주의적 철학은 어떤 것도 근거가 없다고 확신하게 되었다.

마이어스의 마지막 나날들을 지켜본 윌리엄 제임스는 마이어스가 "저 세계로 가고 싶어하는 열망"을 보였다고 했는데, 이는 물질주의 철학을 거부하는 그의 확신을 표현한 것으로 볼 수 있다. 마이어스는 자신이 곧 죽어서 애니 마셜의 팔에 안기게 되리라는 말을 영매를 통해 들었다. 마이어스의 죽음이 임박했을 때 이 영매가 예언한 사망 날짜(1902년 마이어스의 생일)는 잘못된 것으로 판명 나긴 했지만, 그래도 마이어스는 이 예언을 받아들였다.

마이어스의 삶 중 마지막 25년은, 살아 있는 동안에는 인정할 수 없었던 한 여성과 접촉하려는 열망이 지배했다. 그 열망의 반향인지, 마이어스는 사망하고 나서 수십 년간 세계 곳곳에서 열린 교령회에 등장했다〔고 교령회를 진행한 사람들은 주장했다〕. 하지만 삶과 죽음 사이에는 끝내 다리가 놓이지 않았다.

마이어스의 큰아들 레오 마이어스Leo Myers는 『인간 고유의 개인성, 그리고 그것의 사후 지속』 요약판을 펴낸 편집자이자 인도를 배경으로 한 낭만적 서사시 『뿌리와 꽃The Root and The Flower』(1935)의 저자인데, 불안정한 성격을 갖고 있었고 어렸을 때 몇몇 교령회에 참석한 적이 있었다. 1901년에 아버지가 사망하고 얼마 지나지 않아 그는 어머니와 함께 미국에 가서 아버지가 등장할 거라던 교령회에 참석했지만 아무 일도 일어나지 않았다. 과학소설 작가 올라프 스테이플던Olaf Stapledon을 비롯한 친구들의 도움에도 레오는 지속적으로 우울증에 시달렸다. 그는 1944년에 자살했다.[66]

오류와 환상 '에도 불구하고' 신기하게 진실에 맞닥뜨리게 되는 경우만 있는 것이 아니다. 더 신기하게, 오류와 환상 '때문에' 진실에 맞닥뜨리게 되는 경우도 있다.[67]

– 아서 밸푸어

비밀스런 연애가 비극적 종말을 맞으면서 마이어스는 인생의 상당 부분을 영혼이 사후에도 지속된다는 증거를 찾는 데 쏟았다. 아서 밸푸어도 이와 비슷해 보이는 과정을 통해 교차 통신에 관여했다. 밸푸어는 1869년에 21세의 나이로 (오늘날 가치로 2억 5천만 파운드에 해당하는) 400만 파운드의 금융 자산과 18만 에이커의 땅을 상속받아 영국에서 가장 부유한 젊은이 중 한 명이 되었다.[68] 밸푸어의 부계는 스코틀랜드의 부유한 가문, 모계는 영국의 정치 명망가인 세실 가문이었다. 밸푸어는 이튼을 나와 케임브리지에 진학했는데, 이곳에서 마이어스를 알게 되었고 시지윅이 이끄는 세미나에도 참석했다. 이후에는 보수당 정치인이자 행정 관료로 긴 경력을 갖게 된다. 솔즈베리 후작*의 조카인 밸푸어는 아일랜드 담당 장관을 지냈으며,** 외무장관과 수상을 역임하고, 1차 대전 중 로이즈 조지 내각 시절에 다시 외무장관을 지냈다. 외무장관이던 1917년, 팔레스타인 지역에 유대 민족 국가를 세우는 계획을 지지한다는 내용의 서한을 〔영국의 유대인 지도자〕 로스차일드 경 앞으로 보내는데, 이것이 바로 '밸푸어 선언'이다. 1926년에는 영국의 해외 식민지에 자치권을 주고 대영제국의 틀 안에서 영연방을 만든다.

　　고위 관직을 두루 지냈고, 필요하다면 효과적이고 단호하게 업무를

---

* 마지막 상원 출신 수상.
** 당시 아일랜드를 가혹하게 통치하는 '강압법'에 서명해서 "피의 밸푸어"라는 별명을 갖게 되었다.

수행하기도 했지만, 일반적으로 밸푸어의 정치 인생은 성공으로 평가받지 않는다. 이를테면, 그는 아일랜드 자치 법안이나 무역 정책(자유무역이냐 보호무역이냐) 등의 사안에 대해 당 내에서 분명한 리더십을 발휘하지 못했다. 정치인으로서 크게 유능하지 못했던 것은 초연한 성격 때문이라는 분석이 많다. 밸푸어는 "어떤 것도 아주 많이 중요하지는 않고, 대부분의 것은 전혀 중요하지 않다"고 말했다고 하는데, 실제로 삶에 대한 그의 태도가 그랬던 것 같다. 하지만 세상사에 회의주의적으로 거리를 두었다고 해서 냉소주의자였던 건 아니다. 오히려 회의주의 때문에 강한 종교적인 신념을 갖게 됐고 말년에는 예전에 사랑했던 여성과 현세와 내세를 넘나드는 통신을 하고 있다는 생각에 빠져들 수 있었다.

몇 가지 면에서 밸푸어는 다른 심령연구자들과는 입장이 좀 달랐다. 평생 기독교인이었던 밸푸어는 영혼의 사후 지속을 과학적으로 증명하는 일에는 별 관심이 없었다. 시지윅과 달리, 밸푸어는 증거가 없어도 영혼의 지속은 분명히 사실이라고 생각했다. 밸푸어는 1915년에 이렇게 기록했다.

나 자신에 대해 말하자면, 내세의 삶에 대해서는 아무런 의심도 없다. 나는 그것이 적어도 세상의 백한 가지 진실만큼이나 확실하다고 생각한다. (…) 이는 단지 내가 어떤 기분에서는 받아들이고 어떤 때는 거부할 준비가 되어 있는 신학적인 부속물에 불과한 것이 아니다. 나는 내가 사랑했으나 [죽음으로] 잃게 된 사람들이 오늘도 살아 있다는 것을 확신할 수 있다. 그들이 어제 힘겨운 상황에서 영웅적으로 싸웠다는 것을 확신할 수 있듯이 말이다.[69]

밸푸어는 신앙이 과학과 충돌하므로 신앙을 포기해야 한다는 식으로는 결코 생각하지 않았다. 하지만 시지윅이 신이 존재하지 않는 우주의 함의를 생각하며 느꼈던 두려움은 밸푸어도 가지고 있었다. 밸푸어는 빅토리아식 연민을 자아내며 이렇게 언급했다.

자연과학 자체는 인간이 더 이상 우주의 궁극적인 원인도, 모든 시대의 하늘이 내린 후손도 아니라고 말한다. 인간의 존재 자체는 우연적인 것이며 인간의 역사는 행성들의 가장 사소한 삶에서 짧게 지나가는 에피소드에 불과하다. 생명이 없는 유기물질을 생명이 있는 인류의 첫 조상으로 바꾼 원인들이 무엇인지에 대해 과학은 아직 아는 것이 없다. 어쨌든 거기서부터 시작해 기아, 질병, 상호 살육 등 미래의 창조주를 키울 양육자들이 점차로 진화했고, 무한한 과정들이 벌어진 뒤에, 스스로가 극도로 불쾌하다는 것을 느낄 만큼의 양심과 스스로가 무의미할 정도로 사소하다는 것을 알 만큼의 지능을 갖춘 종이 나왔다는 정도의 설명이면 충분할 것이다. 과거를 살펴본 우리들은, 우리의 역사가 피와 눈물의 역사이고 구제 불능일 정도로 어리석음의 역사이며, 막무가내 폭동의 역사이고, 멍청한 묵인의 역사이고, 공허한 열망의 역사라는 것을 안다. 또 미래를 살펴본 우리들은, 개인의 삶에 비하자면 길지만 탐구의 가능성으로 열려 있는 시간에 비하면 짧은 시간이 지난 후에 우리가 살고 있는 체계의 에너지가 붕괴하리라는 것을, 태양의 영광이 희미해지리라는 것을, 동요하지 않고 가만 있던 지구가 잠깐 동안 자신의 고독을 방해한 종을 더 이상은 참아 주지 않으리라는 것을 안다. 인간은 심연으로 빠지고, 인간의 모든 사상은 사라질 것이다. 이 희미한 구석에서 우주의 만족스런 침묵을 잠깐 동안 깨뜨렸던 불편한 인식과 지각은 영면에 들게 될 것이다. 물질은 더 이상 자신을 알지 못할 것이다. "사라지지 않는 기념물들", "불멸의 행위들", 죽음 자체, 죽음보다 강한 사랑과 같은 것들도 모두 영면에 들게 될 것이다. 마치 한 번도 존재한 적이 없었던 것처럼.[70]

심령연구자들처럼 밸푸어도 과학적 물질주의에 거부감을 가졌지만, 심령연구자들과 달리 물질주의를 거부하기 위해 과학에 의지하지는 않았다. 오히려 과학 자체에 문제를 제기했다.

밸푸어는 의심을 이용해서 신앙을 옹호했다. 밸푸어는 과학자들이 우주의 인과법칙을 알아내기 위해 사용하는 실증 방법론은 전적으로 회의적인 결론들만을 내놓을 뿐이라고 주장했다. 실증 방법론은 자연 세계가 일관성 있게 작동한다는 믿음에 기초한다. 실증 방법론에 따르면, 우리가 관찰하기에 어떤 두 사건이 규칙적으로 연결되어 등장한다면 그 둘이 법칙을 따르고 있다고 결론 내릴 수 있다. 그런데 사실 이 결론은 관찰만으로 확신할 수 있는 결론이 아니다. 증거가 아무리 많아도 '법칙'의 존재를 보여 주기에는 충분치 않다. 새로운 관찰이 그 증거들을 뒤흔들 가능성이 항상 존재하기 때문이다. 과학은 미래도 과거와 같을 것이라는 가정에 기반하는데, 합리적으로 생각해 보면 이 가정은 근거가 없다.

밸푸어의 이와 같은 생각이 새로운 것은 아니었다. 이를테면 데이비드 흄은 귀납법의 기본이 되는 "미래가 과거와 같을 것이라는 기대"는 습관의 문제라고 주장했다. 원래 흄은, 기적이 자연법칙이라고 알려진 것들을 따르지 않으므로 성경에 나온 것이든 어디 나온 것이든 기적의 존재를 받아들이는 것은 합리적이지 않음을 보이고자 했다. 그런데 다른 한편으로, 귀납법을 부정하는 그의 견해에 따르면 자연의 법칙이라는 것 자체가 사실상 파악될 수 없는 것이기 때문에, 도저히 불가능해 보이는 일도 언제든 일어날 수 있다. (흄이 타파하려 했던) 기적에 대한 믿음이 회의주의적 의심이라는 뒷문을 통해 되돌아온 격이었다. 흄은 전혀 종교적인 사람이 아니었기 때문에 자신의 회의주의가 신앙에 복무하게 되리라고는 상상도 못했을 것이다. 하지만 그렇게 되고 말았으니, 흄에게 영향을 받은 종교 사상가들이 신은 불가능한 일을 일으킬 수 있다고 주장한 것이다. 이를테면 독일의 반계몽주의 사상가 J.G. 하만, 19세기 덴마크의 기독교 철학자 키에르케고르, 20세기 러시아계 유대인 신앙 지상주의자 레오 셰스토프 등이 모두 극단적인 회의주의를 바탕으로 신앙을 옹호했다.

밸푸어도 회의주의적 의심으로 이성과 합리성의 주장을 약화시킨 사상가들의 연장선에 있었다. 하지만 과학의 한계와 관련해 밸푸어는 새로운 주장을 하나 덧붙였는데, 이는 진화론에서 나온 것이었다. 다원의 견해에 따르면 인간이 가진 신념은 인간이 접하고 있는 세상에 적응한 결과다. 우리가 믿고 있는 것들의 상당 부분이 대체로 정확하기는 할 것이다. 그렇지 않았다면 우리는 생존할 수 없었을 테니 말이다. 하지만 우리가 발전시켜 온 신념은 우리가 헤쳐 나가는 세상에서 우리에게 도움이 되는 정도까지만, 그리고 일시적으로만 진실을 반영하는 것인지도 모른다. 인간의 신념 체계는 유용한 환상일 수도 있다. 자연선택의 무작위 보행 속에서 더 유용하냐 아니냐에 따라 나타났다가 사라지는, 그러한 환상 말이다.

그렇다면, 진화라는 개념 자체도 그런 환상 중 하나가 아닐까? 과학적 자연주의에 따르면 인간의 신념은 진화상의 적응 결과이며 그 신념이 살아남느냐 아니냐는 그것이 진리이냐 아니냐와는 상관이 없다. 그렇다면 과학적 자연주의는 자기 파괴적이다. 과학적 자연주의가 전제하는 바를 충실히 따르다 보면 과학 이론들이 진리인지 아닌지 알 수 없다는 결론에 도달하니 말이다.

마이어스와 심령연구자들이 당대의 과학적 세계관을 약화시키기 위해 과학을 사용하고자 했다면, 밸푸어는 과학 자체에 의문을 제기하기 위해 과학을 사용했다. 어떤 믿음이 합리적이냐 아니냐는 종교에만 국한된 문제가 아니다. 과학의 기초는 실증 방법론인데, 이는 세계를 파악하기 위해 감각에 의존한다. 하지만 과학에 따르면 인간의 감각은 세상을 잘 헤쳐 나가는 데 도움이 되는 방향으로 진화한 것이지 세상을 있는 그대로 보여 주기 위해 진화한 것이 아니다. 과학은 우리의 감각에 들어오는 인상들을 체계적으로 조사하는 시스템일 뿐이며, 결국에 남는 것은 우리 각자의 감각들뿐이다.

인간은, 혹은 '나'는, 단지 세상의 중심이기만 한 것이 아니라, 나 **자체가** 바로 세상이다. 나 자신과 나의 생각을 넘어서서는 아무 것도 존재하지 않거나, 아무 것도 파악될 수 없다. 우리가 헛되이 매달리는 문제들(만물의 기원과 진화 양식에 대한 문제들, 물질의 내부적인 구성에 대한 문제들, 물질과 정신과의 관계에 대한 문제들 등)은 결국 아무것도 아닌 것에 대한 질문들이며, 허공에 내질러진 질문들이다. 위대한 지구 자체처럼, 아무 기반 없는 과학의 구조는 이런 이론들 속으로 녹아 들어가고 그 뒤에 아무런 흔적도 남기지 않는다.[71]

그렇다면, 실증 방법론의 최종 결과는 개인이 자기 경험 속에 홀로 남겨지는 것이다. 밸푸어는 우리가 이런 고독에서 벗어나려면 신성한 정신이 있음을 받아들이는 수밖에 없다고 보았다.

과학에 회의적이었던 밸푸어는 심령연구의 실험적인 측면과는 거리를 두었다. 밸푸어는 과학의 이름으로 만들어진 당대의 주장을 믿지 않았듯이, 영혼의 사후 지속이 과학적으로 증명될 수 있다고도 생각하지 않았다. 하지만 밸푸어가 죽은 자가 산 자와 자동 기술로 소통할 수 있으리라는 가능성을 받아들이게 된 것도 바로 이 회의주의 때문이었다. 그리고 그 회의주의에 옛 사랑의 슬픈 추억이 섞여 들어간 것으로 보인다.

1912년 3월 31일에 시작된 자동 기술에서 생성된 문서는 그날이 종려 주일이었기 때문에 '종려 주일 문서'라고 불린다. 자동 기술자들은 이 문서를 보고서, 1875년 종려 주일에 24세의 나이로 티푸스에 걸려 숨진 메리 리틀턴이 자신의 변치 않는 사랑을 확신시키기 위해 아서 밸푸어와 연락을 시도하는 중이라고 믿었다.

명랑하고 매력적인 여인이었던 메리 리틀턴[*]에게는 두 명의 구애자가 있었는데 둘 다 약혼을 발표할 상황이 되기 전에 숨졌다. 전해 오는 이야기에 따르면, 밸푸어는 메리가 숨지기 바로 얼마 전에 메리에게 청혼하려고 했으며, 밸푸어와 메리(친구들 사이에서는 '메이'라고 불렸다)의 관계는 밸푸어의 인생관을 형성하는 데 매우 큰 영향을 미쳤다. 메리가 죽었다는 소식을 들은 밸푸어는 어머니에게 받은 에메랄드 반지를 메리의 관에 넣어 달라고 메리의 가족에게 부탁했다. 또 나중에 메리의 언니에게 받은 메리의 머리카락을 보라색 새틴으로 속을 댄, 특별히 만든 은제 상자에 보관했다.

이런 일들을 둘러싸고 빅토리아시대의 전설이 하나 만들어진다. 이 전설에 따르면 밸푸어는 생의 나머지를 달랠 길 없는 슬픔에 빠져 살았으며, 자신의 삶은 공적인 일에만 바치고 참을성 있게 죽음을 기다

---

[*] 리틀턴의 집안은 자유주의 성향의 젊은 정치인 글래드스톤의 집안과 사돈 간이었다.

렸다고 한다. 이 사랑 이야기는 1960년에 진 밸푸어*가 남긴 기록에
잘 드러나는데, 아서 밸푸어와 메리와의 관계에 대해 진 밸푸어는 이
렇게 주장했다.

밸푸어가 속마음을 다 이야기한 적은 없지만, 밸푸어는 메리를 위해 살았다.
밸푸어의 존재 전체는 그녀를 통해 고양되었고, 이 시기 동안 밸푸어는 메리
와 교제한다는 즐거움 말고는 삶에서 더 바라는 것이 거의 없었다. (…) 당시
밸푸어 집안 사람들이 대체로 그랬듯이 밸푸어 역시 말이 적고 겸손했으며,
건강이 썩 좋지 않았다. 직업상의 공적인 업무와 관련해서는, 아주 중요한
일에 대해서도 결코 서두르지 않는 태도를 보였다. 감정이 무뎌서가 아니라
그것이 모두 너무 많은 것을 의미했기 때문이다. (…) 밸푸어는 죽음이 끝이
아니라는 확신에 도달했고 이 확신은 결코 그를 떠나지 않았다. 나는 밸푸어
가 겪은 슬픔이 그런 희망 없이는 견딜 수 없을 만큼 정신적으로 깊은 것이
었기 때문에 그가 이런 결론에 도달했다고 생각한다. 마이어스의 경우와 마
찬가지로 말이다.
하지만 밸푸어의 삶은 어두움 때문에 엉망이 되지는 않았다. (…) 그는 지적
인 관심사를 탐구하고 저술 활동을 하는 데서 가장 강렬한 즐거움을 찾았다.
그리고 시간과 에너지를 정치 활동에 점점 더 많이 쏟았다. (…) 거의 중단하

▪ 제럴드 밸푸어의 며느리이며 오랫동안 교차 통신을 연구했다.

지 않고 55년간, 그는 매년 종려 주일에 오랜 친구인 탈보트 부부**를 방문해서 그들과 함께 조용하게 사색하며 하루를 보냈다.[72)]

밸푸어의 인생을 이렇게 해석하면, 평생 결혼하지 않겠다는 그의 결심에 메리 리틀턴의 죽음이 영향을 미친 것 같아 보인다. 하지만 밸푸어와 메리의 관계가 어떠했는지에 대해서는 사실관계가 분명치 않은 부분이 많다. 밸푸어가 한동안 메리를 사랑했는지는 모르지만, 사랑을 고백하거나 결혼하고 싶다는 의사를 밝힌 편지는 남아 있지 않다. 메리가 남긴 편지를 봐도 메리가 밸푸어에게 청혼의 여지를 남겼다는 내용은 없다. 메리는 일기에 이전에 그녀에게 구애했던 남자 중 한 명에 대한 사랑을 표현하고 있지만, 밸푸어와 나눈 사랑에 대한 내용은 일기에 나와 있지 않다. 말년에 동생인 제럴드 밸푸어(그는 메리 리틀턴을 알았고 기억하고 있었다)는 메리를 "육욕적인 성향이 있는" 여성이라고 묘사했으며, 그녀에게 생전에 두 번의 애정 사건이 있었다고 언급했다. 제럴드가 보기에 아서 밸푸어는 메리의 성향이 "얼마나 정열적이었는지"를 전혀 알지 못했거나 메리가 "물리적인 표현을 필요로 한다"는 점을 이해하지 못하고 있었고, 따라서 "너무 소극적으로 구애했다."[73)]

하지만 밸푸어의 소심한 구애는 다른 방식으로도 설명할 수 있다.

** '메이'의 언니 라비니아는 옥스퍼드 케블 칼리지 학장 에드워드 탈보트와 결혼했다.

이를테면, 그의 감정이 사람들이 생각했던 것보다 강하지 않았는지도 모른다. 메리가 숨졌다는 상실감에도, 한두 해 후에 그는 다른 여성과 친밀한 우정을 나눴다. 그녀는 메리 윈덤Mary Wyndham이었는데, 나중 (1883년)에 휴고 차터리스Hugo Charteris와 결혼해 엘코 경 부인이자 윔즈 백작 부인이 된다. 밸푸어가 평생 결혼을 하지 않겠다고 결심한 후에도(메리와 메리의 가족은 분명히 결혼을 원했다), 그리고 메리가 시인 윌프리드 스캐원 블런트Wilfred Scawen Blunt와 관계를 맺은 뒤에도(블런트와 메리 사이에서 아이가 태어났는데, 메리의 남편이 입양했다), 메리와 밸푸어의 관계는 계속되었다. 밸푸어와 엘코 경 부인의 관계는 반 세기나 지속되었는데, 통상 플라토닉한 관계로 알려져 왔다. 하지만 최근 공개된 편지들에 따르면 이들은 오랜 기간 동안 새도-매저키즘 취향을 가지고 그러한 성적 유희를 즐겼다.[74]

결혼은 하지 않기로 했지만 밸푸어는 메리 윈덤에게 매우 깊은 감정을 가지고 있었던 것으로 보인다. 블런트는 밸푸어가 메리에게 "**대단한 열정**"을 품고 있다고 확신했다.[75] 1887년에 아일랜드 담당 장관이었던 밸푸어는 신변에 위협이 생길지도 모르는 출장을 가게 되었는데, 떠나기 전에 제수씨 프랜시스 밸푸어 부인에게 편지와 가죽 주머니를 남기면서 (주머니에는 또 다른 편지가 들어 있다고 했다) 만약 자신이 죽게 되면 그 가죽 주머니를 열어 보라고 했다. 프랜시스에게 남긴 편지에서 밸푸어는 "이건 당신만이 해 줄 수 있는 일"이라며 최악의 사태가 벌어질 경우 "엘코 경 부인에게 내가 생각할 수 있는 힘이 남아 있는 한 그녀를 생각할 거라고 전해 달라"고 부탁했다. 이 출장에서 밸푸어는 죽지 않았다. 약 40년 후, 밸푸어가 죽고 나서 (밸푸어는 1930년에 숨졌다) 프랜시스와 엘코 경 부인이 주머니를 열어 보니 다이아몬드 브로치가 들어 있었다.

분명 밸푸어는 여성들과 오랜 관계를 맺을 수 있었다. 하지만 전통적인 성관계나 결혼에 대해서는 메리 리틀턴하고든 다른 누구하고든 할 생각이 없었던 것 같다. 1892년에 메리 윈덤에게 쓴 편지에서 밸푸어는 무뚝뚝하게 이렇게 말했다. "**사랑**을 할 시간이야 있든 없든 간에, **결혼 생활**을 할 시간은 단연코 없습니다."[76] 그가 평생 독신으로 산 데는 이런 취향이 한몫했을 것이다. 밸푸어는 쉽게 파악할 수 있는 사람이 아니었다. 그가 남긴 글이나 다른 사람들이 남긴 글을 보면 그는 신실한 기독교인이었던 것 같다. 하지만 블런트는, 밸푸어를 처음에는 그저 사람 좋은 호인이라고 생각했는데 "흥미롭게도 매정하고 냉소적"이었다며 토리당의 "공격적 인종주의"를 정당화하기 위해 유사과학적 다윈 철학을 사용하는 사람이라고 말했다. 그리고 밸푸어가 "메리 윈덤을 이단으로 이끌었다고"까지 언급했다.[77]

여러 정황으로 볼 때, 밸푸어는 성격의 일부를 숨긴 채 여러 사람에게 자기 성격의 각기 다른 측면들을 내보이는 재주가 있었던 것 같다. 그렇다면, 메리 리틀턴의 죽음으로 밸푸어가 크게 상심했다는 이야기는 잘 꾸며낸 속임수일 수 있다. 밸푸어의 케임브리지 동창이자 매형인 시지윅이 자기 정당화를 위해 비밀스런 위선을 행했듯, 밸푸어 역시 마찬가지였다고 볼 수 있다.

어쨌든, 밸푸어는 숨진 메리 리틀턴이 영매를 통해서 자신에게 연락해 올 가능성은 진지하게 받아들일 가치가 있다고 생각했다. 이런 결론에 곧바로 쉽게 도달한 것은 아니었다. 1912년에 생성된 메시지에는 영매 '윌렛 부인'이 자동 기술을 수행할 때 그 자리에 아서의 동생 제럴드가 참석해야 한다는 지시가 나온다. 이때 '윌렛 부인'과 제럴드는 지난 10여 년간 세 명의 영매가 (두 명은 영국에서, 한 명은 인도에서) 자동 기술로 받은 내용이 내세에서 전해오는 메리 리틀턴의 메시지이며 밸푸어에 대한 그녀의 사랑을 이야기하는 것이라고 거의 확신한 것 같다.

하지만 아서 밸푸어가 자동 기술이 행해지는 자리에 참석하기로 동의한 것은 1916년이 되어서였다. (기록에 따르면, 이 역시 문서의 지시에 따른 것이다.) 그러자 메시지는 메리 리틀턴을 이름으로 언급하기 시작했다. 진 밸푸어에 따르면, 밸푸어가 동생 제럴드에게 메리 리틀턴이 사망했을 때(1875년) 그녀의 머리카락을 보관했다는 이야기를 한 것은 밸푸어가 런던의 자택에서 열린 자동 기술에 참석한 이후였으며, 그 전까지 제럴드는 이 이야기를 몰랐다고 한다.

오랜 기간 동안 자동 기술 문서가 메리나 밸푸어를 명시적으로 언급하지 않은 것에 대해, 진 밸푸어는 그거야말로 발신자들의 계획을 보여 주는 증거라고 설명했다.

문서들을 검토한 조사자들은, 내세에서 메시지를 보내오는 '통신자'〔발신자〕들은 문서를 받는 영매들이 메시지에 언급된 내용이 무엇을 지칭하는지, 누구에 대한 이야기인지 등을 모르는 채로, 특히 메시지가 바라는 수신자가 누구인지를 모르는 채로 자동 기술을 수행하기를 원한 것이 분명하다고 단언했다. 실제로, '통신자'들은 자신의 계획을 영매들이 모르길 원하며, 상징을 사용하는 것만이 이를 분명히 하는 유일한 방법이라고 자주 이야기했다.[78]

문서 조사자들은 10년에 걸쳐 생성된 글들을 검토했는데, 그 결과 이 문서들이 그때까지 파악되지 않고 있던 교차 통신 내용을 담고 있으며 그 내용은 메리 리틀턴과 아서 밸푸어의 관계를 가리키고 있다고 결론 내렸다. 이것은 사후에 영혼이 내세에서 의도와 의지를 가지고 활동한다는 증거였고, 시지윅과 마이어스가 영혼의 사후 지속을 증명하려면 필요하다고 생각했던 바로 그런 종류의 증거였다.

진 밸푸어는 이렇게 결론지었다.

이 문서들은, 내세에서 일군의 통신자들이, 일군의 영매를 통해, 일군의 살아 있는 사람들이 그것을 조사해서 이해하게 만들려는 의도를 가지고 보낸 메시지들이라는 (통신자들의) 주장을 정말로 뒷받침하는 것 같아 보인다. 이제껏 심령 현상의 역사에서는 한 번도 일어난 적이 없는 사건이었다.[79]

몇몇 심령연구자들은 이 주장을 받아들여서 이 교차 통신 문서가 영혼 지속에 대해 가장 강력한 증거를 제공할 수 있다고 보았다. 하지만 다른 사례에서처럼, 이 경우에도 교차 통신에는 문학적 암시와 가족 로맨스가 마구 뒤섞여 있었고, 어떤 해석도 매우 가설적인 수준일 수밖에 없었다.

일례로, 1902년 10월 9일에 작성된 초기 문서에는 다음과 같은 단락이 나온다.

꿈꾸는 자들은 진리의 대부분을 본다. 새벽의 황금빛 비전 안에서. 그들은 당신에게 이것이 진실임을 알려 줄 수 있다. (…) 자줏빛 비단은 향기가 난다. 어딘가의 당신이 서랍장에서 그런 것을 보고 믿을 때, 그리고 어떤 다른 사람들도 믿을 때. 고급은 아니지만 자줏빛인 의복이 서랍장에 놓여 있고, 그것은 빛이 나며 거기에는 향기가 있다. 한 번 입고 그 후에 잘 놓아둔 것이다. 당신은 너무 멀어서 본 적이 없겠지만 아서는 내가 말하려는 바를 알고 있다. 그는 누군가가 그것을 입고 있는 것을 보았다. (…) 어두운 탑으로 누가 왔는가? 그에게 누군지 물어보라. 그리고 어디인지. 탑은 춥고 어두웠지만 우리는 모두 그것을 좋아했다. 그는 기억할 것이다.

이 단락은, 처음에는 해석이 되지 않았지만 한참 뒤에 밸푸어 집안이 소유했던 위팅햄 타워('어두운 탑')를 언급하는 것으로 해석되었다. 또, "자줏빛"은 메리 리틀턴의 머리카락이고 비단은 테니슨의 시 '아서의 죽음'을 암시하는 것으로 여겨졌다. '아서의 죽음'에 나오는 엑

스칼리버(아서 왕의 마법의 검)는 흰 비단에 싸여 있다. 이 암시는 8년 뒤에 생성된 문서에도 나오는데, 이 문서는 "축복 받은 다모젤"을 언급하며 테니슨의 시를 더 많이 인용하고 있다. 나중에 다모젤은 메리 리틀턴을 지칭하는 것으로 해석되었다.[80]

이는 기발한 독해이기는 했다. 아서 밸푸어도 결국 그 문서들이 메리 리틀턴이 보내는 메시지라고 확신하게 된 것 같긴 하지만, 이런 확신을 갖게 된 것은 삶이 거의 끝날 때가 되어서였다. 1926년에 밸푸어는 메리가 보냈다는 문서를 보고 자신도 메리에게 문서로 메시지를 보냈다. 밸푸어는 다음과 같이 적었다.

(메리가 보낸 메시지를) 그[아서 밸푸어]가 본질적으로 이해했으며, 그에게 이 메시지는 깊은 가치를 지녔다. (…) 분명 그는 '죽음은 끝이 아니다'라는 말을 굳이 듣지 않아도 안다. 하지만 그녀의 메시지에는 고통스런 내용이 있어서 그를 혼란스럽게 한다. 그녀는 처음으로 그에게서, 피상적이라고는 말했지만, 어떤 변화를 발견한 것 같고, 이에 대해 열정적으로 생각한다. 그런데 그는 아무 것도 모른다. 이제 반 세기 이상이 흘렀다. 탄생과 죽음이 쉼 없이 이어졌다. 다시 만나는 시간은 오래 미뤄질 수 없다. 반 세기 내내 그는 다른 사람들의 개입 없이 그녀의 정신에 접할 수 없었다. 그녀의 존재를 의심하지는 않지만, 그에게는 그것을 느낄 직관이 없었다.

그는 그 메시지가 그토록 깊은 확신을 가지고 말하는, 그리고 그 자신도 매우 무한한 가치가 있을 것이라고 생각하는, "말할 수 있는 것을 넘어선 친밀함"을 직관적으로 느낄 수 없다. 심령적인 재능이 전적으로 부족해서다. 메시지를 더 보내 준다면 큰 도움이 될 것이다.[81]

밸푸어가 그 문서들이 정말로 메리 리틀턴에게서 온 것이라고 믿게 되었을 수도 있다. 하지만 밸푸어는 메리의 사후 존재를 알고 있다는 낌새를 보이지 않았고, 전설이 된 〔리틀턴에 대한 지고지순한 사랑〕 '이야기'가 실제로 자신의 삶이었다고 인정하는 기미도 보이지 않았다. 1929년 10월, 밸푸어가 죽어 가고 있을 때 '윌렛 부인'이 찾아왔다. 그녀는 최면 상태에서 메리 리틀턴의 마지막 메시지를 전했다. "그가 나에게 기쁨을 주었다고 그에게 전해 주세요." 전해지는 이야기에 따르면, 이 말에 밸푸어는 "깊이 감동했다"고 한다. 하지만 밸푸어의 전기 작가 R.J.Q. 애덤스가 언급했듯이, "밸푸어가 그 메시지를 믿었는지, 아니면 그저 영매의 연기에 경탄을 표한 것인지는 결코 알 수 없다."[82] 아마 밸푸어는 특유의 신중함과 함께 회의주의도 끝까지 지니고 있었을 것이다.

그들이 나를 알까? 이전에는
누구의 발자국도 없는, 열린 평원 같은 마음을 가지고 있었지만,

이제는 죽은 이의 이름과 초상화가 가득한 화랑처럼 된,

한때는 더 분명했지만 이제는 희미해진 목소리들이

지하에서 기묘하게 울려오는 화랑처럼 된.[83]

　　　　　　　　　　　　　　　　　－ 토머스 하디Thomas Hardy

이 문서들은 '이야기'(밸푸어와 메리 리틀턴의 사랑 이야기)의 통로이기
만 했던 것이 아니다. '계획'의 통로이기도 했다. 이 '계획'의 주인공
은 '윌렛 부인(위너프리드 쿰브-테넌트)'과 아서 밸푸어의 동생 제럴드
다. 이 두 명의 저명인사는 교차 통신을 통해 전달된, 세상을 구원하려
는 비밀스런 계획의 통로였으며, 그들 자신도 교차 통신에서 중요한
역할을 수행했다.

　형 아서 밸푸어와 마찬가지로 제럴드도 보수당 정치인이었고 의원
이 되었으며 아일랜드 담당 장관 등 주요 공직을 지냈다. 하지만 야망
은 덜했던 것 같다. 트리니티 칼리지의 평의원이었고 철학에 관심이
많은 고전학자였던 그는 1900년대 초에 정계를 은퇴하고 〈심령연구학
회〉 회장을 맡으면서, 긴 생애(그는 1945년에 숨졌다)의 나머지 부분을
심령연구에 쏟았다. 제럴드는 수십 년간 교차 통신을 연구했는데 교차
통신에 그 자신이 (오랫동안 숨겨져 왔지만) 핵심적인 인물로 등장했다.

　교차 통신의 주인공이 다들 그랬듯이, 위너프리드 쿰브-테넌트도
사랑하는 사람을 잃는 고통스런 상실을 겪었다. 둘째 아이 데프네가
1908년에 두 살이 채 되기 전에 숨졌고, 아들 크리스토퍼는 스무 살도

되기 전인 1917년에 전사했다. 쿰브-테넌트는 심령연구에 참여하긴 했지만 일반적인 의미의 영매는 아니었다. 대부분은 자동 기술을 통해 참여했는데, 어떤 '지배령'에도 의식의 통제를 놓아 주지 않았다. 『타임』 부음 기사에는 나오지 않았지만, 교차 통신에서 쿰브-테넌트가 어떤 역할을 맡았는지는 그녀가 1956년에 숨진 후에야 드러났다. 젊은 시절에 자동 기술을 수행했던 쿰브-테넌트는 데프네의 죽음 이후 자동 기술을 중단했다가, 데프네가 문서에 등장했는지 알아보려고 베럴 부인에게 연락을 하면서 자동 기술을 재개했다. 이때 쿰브-테넌트는 마이어스가 보냈다고 주장하는 메시지를 자동 기술로 받게 되는데, 이 메시지는 그녀가 매우 중요한 실험에 사용될 것이라고 알려준다.

그 중요한 실험의 일부는 물론 영혼의 지속을 증명하는 것이었다. 1909년 3월에 생성된 문서에서 '마이어스'는 이렇게 선언했다.

이 쪽에서는 어떤 노력도 아끼지 않을 것이다. 나를 환영하는 당신의 목소리를 들었을 때 얼마나 기뻤는지를 온전히 전할 수만 있다면, 내가 느낀 것을 표현하려, 마이어스가 표현하려 해볼 텐데. 하지만 지금은, 내가 드디어 영혼의 지속을 증명했을 뿐 아니라 내가 마이어스이며, 그때보다 역량이 더 확장되기는 했지만, 자신의 영혼이 지속되기를 추구했던 그 마이어스와 대체로 동일한 자아라는 것을 증명하는 데 성공한 것 같다는 정도만 이야기해 두겠다.[84]

하지만 이 실험에서 더 중요한 건 '계획'이었다. 교차 통신 문서가 묘사한 바에 따르면 이 계획은 '정신적 우생학' 실험이었다. 19세기 말과 20세기 초에 우생학은 매우 영향력이 있었고 심령주의도 이 유행을 반영했다. 우생학자들은 결함 있는 인간을 없애는 것을 목표로 했고, 심령학자들은 사후의 육신이 결함 없는 상태일 것이라고 믿었다. 우생학과 심령학 모두 진보에 대한 신념이었다. 둘 다 새로운 지식을 사용하면 인류가 과거에 달성한 그 어떤 발전보다 높은 수준의 발전을 달성할 수 있다고 주장했다.

우생학과 심령학이라는 두 가지 사고 체계가 '계획'에 함께 들어왔다. 1910년 10월에 처음으로 교차 통신 문서에 등장한 것으로 보이는 이 계획은 거의 한 세기나 세상에 알려지지 않고 있었다. 진 밸푸어는 1930년 이 문서를 금고에 넣어 보관했고 그녀가 숨진 1981년까지도 문서는 계속 금고 안에 있었다. 그 다음에도 진 밸푸어가 생전에 관리하던 아카이브 속에 파묻혀 있었다. W.E. 살터 ▪가 1948년에 개인적으로 펴낸 『스크립트(자동 기술 문서) 연구 개론*An Introduction to the Study of the Scripts*』에 이 계획의 개요가 나오기는 한다. 하지만 계획 전체가 드러난 것은 아치 로이Archie E. Roy가 『열정적인 망자들*The Eager Dead*』을 펴낸 2008년이 되어서였다. 진 밸푸어의 딸 앨리슨 크레머가 로이에게 문서를 보여 준 덕분에 그는 '계획'의 전체 내용을 이 책에서 밝

▪ 자동 기술자인 헬렌 베릴의 남편. 〈심령연구학회〉 회장을 지냈다.

힐 수 있었다.

'계획'에는 '윌렛 부인'이 세 번째 아기를 출산한다는 내용이 포함돼 있었다. 사후 세계에서 '윌렛 부인'에게 연락을 취하고 있는 일군의 사람들이 특별히 기획한 아기라고 했다. '마이어스'는 이 아기가 "거니의 아이이며 신성한 광채의 현생"일 것이라고 언급했다. '계획'의 또 다른 버전에 따르면 아서 밸푸어와 메리 리틀턴 사이의 "영혼의 아이"라고 되어 있는데, '윌렛 부인'이 믿은 것은 이 쪽인 듯하다.(죽기 직전에 이 이야기를 들었을 때 밸푸어는 허황된 생각이라며 믿지 않았다.)[85]

이 아기는 구세주로 오지만 세상에 태어나는 건 과학의 힘을 빌어서라고 했다. 말년에 마이어스는, 과학이 지상에서 그랬던 것처럼 사후 세계에서도 빠르게 진보하는 단계에 진입했다는 것을 확인하고 싶어 했다. '마이어스'는 자동 기술 메시지에서 모호한 언어로 '윌렛 부인'에게 이런 질문을 던졌다. "우선 이렇게 물어보겠다. 실험이라는 단어의 사용이 당신에게 전적으로 무엇을 의미하는지 이해하고 받아들였는가? 그것을 M 마이어스 가설로서도 받아들이겠는가?"[86]

'계획'에 따르면, 세상사의 진행 과정을 통제할 수 있는 역량을 갖도록 과학적으로 고안된 아기를 '윌렛 부인'이 낳게 되어 있었다. 이전에는 죽은 자들이 과학적 전문성을 충분히 갖고 있지 못했지만, 지식이 발전하면서 이제는 더 이상 그렇지 않았다. 고인인 케임브리지 생물학자 프랜시스 메이틀랜드 밸푸어와 같은 사람들이, '윌렛 부인'에게서 태어날 아기를 내세에서 치밀하게 고안할 것이었다.

아기는 동정녀 잉태가 아니라 일반적인 방법으로 잉태될 예정이었다. 그리고 이 계획의 실현으로 1913년에 어거스터스 헨리 쿰브-테넌트가 태어났다. 아는 사람은 극히 적지만 어거스터스 헨리는 '윌렛 부인'과 ('윌렛 부인'이 수행한 교령회에 많이 참석했던) 제럴드 밸푸어 사이에서 태어난 아이였다. (제럴드는 이 아기의 대부이기도 했다.) '윌렛 부인'의 남편 찰스 쿰브-테넌트는 아기가 태어날 때 60세였는데, 헨리가 자신의 아기가 아니라는 의심을 했을 수도 있다. 진 밸푸어의 표현을 빌자면 "강한 모성애를 가진 여인"인 아내가 더 젊은 남자와 아이를 갖기로 했을지 모른다고 말이다. 어떤 생각을 했든, 찰스 쿰브-테넌트는 자신이 속한 계급의 규범에 따라 아무 말도 하지 않았다. 또 다른 당사자인 제럴드의 아내 베티는 남편이 더 이상 자신과 잠자리를 가질 수 없다고 하자 우울증을 겪었다. 몇 년 뒤에 베티가 그 이유를 듣고 나서, 둘의 관계는 회복되었다.

'영혼의 아이'가 수행할 임무는 인류를 혼돈에서 구원하는 것이었다. 구원의 역할을 수행하도록 과학적으로 프로그램된 이 아기는 비범한 인간으로 성장해서 세계에 평화와 정의를 가져다 줄 것이라고 기대되었다.

20세기 초 영국에서 구세주에 대한 희망이 어린아이와 연결된 사례는 이것 말고도 또 있었다. '영적 혁명'을 지지한 뉴에이지 지도자인 지두 크리슈나무르티(Jiddu Krishnamurti, 1895~1986)[87]는 세계의 다음 구세주로 〈신지학회〉에 입양되면서 공적인 인생을 시작했다. 이 믿음을 추동한 사람은 사회주의자이자 페미니스트이며 정교 분리주의자로 알려진 애니 베전트Annie Besant였다. 베전트는 블라바츠키 부인의 영향으로 신지론으로 돌아섰다. 크리슈나무르티와 관련 있는 또 다른 신지론자로는 에밀리 러티언스Emily Lutyens를 들 수 있다. 에밀리 러티언스는 작가인 에드워드 불워 리튼Edward Bulwer Lytton의 손녀인데, 리튼의 판타지 소설 『마법사 자노니Zanoni』는 신지론에 많은 영향을 주었다.

에밀리 러티언스는 건축가 에드윈 러티언스의 아내이며 제럴드 밸푸어의 처제이기도 하다. 에밀리는 크리슈나무르티를 서리의 피셔스 힐에 있는 제럴드 밸푸어 부부의 집에 데리고 가서 인사시켰다.[88] 이 때를 진 밸푸어는 이렇게 기록하고 있다.

(에밀리가) 신실한 신지론자라는 것과 새 구세주 이야기는 밸푸어의 친지들도 잘 아는 내용이었다. 당시에는 세상사에 영적인 개입이 이뤄질 것이라고 가정하면서 정신적인 기운을 북돋우려는 운동이 세계 각지에서 벌어지고 있었던 것 같다. 그리고 많은 사람들이 세상을 구원할 구세주의 출현이 임박했다고 믿었다.

내가 결혼하고 얼마 안 되어서(1927년경인 듯하다) '에미 이모'(에밀리)가 인도 소년 크리슈나무르티를 피셔스 힐에 데리고 왔다. 이 아이는 신지론 운동의 희망이었다. (…) 당시 17세였는데, 아주 매력적이고 점잖았으며, 지혜롭고 영적인 깊이도 있었다. 하지만 GWB(제럴드 밸푸어)는 어거스터스 헨리

쪽이 더 전망 있다는 확신을 상당히 강하게 갖고 있다고 나중에 BB(베티 밸푸어)가 나에게 말했다.[89]

1차 세계대전이 일어나기 직전 몇 해 동안 위기감이 널리 퍼지면서 구세주가 곧 오리라는 믿음도 널리 퍼졌다. (1차 대전 후에는 더욱 그랬다.) 구세주에 대한 믿음이 러티언스나 밸푸어 주변 사람들 사이에 확산됐다는 것은 놀랄 일이 아니다. 하지만, 그들의 희망은 어느 것도 실현되지 않았다. 크리슈나무르티도, 어거스터스 헨리 쿰브-테넌트도, 기대된 역할대로 살지 못했다.

크리슈나무르티의 임무 수행을 위해 1911년에 "동방의 별 교단"이 창단되었지만, 얼마 지나지 않아 크리슈나무르티는 자신에게 주어진 구세주로서의 역할에 의심을 품게 된다. 1929년에 그는 구세주의 역할에서 전적으로 물러나고 교단을 해체하면서, 어떤 종류든 리더십이나 권위는 영적인 삶에 해가 된다는 생각을 분명히 밝혔다. 인생의 나머지 기간 동안 크리슈나무르티는 신실한 제자들에게 이러한 반反복음적인 설교를 했다. 그런데 자신이 어느 모로 봐도 구세주가 아니라는 점을 분명히 밝힌 지 60년쯤 지난 말년에, 그는 자신이 살아 있는 한, 그래도 여전히 자신이 "세계 교사"일 것이라고 말했다.[90]

헨리 쿰브-테넌트의 삶은 이보다 덜 드라마틱했다. 그는 말년이 될 때까지 자신에게 부여된 역할이 무엇인지에 대해 듣지 못했던 것 같고, 말년에도 전체를 다 듣지는 못했던 것 같다.[91] 헨리 쿰브-테넌트는 비슷한 배경을 가지고 태어난 다른 사람들과 별 다를 바 없는 삶을 살았다. 이튼을 졸업하고 케임브리지 트리니티 칼리지에 진학해서 C.D. 브로드에게 철학을 배웠고 비트겐슈타인을 알게 되었다. 케임브리지 졸업 후에 영국 육군에 입대해 2차 세계대전에 참전했다. 프랑스에서 포로가 되어 2년을 독일 수용소에서 지냈고, 탈출해 영국으로 돌아와서 다시 현역으로 복무했다. 1948년에 전역해 첩보 기관인 MI6에 들어갔고, 여기에서 킴 필비와 함께 일했다. 이라크에서 잠깐 근무하던 중에 가톨릭으로 개종했고, 1960년에는 수도사가 되었다. 남은 인생은 다운사이드에 있는 수도원에서 보냈으며 1989년에 숨졌다.[92]

'계획'이 부여한 임무를 실행하지는 못했지만, 헨리는 '계획'의 뒷이야기라 할 수 있는 어떤 사건에서 중요한 역할을 했다. 교차 통신은 1932년에 중단되었다. 문서를 해독하는 조사자들이 문서의 양에 압도되어서 중단을 요구했기 때문이었다. 하지만 영매인 제럴딘 커민스 Geraldine Cummins는 두 권의 책 『불멸로의 길The Road to Immortality』 (1932)과 『인간의 개인성을 넘어서Beyond Human Personality』(1935)에서, 프레더릭 마이어스와의 소통이 계속 이뤄지고 있으며 이 책들이 그의 메시지를 담고 있다고 주장했다.

〈심령연구학회〉 연구자들과 함께 실험에 참여하기로 한 커민스는 1957년에 누군가로부터 메시지를 받기 시작했다. 커민스는 메시지의 발신자가 누구인지 처음에는 몰랐다가, 나중에 그 발신자가 그 이전 해(1956년)에 숨진 쿰브-테넌트 부인임을 알아냈다고 한다. 이 실험은 엄마와 통신이 가능할지 알아보기 위해 헨리가 시작한 것이었다. 커민스 부인은 '윈' 혹은 '위니프레드'라고 알고 있던 통신자가 '윌스 부인'으로 불러달라고 주장할 때까지 그 통신자가 '윌렛 부인'인지 모르고 있었다고 한다. 영매 '윌렛 부인'에 대한 내용을 읽어서 알고 있던 커민스는 이때 윌렛과 쿰브-테넌트 부인이 동일인이라는 걸 알 수 있었다고 한다. 이후 3년간 커민스 부인은 쿰브-테넌트/윌렛에게서 오는 메시지를 받아 적었다. 헨리의 아버지인 제럴드 밸푸어도 이 문서에 등장하는데, 그는 '마이어스'를 연상시키는 스타일로 다음과 같이 소통의 어려움에 대해 이야기했다. "우리는 자동 기술 수행자들의 무의식의 바다에서 헤엄치고 있는 것 같다. 강한 급류가 오면 우리의 마음속에 있는 추억의 소재들에서 우리가 멀리 쓸려 나갈지도 모른다."[93]

커민스 부인이 받아 쓴 이 후기 문서들의 내용은 1965년에 출판된 『흑해의 백조Swan on a Black Sea』에 나온다. 트리니티 칼리지에서 헨리를 가르쳤던 C.D. 브로드가 서문을 썼다. 여러 가지 면에서 자동 기술 문서들은 빅토리아시대 삶의 유물들이다. 이 문서에 그려진 인간 관계들, 사후에도 이어진다던 그 인간 관계들은 사실 빅토리아시대 영국에서의 인간 관계들이었고, 그것도 실제가 아니라 그 사람들이 아마도 그럴 것이라고 상상했던 관계들이었다.

밸푸어와 메리 리틀턴의 사랑 이야기는 여기에도 다시 나온다. 한번은 통신자('윌렛 부인')가 'AJB의 친구' 메리를 만난 이야기를 하는데, 밸푸어 생전에 알려진 [지고지순] 버전으로 밸푸어와 메리와의 관계를 다시 언급한다. 그들 사이의 "근본적으로 깰 수 없는 결합", 밸푸어가 메리의 사후에 오로지 일만 하면서 저 세상에서 그녀와 다시 만나겠다는 희망만으로 살았던 공허한 수십 년 등에 대해서 말이다.

많은 세월이 지났다. 그의 마음은 계속 공허했고 채워지지 않았다. 아무런 기쁨도 없었다. 그는 고되고 다양한 정신적 노동으로 시간을 채웠다. 그녀를 향한 변함 없는 마음과 참을성 있는 기다림을 가지고. 그리고 드디어 60년이 지난 뒤, 시계로 따지자면 50년이 지난 뒤, 늙은 나이가 넝마가 된 옷처럼 그에게서 떨어져 나갔을 때, 죽음 저편의 세상에서 만남이 이루어졌다. 하지만, 오오, 그렇게 오래 기다릴 만한 가치가 있었다. (…) 그녀는 경계선에서 그를 계속해서 기다리고 있었다. 유혹적으로 손짓하는 세상을 남겨 놓고, 높은 곳에서 되돌아오는 큰 희생을 치르며 말이다. 그녀는 이 늙은 남자의 영혼을 만나기 위해 모든 것을 멀리 두고 왔다. ABJ가 집으로, 그녀에게로 왔을 때 그를 가장 먼저 맞이한 사람이 그녀라는 것은 말할 필요도 없다. 그때까지는 외로운 사람이었던 그를.[94]

'월렛 부인'은 분명히 숨진 연인에 대한 밸푸어의 빅토리아식 로맨스 이야기를 믿고 있었던 것 같다. 오늘날 알려져 있는 밸푸어의 실제 삶과 이 로맨스에 드러나는 밸푸어의 삶이 일치하지 않는다면, 그것은 빅토리아시대의 세계가 늘 허구적인 부분을 가지고 있었다는 것을 의미할 뿐이다. 고통스런 기억이 무의식으로 들어가듯이, 편리하지 않은 사실들은 억압되었고 변형된 형태로 다시 나타났다. 그리고 아무 의미도 없을 사건들이 모여 위안을 주는 이야기로 재구성됐다. 이런 식으로, 밸푸어의 영원한 사랑에 대한 전설이 잘 꾸며져서 자동 기술 문서에 '이야기'로 등장한 것이다.

C.D. 브로드는 『흑해의 백조』 서문에서 이렇게 언급했다.

내세가 있다 해도, 이 문서들은 극히 좁고 특이한 부분만을 보여 줄 뿐이다. 문서에 나오는 사람들은 다 특출나게 교양이 있고 지적인, 영국 역사에서 특정한 시대를 살다 간 상류층이나 중상류층 사람들이다. 대부분 인간의 삶은 빅토리아시대 영국의 신사 숙녀들의 삶과 달랐으며 상당수의 인간은 야만 상태에서 살았다는 것은, 뻔한 말이지만 여기서 언급하고 넘어갈 필요가 있을 것이다. 우리와 동시대 영국인으로만 한정해 본다 해도 (이렇게 한정하는 것도 꽤나 자의적이지만) 이들 중 일부는 실제로, 혹은 잠재적으로, 범죄자들이라는 점을 기억해야 한다. 또 이들 중 많은 사람들이 심약하거나 신경증적이거나 미쳤을 것이고, 나머지의 대부분은 그저 쾌활한 멍청이여서 지성이나 교양에 대한 관심이라고는 전혀 없는 사람들일 것이다. 모든 사람이, 혹은 대부분의 사람이 사후에도 계속 생존한다면, 하느님의 대저택 말고 그들을 위한 공간도 내세에 있어야 할 것이다. 그 공간은 이 문서에 나오는 것 같은 신사적이고 학문적인 영국의 공간과는 매우 다를 것이다.[95]

브로드는 약간 우스꽝스러운 고전적인 거만함을 띠고 말하고 있지만, 그의 핵심 메시지는 이치에 맞는다. 이 모든 자동 기술 문서들에 드러난 사후 세계에는 빅토리아시대 사람들만 존재한다. 그것도 그들을 둘러싼 어두운 점은 제거해 버리고 밝은 부분만 증류해 낸 채로 말이다. 대부분의 인간 삶에 등장하는 혼란이나 노동은 보이지 않는다. 인간이 일반적으로 삶을 마감하는 방식, 고통스럽게도 부조리한 방식을 보여 주지도 않는다. 이렇게 흐릿하면서도 안심을 주는 내세에서, 죽음은 미화될 수 있었다. 죽음은 가난이나 질병에 맞서 치르는, 패배가 예정된 싸움의 끝이 아니었다. 범죄나 전쟁의 추악한 마지막 장면도 아니었다. 죽는 것은 거대한 저택의 한쪽 채에서 다른 채로, 아무것도 잃지 않으면서 이동하는 것에 불과했다.

유령이 돌아다니게 하기 위해 방이 될 필요는 없다.

집이 될 필요도 없다.

뇌는 가지고 있으니까.

물질적 장소를 초월하는 복도들을.

― 에밀리 디킨슨Emily Dickinson

교차 통신에 참여한 사람들은 그것이 과학적 실험의 일부라고 생각했다. 과학이 의미가 존재하지 않는 우주를 드러내었다면, 산 자들과 소통할 수 있는 죽음 이후의 저쪽 세상에서는 그래도 여전히 의미를 찾을 수 있다는 것을 보여 줄 수 있는 것 또한 과학일 터였다. 이런 믿음이 심령연구자들에게 영감을 주었고 그런 문서들을 생성해 낸 것이다.

하지만 이 문서들은 과학적인 평가가 가능한 증거 자료가 아니다. 이 문서들은 해석을 통해서만 이해할 수 있는데(이해가 가능하기나 하다면 말이지만), 해석학은 기술이지 과학이 아니다. 심령연구자들은 확실한 결론을 내려 줄 과학적 실험을 하겠다는 목표를 가지고 있었지만, 그들의 연구는 애당초 명백한 결과를 산출할 수 없었다. 그들의 실험에서 나온 결과물은 불가해하기가 계시종교의 경전에 필적할 문서들이었다. 모호하게 전수되고 계속해서 재해석되면서, 교차 통신 문서들은 과학이 낳은 새로운 신앙의 경전이 되었다.

해석학은 매우 까다로운 작업이다. 일상의 대화에서도 발화의 의미와 화자의 의도 사이의 관계는 모호한 경우가 많다. 말실수도 무언가 의미를 내포하는데, 화자가 생각하고 있는 바를 청자에게 알리긴 하지만 화자의 의지를 거스르면서 그렇게 한다. 또 어떤 종류의 발화는 화자가 아닌 다른 사람의 메시지를 전하는 것처럼 보이지만 그럼에도 화자의 생각을 담고 있는 경우가 있다. 산 자의 발화도 이렇게 모호한데 죽은 자의 말을 어떻게 이해할 수 있겠는가?

해석의 어려움을 유발하는 원인 중 하나는 발신자의 정체와 관련이

있다. 문서에 등장하는 발신자들('시지윅', '마이어스', '거니', '메리 리틀
턴' 등)은 한때 실제로 존재했던 사람들의 사후 버전이었다. 하지만 영
매들은 원본이 되는 사람이 죽지 않았거나 아예 살았던 적이 없는 경
우에도 그 사람의 페르소나를 설득력 있게 창조하곤 했다. '마이어스'
는 수십 년에 걸쳐 여러 영매를 통해 이야기했는데, 이 '마이어스들'이
같은 사람이라고 말하는 건, 소설에서 한 인물이 여러 버전으로 등장
할 수 있다는 정도의 의미를 띨 뿐이다.

교차 통신 자체도 일종의 허구다. 그리고 이런 종류의 허구는, 오늘
날에는 가능하지 않다. 자동 기술자들과 심령연구자들은 21세기 영국
에서라면 상상하지 못할 정도로 공통된 문화에 속해 있었다. 고전학
교육을 받은 사람도 있었고 받지 않은 사람도 있었지만, 문서를 가득
채운 고전학과 문학적 암시는 모두에게 공통된 화법이었다. 고대 그리
스와 로마 문헌들, 킹 제임스 성경, 셰익스피어 등에 나오는 이야기와
문구, 그리고 워즈워드, 브라우닝, 테니슨 등의 시 구절은 그 문서를
생성하는 사람들과 읽는 사람들이 서로 소통하는 특정한 양식을 형성
했다. 그들은 암시된 내용을 동일한 방식으로 파악했을 뿐 아니라 거
기에 동일한 이미지를 부여했다. 이러한 기호와 상징들은 현재는 더
이상 존재하지 않는 (적어도 영국에는 더 이상 존재하지 않는) 종류의 집단
무의식을 구성하고 있었다.

숨겨진 관계들의 망 속에서 오랜 시간에 걸쳐 생겨난 이 문서들은
사실상 산 자든 죽은 자든 발신자를 필요로 하지 않는다. 일례로, 1912

년 4월의 문서에 "누군가에게 무언가를 말하고 싶었던지" '에드먼드 거니'가 "높이 앉아서 (잠깐 쉼)' '이 당나귀!' 라고 말해서 모두가 웃었다"고 기록되었는데, 사람들은 이것이 종려 주일을 의미한다고 해석했다. 성경에 따르면 종려 주일은 예수가 나귀를 타고 예루살렘에 입성한 날이다.[96] 하지만 서로 다른 문서 간에 이렇게 연결되는 부분이 있다고 해서 이를 [내세에서 활동하는] 의식적인 정신의 작업이 틀림없다고 보는 것은, 해석자들이 문서들에서 발견한 연결 관계가 그들과 자동 기술자들이 공유하고 있던 문화에 의해 부여되었다는 사실을 간과하는 것이다. 후대의 연구자들은 비슷한 결과가 산출되는지 보기 위해 무작위 기법을 사용해 보기도 했다.[97] 결과에 대해서는 논란이 있었지만, 그 논란은 여기에서 문제의 핵심이 아니다. 빅토리아시대의 교차 통신은 무작위 과정을 통해서 되풀이될 수 있는 것이 아니었다. 그 연결 관계들은 현재는 사라져 버린 삶의 방식 속에서 암호화된 것이었기 때문이다.

교차 통신이 [내세의] 의식적인 영혼의 산물임에 틀림없다고 주장하는 것은 식역하 정신의 창조성을 폄하하는 것이다. 사실, 허구적인 개인성뿐 아니라 아예 문학 작품 전체가 의식적인 저자가 개입하지 않은 채 나타난 사례도 있다.

이렇게 산출된 것으로 보이는 문학의 예로 예이츠의 『비전A Vision』 (1925)을 들 수 있다. 주술 철학과 비전 심리학이 정교하게 얽혀 있는 이 책은 자동 기술로 집필됐다. 아일랜드 시인 예이츠와 아내는 결혼

(1917년 10월) 후 며칠 뒤부터 수년 동안 450회에 걸쳐 3천6백 쪽에 달하는 내용을 자동 기술로 받아 적었다. 이 문서들은 당시에 아일랜드에서 생성되었던 다른 문서들과의 명백한 교차 통신을 포함하고 있었다.

예이츠는 아무 의심 없이 이 문서들이 육신 없는 정신들에서 나온 것이라고 생각했다. 〈신지학회〉 회원이었으며 유사 〈황금여명 장미십자회〉에도 속해 있었던(여기에는 알레이스터 크롤리Aleister Crowley도 속해 있었다) 예이츠는 주술학에 오래 관심을 가졌다. 예이츠는 이 글이 아내 조지를 통해 자신과 소통하는 여러 지배령들에게서 나왔다고 주장했는데, 상당 부분 사적인 이야기들이 담겨 있었다. 이 경우에는, 예이츠와 다른 여성들과의 관계였다. '윌렛 부인'의 경우에서와 마찬가지로, 비밀들은 곧 다시 숨겨지기 위해 드러났다.

예이츠가 질문하고 아내가 답을 기록하는 방식으로 이뤄진 이 문서들은 (예이츠는 이것을 자동 문서라고 불렀다) 그가 『비전』에서 제시하고 시에서도 사용한 주술적 신념 체계를 담고 있다. 예이츠는 마이어스의 연구에 대해 잘 알고 있었지만 이 문서들이 자신이나 (더 중요하게는) 아내의 식역하 자아가 그들 삶의 긴장 관계들을 포착해서 비밀스런 로맨스로 엮어 낸 작품이라고는 생각하지 않은 것 같다. 때때로 이 문서들에 속았다는 점을 인정하긴 했지만, 예이츠는 이 메시지를 보내는 지배령이 있다는 것은 결코 의심하지 않은 듯하다.[98]

하지만 마이어스는 식역하 자아가 이런 로맨스들을 산출해 내는 역할을 할 수 있다는 점을 인식하고 있었다.

육신 없는 영혼들이 이런 로맨스에 관여하고 있다는 주장이 있다. 그들이 인간들의 정신에 작용한다면, **우리에게** 정보나 즐거움을 주기 위해서이기도 하지만 아마도 **그들 자신이** 즐기기 위해서일 것이라는 이론에 기반한 것이다. (…) 인간을 매개로 **로맨스**를 쓰고 그것을 거행해 보려는 문학적인 충동도 이렇게 우리를 어리둥절하게 하는 개입의 한 형태일 것이다. 하지만, 굳이 짓궂은 영혼의 존재를 상정할 필요는 없을지도 모른다. 이런 현상들은 이미 알려진 식역하 자아의 특성으로도 잘 설명될 수 있으니 말이다.[99]

식역하 정신은 의식적인 개인성으로는 접근할 수 없는 정보를 담고 있으면서 개인성이 약하거나 존재하지 않을 때 행동을 통제하는 역할을 맡을 수 있다. 식역하 정신은 복잡하고 흥미로운 과거를 가진 새로운 개인성들을 뽑아낼 수 있다. 심지어는 새로운 언어를 만들어 낼 수도 있다.

마이어스의 연구에 영감을 받아서, 거의 동시대인인 시어도어 플러노이Theodore Flournoy는 영매 헬렌 스미스에 대해 연구했다. 스미스는 자신이 마리 앙트와네트의 현신이며 화성에 자주 오가고 화성어를 할 줄 안다고 주장했다. 심령주의자가 아니었던 플러노이는 헬렌 스미스의 통신을 식역하 자아의 역량을 보여 주는 사례로 해석했다. 실제로 스미스는 무의식 중에 어떤 언어를 발명하기도 했다. (플러노이의 친구인 언어학자 페르디낭 드 소쉬르가 '(유치하긴 할지언정) 순수한 언어'라고 생각한 것과 비슷할 것이다.) 이는 아직까지 배운 적이 없는 언어를 말하는 이 언異言 능력의 사례라기보다는 독실한 종교인이 천사와 대화를 나누는 종교 방언의 사례와 비슷했다. 하지만 인간이 파악할 수 없는 종교 방언과 달리, [스미스의 주장대로라면] 화성어는 해석되고 파악될 수 있었다.[100]

초현실주의의 주창자인 앙드레 브르통André Breton이 언급했듯이 마이어스는 고딕 심리학을 발명한 사람이다.

> 마이어스의 연구는 프로이트의 연구보다 앞섰는데도 너무나 많은 사람들이 그의 연구에 대해 잘 모른다는 것은 유감이다. 하지만 나는, 윌리엄 제임스가 '마이어스의 고딕 심리학'이라고 부른 것이 흔히 알려진 것보다 훨씬 더 우리의 연구에 큰 영향을 미쳤다고 생각한다. 고딕 심리학은, 완전히 새로우면서 더 흥미로운 세상에서, 시어도어 플러노이가 행한 존경할 만한 연구들로 우리를 이끌어 주었다.[101]

초현실주의자들은 자동 기술에 매우 관심이 많았다. 브르통은 심지어 초현실주의를 "꿈의 상태와 상당히 잘 조응하는 초자연적 자동 기술법"이라고 규정하면서, "나는 어떤 글쓰기나 행위도 그 마술적인 **받아쓰기** 바깥에서는 의미가 없다는 확신을 늘 가지고 있었다"고까지 주장했다.[102]

플러노이와 마찬가지로, 초현실주의자들도 심령주의에 대해서는 마이어스의 믿음에 동의하지 않았다. 그들은 헬렌 스미스를 뮤즈로 받아들이기는 했지만 그녀가 스스로 생각한 자아 이미지는 받아들이지 않았다. 초현실주의자들에게 자동 기술은 다른 세계로 연결되는 통로가 아니라 무의식을 건드리는 방법이었다. 자동 기술이 드러내어 줄 숨겨진 역량은 기이한 것일 수는 있지만 초자연적인 것은 아니었다. 단지 식역하 자아가 활동하고 있는 것일 뿐이었다.

마이어스는 식역하 자아도 일상 속 자아만큼이나 설득력 있고 진짜 같은 개인성을 창조할 수 있다는 사실을 잘 알고 있었다. '클레리아'의 사례를 통해, 마이어스는 개인성을 창조하는 식역하 자아의 역량을 탐구했다. '클레리아'는 'A씨', 혹은 '본 저자[마이어스]의 친구'가 수행한 자동 기술 실험에 등장했다. '클레리아, 혹은 무의식 사고 작용'이라는 제목이 붙은 단락에서 마이어스는 그 '친구'가 다음과 같은 글을 썼다고 기록했다.

다음의 실험 결과를 보고 어떤 사람은 무의식의 사고 작용에 대한 훌륭한 증거라 생각할 수도 있고, 다른 사람은 영혼이 존재한다는 증거로 여길 수 있다. 또 어떤 사람은 나처럼, 과학적으로 더 엄정한 태도를 가지고 이 두 견해 사이에서 판단을 보류하게 될 것이다. 나는 나 자신이 [내 무의식으로부터] 자동 기술을 하는 사람인지, 혹은 소위 말하는 [다른 영혼의 메시지를 받는] 자동 기술 영매인지 알고 싶었다. 이 실험은 1883년 부활절에 이뤄졌다.

(…) 첫째 날 내 관심은 진지했다. 둘째 날에는 어리둥절하고 혼란스러워졌다. 셋째 날에는 완전히 새로운 경험에 들어가게 된 것 같았다. 무섭기도 하고 낭만적이기도 한 경험이었다. 넷째 날에는 그 숭고함이 우스꽝스러움 속에서 매우 고통스럽게 끝이 났다.

실험은 나흘간 이어졌고 셋째 날에 마이어스의 '친구'에게 신비로운 여인이 나타났다. 그들은 자동 기술을 통해 대화를 나눴다.

질: 그대는 누구인가?
답: 클레리아!
질: 그대는 여성인가?
답: 그렇다.
질: 지구에 살아본 적이 있는가?
답: 아니.
질: 앞으로는 살아볼 것인가?
답: 그렇다.
질: 언제?
답: 6년.

실험의 마지막 날인 그 다음날에는 다음과 같은 대화가 이뤄졌다.

질: 무슨 까닭으로 나와 이야기를 나누고 있는가?

답: **그대**는 어디에서 **나**에게 대답하고 있는가?

질: 내가 나 자신에게 대답하고 있는가?

답: 그렇다.

질: 클레리아가 여기 있는가?

답: 아니.

질: 그렇다면 여기 있는 자는 누구인가?

답: 아무도.

질: 클레리아는 존재하는가?

답: 아니.

질: 어제 나와 이야기한 사람은 누구인가?

답: 아무도.[103]

전날인 셋째 날에 '클레리아' 가 등장하고 나서 마이어스의 '친구' 는 이렇게 기록했었다.

나는 에드거 포의 이야기를 쓰고 있는 것이 아니라 과학적인 사실을 서술하고 있다. 따라서 당시 나의 감정이나 생각은 쓰지 않겠다. 내가 낭만적인 이름을 가진 영혼(아름다운 영혼?)과 소통했다는 것은 명백했다. 그 영혼은 6년 후에 지구에 태어날 예정이었다. 나는 그날 밤 거의 잠을 자지 못했다.

실험이 끝난 뒤, 마이어스의 '친구'는 '클레리아'의 출현에 대한 과학적 설명과 심령학적 설명을 비교했다. 그는 이렇게 결론지었다. "말했듯이 나는 과학적 설명 쪽으로 강하게 기울었지만, 그것을 절대적으로 확신하지는 않았다."

그 '친구'는 마이어스 자신이었는지도 모른다. 이 실험은 1883년에 이뤄졌는데 이때 이미 마이어스는 고인이 된 연인 애니 마셜과 접촉하려는 시도를 오랫동안 해 오고 있었다. '클레리아'라는 아리송한 인물은 마이어스의 이런 시도를 상징한다. '클레리아'는 갑작스레 사라졌는데, 이는 마이어스의 식역하 자아가 마이어스에게 애니 마셜과 접촉하려는 시도가 허황된 것임을 알리려고 보낸 경고였는지도 모른다.

이후에 한 논문에서 마이어스는 이 사례를 다음과 같이 분석했다.

클레리아의 사례에서 우리가 본 것은 아마도 온전하게 깨어 있는 한 사람이 그 자신의 꿈과 대화하는 장면일 것이다. 이는 정신 물리학 역사상 처음 있는 일이었다. 다시 말하면, 무의식적 정신 행동이 의식적인 정신들에 종속되지 않았다. 즉, 다른 곳에서 의식이 보내오는 지시에 의존하지 않고 무의식이 스스로를 발현시켰다. 무의식적 정신 행동은 의식적인 행동과 협력하는 방식으로 자신을 드러냈고, 의식적인 정신에 포착되도록 자신을 의식 속에 들이밀 능력이 있음을 보여 주었다.

마이어스는, '클레리아'의 경우에 "무의식의 정신 작용이 의식과 함께 흘러왔다"고 기록했다. 그 결과 "곧 자동 기술자들은 자신의 펜에서 흘러나오는 글이 자신의 **의식**에서 나온 게 아니라는 **주관적** 확신을 갖게 된다." 전에 쓴 논문에서 분석한 바를 언급하면서, 마이어스는 자신이 "무의식 정신 작용"이라는 문구의 의미를 최대한 끝까지 밀어붙였다 고 말했다.[104]

'클레리아'의 사례는 식역하 자아에 대한 마이어스의 이론을 설득 력 있게 보여 준다. 자동 기술은 의식적인 개인의 특성이 여러 개인성 중 하나라는 정상적인 상황을 보여 주는 것이다. 일상적인 글쓰기 과 정도 주술적인 측면을 가지고 있다. 단어들은 어딘가에서 와서 종이 위에 나타나는 것이다. 마이어스의 작업도 상당 부분은 그의 식역하 자아가 하고 있는 일을 그의 또 다른 일부가 이론화하는 자동 기술의 일종이었다고 봐도 무방할 것이다. '클레리아'와의 소통은 식역하 자 아와의 통신이었고, 이는 마이어스가 숨진 애니 마셜과 하길 바랐던 소통과 비슷했다. 하지만 어떻게 이런 메시지로 애니가 그에게 남겨 놓은 당혹감을 풀 수 있단 말인가? 정신분석가 애덤 필립스Adam Philips의 말처럼, "사람들 사이의 친밀성은 주술 현상만큼이나 근본적 으로 어리둥절하고 혼란스러운 것"인데.[105]

마이어스는 인간 만사를 재료로 낭만적인 신화들을 만들어 낼 수 있 는 창조력이 식역하 자아에 있다는 것을 알고 있었다. 하지만 자신의 삶에서도 같은 과정이 작동하고 있다는 점은 인정하지 않았다. 마이어 스는 자신이 만났다고 믿은 애니 마셜이 자신의 식역하 자아가 만들어 낸 발명품이라는 점을 받아들일 수 없었다.

자동 기술에 대해 쓴 또 다른 글에서 마이어스는 이렇게 언급했다.

정작 우리가 설명해야 할 쪽은 [비정상적인 정신이 아니라] 온전한 정신이다. 우리 각자의 도덕적이고 물질적인 존재는 불일치와 부조화에서 생겨나고, 인간의 소우주는 서투르고 거친 손에 의해 질서 비슷한 것이 부여된 작은 혼돈에 불과하니 말이다. 파에톤이 이끄는 마구잡이 팀이 만들어서 곧 바다로 떨어져 버릴 질서 말이다.[106]

그리스 신화에 나오는 파에톤은 태양신 아폴론의 아들이다. 그는 아버지를 졸라서 태양의 마차를 하루 빌린다. 마차를 모는 자가 서투르다는 것을 알아차린 말들은 통제를 벗어났고, 태양의 마차는 지구를 태워 버릴 지경이 된다. 이 위험한 상황을 본 제우스는 번개를 내리쳐 파에톤을 죽인다. 파에톤은 강물로 떨어졌고 이를 애도하며 님프들이 흘린 눈물이 호박으로 변했다고 한다.

영혼 지속의 증거를 찾으려고 노력하면서 마이어스는 파에톤 이야기를 재상연했다. 마이어스는 의식적인 자아의 분절적인 속성을 보여주기 위해 파에톤의 신화를 예로 들었다. 하지만 마이어스는 그의 의식 속에 있는 "서투르고 거친 손"이 통제를 벗어나는 것은 인식하지 못했다. 말년에 또 다른 '클레리아'와 소통하려고 시도하면서, 그는 자신이 만든 유령이 보내오는 메시지를 듣는 영매가 되었다.

돈으로 살 수 있는 꿈이 있다면,

어떤 꿈을 사겠는가?[107)

– 토머스 러벌 베도스Thomas Lovell Beddoes

심령연구자들은 모두가 식역하 로맨스의 등장인물이었다. 과학은 보편적 소멸에 대한 공포를 불러냈다. 개인도 무無로 돌아가고 종도 소멸하며 우주도 엔트로피의 법칙에 따라 붕괴한다는 전망을 불러온 것이다. 이런 전망에 뒤이어 영혼 지속의 증거를 찾으려는 노력이 나왔는데, 이는 불멸의 추구가 과학이라는 시대 정신에 맞게 수정된 것으로 볼 수 있다. 과학은 죽은 뒤에도 지속되는 사랑 이야기의 통로가 되었고, 분절된 개인성들은 통합된 인격이 되려는 희망에서 사후의 삶에 기대었다.

교차 통신은 이 로맨스에 한 가지 요소를 더 보탰다. '계획'은 절망한 여인이 아이를 하나 더 가질 수 있게 고안한 허구였을지도 모른다. 하지만 그것은 역사의 공포에서 벗어나려는 시도에 동원된 수단이기도 했다. 19세기 말과 20세기 초, 영국 엘리트들을 사로잡았던 '혼돈에 대한 공포'에서 벗어나고자 하는 시도였던 것이다.

어느 지역에서나 구세주 신화가 그렇듯, '계획'을 믿는 자는 자신의 시대가 겪은 사건들을 종국적으로는 구원을 향해 가는 드라마의 장면들이라고 생각할 수 있었다. 역사의 혼돈은 끝나지 않았지만, 잠시나마 중단되어(적어도 소수를 위해서만이라도) 구원의 꿈에 자리를 내주었다.

하지만 닥쳐온 사건들은 곧 그 꿈을 흩어 버렸다. 교차 통신은 1930년대 초에 끝이 났다. 아마도 분석을 하기에는 너무 방대하고 부담이 됐기 때문일 것이다. 이 문서들은 또 다른 전쟁을 암시하기는 했지만, 유럽을 휩쓸게 될 혼돈과 그 혼돈이 낳을 공포는 예측하지 못했다.

미처 예상치 못한 사건을 목격한 예언자가 여기 또 한 명 있다. 러시아 신비주의자 구르디예프의 제자였던 P.D. 우스펜스키P.D. Ouspensky는 세상을 구원하러 올 새로운 구세주가 있다고 기대하지 않았다. 그의 주술 철학은 구세주 철학과 달랐고 인류 전체를 구원하는 집단적 구원 계획은 그의 철학에 상정되어 있지 않았다. 역사의 혼돈이 끝나는 종국의 시점도 없었다. 우스펜스키는 각 개인이 연속적인 환생의 과정에서 시간과 공간 속의 같은 지점에, 같은 상황에서, 반복적으로 다시 태어난다고 보았다.

니체는 초인의 생명력을 테스트하는 시험대로 영겁회귀를 이야기했다. 당신의 삶이 계속 반복되는 것을 기꺼이 환영할 수 있다면 당신은 고귀하게 잘 살 것이라고 말이다. 이와 달리, 우스펜스키의 환생 개념은 진보의 약속이었다. 이에 따르면, 특정한 심리학의 원칙들을 활용하면 개인은 자신의 가장 최근 전생을 기억할 수 있고 그것을 다음 번에 변화시킬 수 있었다. 이러한 내면의 노력을 계속한다면 점차적으로 사람들은 환생의 순환을 벗어나서 불멸에 들어설 수 있을 거라고 보았다.

차르 시대 말기의 작가였던 우스펜스키는 볼셰비키를 혐오해 서구로 망명했다. 우스펜스키는 런던에서 올더스 헉슬리나 T.S. 엘리엇 같은 문인들의 관심을 끌었던 신비주의자 그룹들에 강의를 하기도 했다. 1930년대 말에는 런던에서 30킬로미터 정도 떨어진 버지니아워터의 18세기풍 저택 린 플레이스에서 지내게 되고, 1940년이 되면 영향력이 줄어서 소수의 추종자만 남는다. 1940년 9월 초, 우스펜스키와 몇 명의 제자는 린 플레이스 저택의 지붕 위에 있었다. 독일군의 영국 대공습이 막 시작됐다. 런던 부두가 화염에 휩싸였다. 30킬로미터 밖에서도 불길이 분명히 보였다. 지붕 위에서 불기둥을 보면서 우스펜스키는 영혼의 힘을 내면의 투쟁에 집중하고 있는 것 같았다. 지난 생에서 지금과 동일한 경험을 했던 장면을 떠올리려는 노력, 그 초인적인 노력을 하고 있었던 것이다. 얼마 후 그는 이렇게 중얼거렸다. "이건 기억이 안 나."[108]

2장

건신주의자,
과학으로
죽음을 정복하려 한
사람들

언젠가 원숭이가 인간 해골을 집어 들고는 이게 어디서 왔을까 궁금해하게 될 것이다.[1)]

- 레닌

1920년 9월, 작가인 막심 고리키의 권유에 따라, 그리고 레닌의 편지를 주머니에 넣고, H.G. 웰스가 러시아에 도착했다. 웰스는 1914년 1월에 처음으로 러시아 수도 페테르부르크를 방문했는데, 그때는 물건들을 구경하고 사기도 하며 북적대는 거리를 돌아다녔다. 하지만 1920년에는 페테르부르크 도심에서 아직도 영업을 하고 있는 상점이 대여섯 개 정도밖에 남아 있지 않았다. 그릇을 파는 국영 상점 하나와 한두 개의 꽃 가게 등이었다. 나머지 가게들은 창문에 판자를 대어 막아 둔 채로, 아니면 그냥 창문이 깨져 있는 채로 방치됐다. 먼지를 뒤

집어쓴 물건이 조금 남아 있을 뿐이었다. 전등도, 기름 램프도 사라져서 사람들은 동물 지방으로 초를 만들었다. 우유, 달걀, 사과는 농민들이 길모퉁이나 기차역에서 판매했다. 신발끈, 담요, 숟가락, 포크, 면도칼, 약품 등은 돈을 얼마를 준대도 구할 수 없었다. 옷은 넝마나 그밖에 여기저기서 구할 수 있는 천붙이로 만들어 입었다. 모자는 당구대를 덮던 펠트로, 옷은 커튼으로, 코트는 바닥 깔개로 만드는 식이었다.

도처에서 사람들이 아무렇게나 죽어 나갔다. 부츠나 재킷을 노린 이에게 살해당한 사람들의 시체가 배수로에 즐비했다. 길에서 죽은 말들은 개와 까마귀의 밥이 되었다. 사람들은 서둘러 짐을 꾸려 이 도시를 빠져나갔다. 1917년 페테르부르크 거주자로 등록된 사람 중 1923년에도 여전히 이곳에 있는 사람은 열에 하나였다. 도시에 남은 사람들은 목재로 된 집들을 땔감으로 사용했다. 그들은 자신이 전에 살던 도시가 마치 꿈속이었던 듯, 망연한 상태로 도시를 떠돌았다. 웰스는 레닌을 만나러 새 수도인 모스크바에 갔다. 극장에는 사람들이 가득하고 오케스트라는 여전히 연미복에 타이를 한 사람이 지휘하고 있었다. 하지만 이 도시는 인구의 절반을 잃은 상태였고, 살아남은 사람들은 예전의 자신이었다면 상상도 못 했을 삶을 살았다. 아무도 예전의 자신인 채로는 살아남지 못했다.

페테르부르크에 있는 고리키의 아파트에 머물면서 웰스는 고리키의 '세 번째 부인'을 만났다. 그 여인은 당시 서른 살이었으며 모두가 '모라'라고 불렀다. '강렬한 열정'이 둘 사이를 지나갔고, 모라는 웰스의 방에서 하룻밤을 보냈다. 웰스는 나중에 이렇게 기록했다. "나는 그녀가 나를 사랑한다고 믿었다. 그리고 그녀가 나에게 했던 모든 말을 믿었다."[2] 약 10년 뒤인 1929년에 웰스는 베를린에서 강연을 했는데 모라가 이 자리에 나타나서 둘은 재회했다. 모라는 런던에 머물게 되는데, 웰스와 결혼하거나 동거하는 것은 계속 거부했지만 평생 그의 동반자로 남았다.

마리아 이그나트예브나 자크레브스카야(Maria Ignatyevna Zakrevskaya, 모라의 본명)는 차르 시대 공직자 집안 출신으로, 우크라이나에 있는 집안 영지에서 태어났고 1911년에 열아홉 살의 나이로 이반 벤첸도르프와 결혼했다. 남편은 대사관 파티에서 만난 러시아 외교관이었는데, 당시에는 러시아 영토였던 에스토니아에 상속받은 영지가 있었다. 모라는 아이를 둘 낳았고, 에스토니아에 있는 영지와 페테르부르크의 아파트를 오가면서 최상류층의 삶을 살았다.

이 상류 사회는 한 번도 아니고 여러 번 파괴됐다. 1차 세계대전 전까지만 해도 러시아는 매우 빠르게 발흥하는 나라였다. 페테르부르크는 세계적인 대도시였고 파리나 빈에 필적할 정도로 영향력 있는 문화적 아방가르드의 중심지였다. 그러나 1차 세계대전은 이 모든 것을 끝장냈다. 차르 체제는 붕괴했고 1920년대 초까지 내전이 격렬하게 이어졌다. 도시는 서로 다른 세력들이 번갈아 장악했고, 새 점령군이 들어올 때마다 재산 몰수와 처형이 벌어졌다.

러시아에 남은 사람들이 내전, 기아, 숙청, 나치 침공, 스탈린 공포정치 등을 겪어야 했다면, 망명한 사람들은 떠돌이가 되었다. 하얼빈이나 상하이에 잠시 머물다가, 다시 베를린, 파리, 프라하 등에 잠시 머물고, 다시 또 다른 곳으로 이동해야 했다. 어떤 사람들은 예전에 하던 일을 계속할 수 있었고, 그 결과로 음악, 문학, 신학, 언어학 등에서 세계의 문화가 풍성해졌지만 대부분은 그럴 수 있을 만큼 운이 좋지 못했다. 전직 장교들은 자신의 기술을 용병이나 경호원이 되어 사용했고, 교수는 택시 운전사나 탄광 노동자가 되었으며, 예전에는 일하지 않고 곱게 살던 여성들이 청소부나 어학 선생, 나이트클럽 호스티스가 되었다. 이들 모두 자신이 알던 세계가 사라진 이후의 상황에서 살아나가기 위해 악전고투했다.

이는 모라가 속한 세대였고, 모라가 겪고서 살아남은 첫 번째 시대였다. 모라에게 옛 세계는 농민들이 남편을 죽이고 저택을 불태운 1919년 4월에 끝났고, 그때부터 모라는 모든 것을 혼자서 헤쳐 나가야 했다. 웰스는 1920년에 본 모라의 모습을 자서전에서 이렇게 묘사했다.(이 부분은 웰스 사후 40년이 지나서야 출판되었다.)

낡은 카키색 영국 방수복과 수수한 검은 드레스를 입고 있었다. 그녀가 가진 하나뿐인 모자는 검정 천(아마도 스타킹이었던 것 같다)을 꼬아 만든 것이었다. 하지만 그녀는 기품이 있었다. 방수복 주머니에 두 손을 넣고 있었는데, 이 세상을 헤쳐 나갈 용기를 가진 것처럼 보였을 뿐 아니라 세상을 마음대로 부리려는 듯이 보이기까지 했다. (…) 내 눈에 그녀는 용감하고 굳건하고 사

랑스러워 보였다.[3]

러시아 방문을 마치고 쓴 『그림자 속의 러시아Russia in the Shadows』
서두에서 웰스는 러시아에서 자신을 안내해 준 사람[모라]에 대해 이렇
게 기록했다.

1914년에 만난 적이 있는 숙녀였는데, 런던 주재 러시아 대사를 지낸 사람
의 조카였다. [영국의] 뉴넘에서 교육을 받았고 볼셰비키 정권에서 다섯 차
례나 수감되었다. 그리고 에스토니아에 있는 아이들을 만나러 국경을 넘으
려다 걸려서 페테르부르크를 벗어나는 것이 금지된 상태였다. 이런 점들을
볼 때, 그녀는 나를 속이려는 [러시아 당국의] 어떤 짓에도 가담할 가능성이
가장 없어 보이는 사람이었다. 이것을 기록하는 이유는, 내 나라에서도 러시
아에서도, 모든 이들이 나에게 '실상을 가리려는 정교한 위장이 계속될 것'
이라며 러시아를 방문한 내내 내가 그런 위장만을 보게 될 것이라고 말했기
때문이다.[4]

웰스는 자신이 위장을 간파할 수 있다고 확신하고 있었다. 하지만
모라의 딸에 따르면 모라는 뉴넘에 다닌 적이 없었고 케임브리지에 산
적도 없었다.[5] 뉴넘에 다녔다는 시기에 모라가 영국에 가 본 적이나
있었는지조차 불확실하다. 볼셰비키 정권에서 다섯 번이나 수감되었
다는 것도, 아니, 수감된 적이 있긴 했는지도 의심스럽다.

모라는 자신의 삶에 대해 어떤 것도 기록으로 남겨 출판하지 않았
다. 모라가 쓴 글들은 죽기 얼마 전에 불에 타서 없어졌다. 남아 있는
사진들도 속임수로 보일 때가 있다. 모라를 만났던 사람들은 모두 그
녀가 기막히게 아름다운 사람이었다고 회상했다. 웰스와 작가 레베카
웨스트Rebecca West 사이에서 난 아들 앤서니 웨스트Anthony West는
1931년에 웰스의 정원에서 처음 만난 모라의 모습을 이렇게 묘사했
다. "막 전성기를 지난 굉장한 미인이었다. 그녀가 가진 숙명주의 때문
인지 그녀에게서는 불안을 덜어 주는 침착한 기운이 뿜어져 나왔다."
하지만 현재 남아 있는 사진 속의 모라는 대부분 별 특징이 없거나 심
지어는 촌스러워 보인다. [사진에] 그녀의 매력이 분명히 나타나는 것
은 고리키와 웰스와 함께 있을 때뿐이다.

고리키의 파트너가 되기 전에 모라는 러시아에서 영국 첩보원으로
활동하던 로버트 브루스 록하트Robert Bruce Lockhart의 애인이었다. 록
하트와 모라는 1918년 3월에 대사관 파티에서 (록하트에 따르면) 조지
힐George Hill 대령의 소개로 만났다. 조지 힐도 영국의 첩보원이었는
데, 소련 비밀경찰을 위해서도 일했다는 설이 있다. 버컨 스타일의 작
품 『영국 첩보원의 회상Memoirs of a British Agent』(1932)*에서 록하트는
이렇게 언급했다.

▪ 훗날 〈카사블랑카〉를 감독하기도 한 마이클 커티즈 감독이 〈영국 첩보원〉이라는 영화로 만들어
홍행하기도 했다.

그때 그녀는 스물여섯 살이었다. 가장 러시아인다운 러시아인이었던 그녀는 삶의 모든 구질구질함에 대해서는 고상한 무관심을 가지고 있었고, 어떤 일에도 겁내지 않을 용기를 가지고 있었다. 아마도 강인한 체질에서 나오는 듯한 그녀의 생기는 강렬했고 만나는 모든 사람을 매혹했다. 그녀에게는 사랑을 하는 곳이 자신의 세계였다. 이런 철학을 가져서인지 그녀는 삶의 모든 결과를 온전히 감당했다. 그녀는 귀족이었다. 공산주의자일 수도 있었겠지만 결코 부르주아일 수는 없었을 것이다.[6]

러시아에 처음 왔을 때, 록하트는 구체제가 정점에 달해 있는 모습을 보았다. 수도원, 경마장, 부유한 상인의 거대한 저택 등에서 그가 본 삶의 형태는 얼마 후 영원히 사라지게 된다. 하지만 그에게 가장 생생했던 기억은 "40세쯤 되어 보이는 뚱뚱한 여인"이 부르던 집시 노래의 구슬픔이었다. 록하트는 집시 노래가 "마약, 여자, 술보다 치명적이고 위험하다"고 언급했다. 집시 노래는 록하트의 마음에서 다른 어떤 것으로도 풀지 못했을 고삐 하나를 풀어 놓았다. "집시의 노래는 앵글로색슨적인 것과는 정반대이다. 이것은 모든 주저함과 제약을 풀어 놓는다. 한 남자를 고리대금업자에게로, 혹은 범죄로까지 몰아붙일 만한 것이다."[7] 록하트는 나중에도 집시 음악을 계속 좋아했다. 그리고 정말로 남은 생애 내내 고리대금업자가 그를 쫓아 다녔다.

우울하고 쾌락을 좋아하고 감성적인 스코틀랜드 사람 록하트는 1912년 1월에 영국의 상업적 이해를 대변하는 외교관으로 모스크바에 파견됐다. 1918년 1월, 록하트는 영국 수상 로이드 조지Lloyd George가 파견한 공작원으로 다시 러시아를 방문한다. 그의 임무는 "러시아가 독일과 독자적으로 평화조약을 체결하지 못하도록 가능한 무슨 일이든 하는 것"이었다.

소비에트 정권을 전쟁을 지속할 다른 정권으로 바꾸는 것이 영국의 정책 목표였고 이를 위해 비밀 요원이 여러 차례 파견됐다. 일부는 전문 공작원이 아닌 상류층 사람들이었고 그중에는 널리 알려진 작가들도 있었다. 서머싯 몸W. Somerset Maugham은 자기 경험을 바탕으로 『어셴던Ashenden』이라는 이야기 모음집을 냈는데 그 책 서문에 이렇게 적고 있다. "1917년에 나는 러시아에 갔다. 볼셰비키 혁명을 막고 러시아가 전쟁을 지속하게 만들기 위해서였다. 독자들은 내 노력이 성공하지 못했음을 알 것이다."

록하트도 성공하지 못했다. 처음에는 연합국이 러시아에 개입하면 독일의 힘만 키우게 될 뿐이라는 볼셰비키의 주장에 동조했다. 그랬다가 나중에는 영국이 "가능한 빠르고 비밀스럽게" 러시아에 개입할 준비를 해야 한다고 주장했다. 분명 록하트의 러시아 파견은 볼셰비키 정권을 흔들려는 연합국 계획(여기에는 레닌과 트로츠키의 암살도 포함되어 있었을지 모른다)의 일부이긴 했다. 하지만 "록하트 작전"(나중에 이렇게 불리게 된다)은 볼셰비키를 전복하려다 실패한 [서구의] 계획이라기보다는 그것을 역이용한 소비에트의 성공적인 함정 작전으로 보는 게 더 적절할 것이다. 1918년 여름, 레닌과 체카" 설립자 펠릭스 제르진스키

Feliks Dzerzhinsky는 연합국의 비밀 공작을 찾아내 차단하면서 이를 새 정권의 이익에 맞게 역이용하기로 결정했다. 여기에는 록하트만 걸려든 것이 아니었다. 시드니 라일리Sidney Reilly와 보리스 사빈코프Boris Savinkov도 소비에트의 함정 작전에 걸려들었다. 시드니 라일리는 비밀 첩보 기관과 국제 금융계의 큰손이 얽힌 영역에서 오랫동안 활동했던 매우 비밀스러운 인물이었고, 보리스 사빈코프는 시인이자 소설가이자 반反차르 테러리스트였고 케렌스키 임시정부**에서 국방 장관을 지낸 인물로 백계 러시아인 중 가장 카리스마 있는 인물이었다. 이때는 둘 다 체포를 피했지만, 나중에 볼셰비키의 또 다른 함정 작전으로 목숨을 잃는다.[8]

"록하트 작전"은 소비에트의 권력이 취약하다는 점을 잘 인식하고 있었던 볼셰비키 지도자들의 대응이었다. 연합국의 음모를 알아내 적절히 통제하다가 노출시키는 방식으로 새 정권의 취약성을 숨기려는 시도였다. 8월 31일, 상트페테르부르크 체카의 국장이 살해되고 레닌 암살 시도가 벌어지고 나서 록하트는 체포되었다. 체포될 때 비서이자 애인이었던 모라가 그와 함께 있었다.

록하트를 풀려나게 해 준 사람이 바로 모라였다. 록하트의 재판은 제르진스키의 부관인 야코프 피터스의 관할이었는데, 그는 런던에서

▪ 볼셰비키 비상 위원회, 즉, 비밀경찰.
▪▪ 1917년 3월 차르에 반대하는 두마 의원들이 구성했던 정부. 옮긴이

망명 생활을 한 적이 있고 영국 여자와 결혼한 볼셰비키였다. 피터스는 모라가 록하트를 만나기 전부터 모라를 알고 있었고, 록하트가 위험에 빠져 있던 동안 이 둘이 연인 관계였을 가능성도 있다.

록하트는 총을 든 사람 두 명이 자신을 체포해 체카의 사무실로 끌고 가던 상황을 이렇게 묘사했다.

나는 길고 어두운 방으로 끌려 갔다. 조명이라고는 책상 위의 손전등뿐이었다. 책상에는 메모지가 있었고 그 옆에 권총이 있었다. 책상 옆에 검은 바지를 입고 흰 러시아 셔츠를 입은 남자가 한 명 있었다. 시인의 머리처럼 곱슬거리는 검은 머리는 이마 뒤로 빗겨져 있었다. 왼손에는 큰 손목시계를 차고 있었다. 흐릿한 불빛에서 그의 모습은 어느 때보다도 혈색이 안 좋아 보였다. (…) 그는 피터스였다.[9]

처음 체포됐을 때는 하루만 감금됐다. 하지만 며칠을 걱정으로 안절부절 못 하다가 모라에게 무슨 일이 일어났는지 알아보려고 피터스에게 갔을 때 록하트는 다시 체포되었다. 이번에는 감옥에서 한 달을 보냈다. 처음에는 루비안카 감옥에 일반범과 함께 수감되었다. 피터스는 정기적으로 면회를 와서 책들을 넣어 주었고(웰스의 소설 『브리틀링 씨는 다 알고 있다Mr. Britling Sees It Through』와 레닌의 유토피아적 책자 『국가와 혁명State and Revolution』이었다), 록하트에게 모라와의 관계에 대해 물었다. 록하트는 크렘린의 아파트로 옮겨져 수감됐고 며칠 뒤 모라가 풀려났다. 모라는 음식, 옷, 커피, 담배, 그리고 책 등의 물품을 록하트에게 보내기 시작했다.

그리 오래 지나지 않아 모라가 피터스와 함께 록하트를 찾아 왔다. 록하트가 남긴 글에 따르면, 피터스가 혁명가로 보낸 청년기를 회상하는 동안 모라는 거울 달린 작은 테이블에 놓여 있는 몇 권의 책을 만지작거렸다. 모라는 록하트에게 눈짓을 하더니 쪽지를 들어 올렸다가 책들 중 하나에 끼워 넣었다. 피터스가 거울로 볼 수 있을까 봐 록하트는 "아주 작게만 끄덕거렸다." 록하트가 알아들었는지 아닌지가 분명치 않았던지, 모라는 그 동작을 반복했고, 피터스는 이번에도 알아차린 낌새를 보이지 않았다. 모라와 피터스가 떠나자마자 록하트는 그 책(칼라일의 『프랑스 혁명사History of the French Revolution』였다)을 열어 메시지를 보았다. "아무 것도 말하지 마세요. 다 잘될 거예요."

모라가 쪽지를 끼워 넣는 것을 피터스가 정말 알아채지 못했는지는 확실치 않다. 미리 사전에 이야기가 된 것일 가능성도 꽤 있다. 어떻든 간에, 다 잘되었다. 1918년 10월, 록하트는 영국 정부가 체포해 런던에 감금하고 있던 소비에트 첩보원 막심 리트비노프와 교환됐다. 록하트는 스코틀랜드의 가족과 아내에게 돌아갔다. 나중에 소비에트 법정은 결석 재판에서 그에게 사형을 언도했다.

영국으로 돌아와서 록하트는 많은 환대를 받았다. 아서 밸푸어도 초대장을 보냈고 그에게 "볼셰비즘 철학"에 대해 자세히 물었다. 국왕도 만났다. 하지만 외교관으로서의 경력은 지지부진해진 상태였고, 전쟁

이 끝난 뒤에는 프라하의 영국 공관 상무 담당관으로 임명되었다. 그리고 은행가로 잠시 일하다가 저널리즘으로 돌아서서 신문 재벌 막스 비버브룩의 신문사 『이브닝 스탠더드』에서 명사 가십 칼럼니스트로 일했다. 록하트가 교제한 사람들 가운데는 윈스턴 처칠, 윈저 공과 심슨 부인, 카이저 빌헬름 2세, 체코 외무장관 얀 마사리크, 서머싯 몸, 주술주의자이자 한때 영국 첩보원이었던 알레이스터 크롤리(록하트와는 러시아에서 처음 만났다) 등이 있었다.[10]

　록하트가 모라를 러시아에 남겨 두고 떠났을 때, 모라는 영원히 헤어지는 거라고는 생각하지 않았던 것 같다. 모라가 쓴 편지를 보면, 스웨덴에서 만날 수 있으리라는 기대를 갖고 있었음을 알 수 있다. 하지만 록하트에게서는 그런 기미가 보이지 않았고, 곧 모라도 록하트가 영원히 떠난 것이 아닌가 하는 생각을 갖게 되었다. 언젠가 둘이 싸웠을 때, 모라는 록하트를 "약간 영리하지만 충분히 영리하지는 않고, 약간 강하지만 충분히 강하지는 않고, 약간 약하지만 충분히 약하지는 않은" 사람이라고 표현했다.(이 이야기는 『영국 첩보원의 회상』에 나온다.) 이후 일어난 일들을 보면 이 판단은 옳았던 것 같다. 록하트는 모라를 혼자 남겨 두고 아내와 가족에게 돌아갔다. 모라가 그와 다시 연락을 하기 시작한 1924년 7월 29일 무렵에는(이 날짜는 록하트의 두 번째 회상록인 『영광의 뒤편에서*Retreat from Glory*』에 나온다), 아내와 아이들을 떠나 다른 유부녀와 사랑에 빠졌다. 영국의 동료 로슬린 경의 젊은 세 번째 아내였는데, 이 여인의 영향으로 록하트는 로마 가톨릭으로 개종했다.

록하트는 영국 정부의 첩보 당국과 계속 관련을 맺고 있었다. 2차 세계대전이 발발한 1939년에 외무부의 정치 첩보부에 참여했고 나중에는 정치전 집행부 책임자가 되었다. 이곳은 전쟁 기간 내내 역정보 공작을 담당한 기구였다. 1943년에는 기사 작위를 받았다.

2차 세계대전 이후 록하트의 삶은 긴 내리막이었다. 로슬린 부인과의 관계는 깨졌다. 로슬린 부인은 수녀원으로 들어갔고 록하트는 전쟁 기간 중에 비서였던 여인과 결혼했다. (첫 번째 부인과는 1938년에 이혼한 상태였다.) 그러나 록하트의 우울함은 더 깊어지기만 했다. 1952년 9월 2일에 그는 자신의 삶을 돌아보며 이렇게 기록했다.

오늘로 나는 예순다섯 살이 되었다. (…) 나는 떠돌이였고, 떠도는 것에 이제 지쳤다. (…) 돈도 없고 사실 지금 그 어느 때보다도 가난하다. 힘도 쇠하고 있는데 내 늙은 육신을 누가 보살펴 줄 것인가? 돈이 없으니 집도 없고, 그래서 1937년부터 해롯 백화점과 다른 수탁소들에 책들을 보관하느라 400파운드 이상을 지출했다. 이제 내가 정말로 아끼고 좋아하는 것은 그 책들뿐이다.

몇 년 후 1956년 7월에는 이렇게 고백했다. "나는 고통과 길게 끄는 죽음이 무섭다. (…) 나는 〈이스트인디아클럽〉*의 저속하게 꾸며진 방

---

* 1849년에 세워진 영국의 상류층 클럽. 옮긴이

에서 죽는 것이 무엇보다 싫다. 내가 나의 시간과 나 자신을 너무나 많이 낭비했던 그 클럽에서 말이다."[11]

여러 공직을 거절하고 저술에 집중했지만 그리 흥미로운 작품을 써 내지는 못했다. 록하트의 말년은 돈 걱정과 과음으로 점철되었다. 1963년에 외무부 연금을 약간 받아서 술을 마시고는, 길거리에서 취했다는 이유로 경찰서에 끌려가 다음 날 벌금을 문 적도 있다. 더 나이가 들어서는 기억이 오락가락했고 아들과 며느리가 돌봐 주어야 했다. 여러 사람과 관계를 맺고 또 여러 직업을 거치면서도 록하트는 모라를 꾸준히 만났다. 1970년에 록하트가 숨졌을 때 모라는 그를 위해 러시아정교회식으로 예배를 준비했고 철야 예배를 했다. 러시아에서 록하트는 모라를 버렸고, 그래서 모라는 홀로 배고픔을 견뎌야 했다. 하지만 모라는 록하트와 다른 어떤 남자와도 가지지 못한 유대감을 가지고 있었다.

1919년 여름, 번역 일거리를 구하려고 애쓰던 와중에 모라는 막심 고리키(본명은 알렉세이 페시코프)를 소개받았다. 모라가 고리키를 만났을 무렵 고리키의 아파트는 온갖 떠도는 사람들의 은신처였다. (한 대공은 자신을 지켜 주는 불독을 데리고 이곳에 숨어 있었다고 한다.) 모라는 고리키의 비서로 일하다가 몇 주 후에 거처를 이곳으로 옮겼다. 한 달이 채 지나지 않아 모라는 이 집의 여주인 노릇을 하게 된다. 웰스가 고리키를 방문한 1920년 무렵, 모라는 고리키에게 매우 중요한 사람이 돼 있었다. 나중에 모라가 떠난 후, 고리키는 모라의 손을 본뜬 청동 주조물을 그의 책상에 놓아 두었다. 고리키와 함께 보낸 시간 동안 모라는 고리키에게 외부 세계와의 연결 고리였고 그가 가장 신뢰하는 여인이었다.

그런 위치 때문에 모라는 체카와 까다롭고 미묘한 관계에 놓이게 되었다. 나중에 모라는 고리키에게 자신이 체카가 심어 놓은 스파이라고 말한다.(훗날 모라는 웰스에게도 자신이 체카가 웰스에게 심어 놓은 스파이라고 고백한다.) 하지만, 모라가 고리키의 아파트로 들어왔을 무렵에 체카에는 모라의 동지뿐 아니라 적도 있었다. 고리키의 아파트가 급습되어 모라의 방이 수색당한 일도 있었다. 아무 것도 발견되지 않았지만 이 수색을 지시한 그리고리 지노비예프Grigorii Zinovyev(페트로그라드 소비에트의 의장)는 계속 모라를 영국 스파이로 의심했다.[12]

1920년 12월에 모라는 아이들을 만나러 이제는 독립국가가 된 에스토니아를 방문할 결심을 한다. 그러나 간첩 혐의로 체포되었고, 고리키가 레닌을 만난 후에야 풀려났다. 에스토니아에 머무는 동안 모라는 귀족 한량인 니콜라이 부드베르크와 결혼했지만 그는 곧 아르헨티나로 떠나 버렸다. 그래도 그와 결혼한 덕에 모라는 여권과 남작 부인이라는 호칭을 얻었다. 그 이후로 모라는 소련을 방문할 때면 늘 고위층과 접촉했다. 1936년에 고리키가 죽었을 때 장례식에서 모라가 스탈린 옆에 서 있었다고 한다.

모라는 웰스에게 체포될지 모르니 자신은 더 이상 소련에 들어갈 수 없다고 말했다. "록하트 작전"에 연루되어 비밀경찰의 의심을 사고 있다는 것이었다. 소련에 돌아가는 것은 자유, 심지어는 생명까지 위험해질 수 있는 일이라고 했다. 이것이 웰스가 1934년 7월에 스탈린을 만나러 러시아를 방문할 때 모라가 함께 갈 수 없다며 댄 이유였다.

1920년에 웰스는 레닌을 만났는데 결과는 성공적이지 못했다. 그때 웰스는 소련 지도자 레닌의 명민함에 감탄했다. 웰스가 보기에 레닌은 '좋은 유형의 과학적 인간'이었다. 새로운 소비에트 국가가 많은 사람을 죽였다면 그것은 "대체로 그럴 만한 이유와 목적이 있어서였을 것"이라는 생각까지 들었다. 웰스는 레닌이 "매우 유쾌한" 사람임을 알게 되었다고 언급했다.[13] 하지만 레닌이 웰스에게 받은 인상은 이만큼 좋지 못했다. 레닌은 웰스를 보고 이렇게 생각했다고 한다. "저런, 편협한 부르주아로군. 정말 속물이잖아!"

1934년에 웰스가 스탈린과 만났을 때도 이보다 더 낫지는 않았다. 웰스는 스탈린과 만나기 전, 그를 사악한 사람이라고 생각했다. 그런데 만나고 나서 스탈린의 친절함에 감명을 받았다. "이보다 더 솔직하고 공정하고 정직한 사람을 본 적이 없다." 웰스가 보기에, 스탈린이 "이 나라에서 놀라울 정도로 성공적으로 지도자 자리에 오를 수 있었던" 요인이 거기에 있었다. "누구도 그 앞에서 두려워하지 않을 것이고 모두가 그를 신뢰하기 때문"이라는 것이었다.

웰스는 세계를 대공황에서 구하려면 러시아가 루스벨트 정부와 협력해야 한다고 스탈린을 설득할 목적으로 소비에트 러시아에 온 참이었다. 하지만 웰스는 스탈린이 건설하고 있는 사회가 어떤 종류의 사회인지 이해하지 못하고 있었다. 소련과 자본주의 서방 세계는 대치 중이었을 뿐 아니라 전적으로 다른 사회였다. (스탈린이 보기에) 자본주의는 죽어 가는 시스템이었고 여기에는 아무런 협력의 여지가 없었다. 그래서 웰스는 거절당했다.

하루 이틀 정도 지나, 웰스는 고리키의 시골 집에서 고리키와 저녁 식사를 하게 되었다. 통역자 우만스키를 통해 고리키와 이야기를 나누면서 (스탈린과 만났을 때도 우만스키가 통역했다) 웰스는 런던에 가기 전에 에스토니아에 들러서 친구인 부드베르크 남작 부인과 몇 주간 시간을 보낼 거라고 말했다.

> 자신이 얼마나 폭탄 같은 말을 하고 있는지 전혀 깨닫지 못한 채로, 우만스키는 "1주일 전에 그녀가 이곳에 있었지요"라고 말했다.
>
> 나는 너무 놀라서 놀란 사실을 감출 수가 없었다. "하지만 나는 그녀가 에스토니아에 있다는 편지를 받았는데요? 3일 전에요!"[14]

그러자 고리키는 모라가 자신을 만나러 지난 1년 간 러시아에 세 번 왔다고 말했다. 모라는 꽤 자주 소련을 오가고 있었다. 체포될까 봐 러시아에 못 들어온다는 말은 거짓이었다. 이를 알고 웰스는 큰 충격을 받았고 그 충격에서 헤어나지 못했다. "러시아에서 남은 여정 동안 나는 잠이 들지 못했다. 자존심과 희망에 매우 큰 상처를 입었다. 그 전에는 어느 누구에게도 받아 본 적 없던 큰 상처였다. 믿어지지가 않았다. 침대에 누워서 나는 낙담한 어린애처럼 울었다."[15]

1920년에 러시아를 방문하고 돌아왔을 때, 웰스는 레베카 웨스트에게 "고리키의 비서와 잤다"고 자랑했다. 웰스는 결혼도 두 번 했고 미국 저널리스트 마사 겔혼Martha Gellhorn, 산아제한 개척자 마거릿 생어 Margaret Sanger, 전 볼셰비키였으며 수녀이기도 했던 오데트 쿤Odette Keun 등 굉장한 여성들과도 만남을 가졌다. 하지만 어느 누구에게도 모라에게만큼 끌리지는 않았다.

결국, 내가 진정으로 사랑하는 사람은 그녀다. 나는 그녀의 목소리, 존재, 강인함, 약함을 사랑한다. 그녀가 내게 올 때면 언제나 기쁘다. 그녀는 삶에서 내가 가장 좋아하는 부분이다. (…) 나는 그녀의 웃음, 용맹함, 애정 어린 말의 마력에서 벗어날 수 없다. 내가 앓고 있는 당뇨와 폐기종에서 벗어날 수 없듯이 말이다.[16]

웰스에게 모라는 '그림자 연인'이었다. 웰스가 만든 표현인 '그림자 연인'은 인식에 잘 잡히지 않는 자아의 숨겨진 면으로, 마이어스가 말한 식역하 자아처럼 의식적인 개인성보다 광범위하다. 웰스에게 그림자 연인은 거부할 수 없는 힘을 가지고 있었다. 그리고 웰스는 모라를 통해 일종의 자기실현을 이루고자 했다. "그녀의 포옹은 내게 확실한 요새였고, 위안이었으며, 자기실현의 정점이었다." 그럼, 모라가 웰스에게 바란 것은 무엇이었을까? 웰스의 어떤 면에 끌렸느냐고 나중에서머싯 몸이 물어보았을 때 모라는 이렇게 대답했다. "그에게서 꿀 냄새가 났어요."

모라와 웰스는 상대방이 다른 이성과 관계를 가질 수 있도록 그들 사이의 관계는 열린 상태로 두기로 합의했다. 하지만 웰스는 모라가 예전에 고리키와 교제했다는 사실에 질투를 숨길 수 없었다. 모라는 웰스에게 고리키와 성관계는 하지 않았다고 말했다.(모라는 고리키가 성불능이었다고 주장했다.) 웰스는 모라와 고리키의 관계가 플라토닉한 것이었다는 말은 전혀 믿지 않았지만, 그래도 그 관계가 과거의 일이라고 생각할 수 있던 동안에는 신경 쓰지 않았다.

1934년 말에 웰스는 어떤 꿈을 꾸었다. 꿈에서 웰스는 늦은 밤에 '정체 불명의 이상하고 사악한 슬럼'을 방황하고 있었다. "기괴하지만 그러면서도 익숙한 곳이었다. 오래도록 내 마음 속에서 일종의 꿈의 배경 같은 곳이었다." 갑자기 모라가 "그녀의 그 커다란 가방을 들고서" 웰스 앞에 나타났다.

'가방 안에는 무엇이 있지요?' 그녀가 저항하기 전에 가방을 움켜 잡으며 내가 말했다.

'누구와 함께 있었나요?' 나는 울었고 당장 그녀를 격렬하게 때리기 시작했다. 나는 울면서 그녀를 때렸다. 그녀는 조각조각 부서졌다. 사람이 아니라 관절 인형처럼 부서졌다. 팔다리는 판지로 만들어져 속이 비어 있었고, 회반죽으로 된 머리가 내 옆으로 멀리 굴러 갔다. 달려들어 그것을 집어 보니 안

은 텅 비어 있었고 뇌가 들어 있지 않았다.[17]

웰스의 꿈에서 모라가 관절 인형, 혹은 마네킹이었다는 것은 그해 초에 그가 러시아에서 겪은 일을 반영한다. 에스토니아에 도착한 웰스는 모라에게 설명을 듣기로 작정했다. "우리는 탈린 공항에서 만났다. 꾸밈없어 보이고 자신 있고 사랑스러운 모습이었다." 점심을 먹으면서 웰스는 러시아에서 들은 이야기를 하며 모라를 다그쳤다. 모라는 처음에는 그 사실을 부인했다. 통역상의 오류가 있었을 것이라면서 자신은 해명해야 할 것이 없다고 말했다. 그러나 곧 모라는 고리키에게 했던 것과 같은 말을 했다. 자신이 소련 비밀경찰이 웰스에게 심어 놓은 스파이라는 것이었다. 모라는 대안이 없었다고 했다. 비밀경찰의 지시대로 일하는 것은 목숨을 구하기 위해 치러야 했던 대가였다는 것이다.

웰스는 대안이 없었다는 모라의 말을 받아들이려 하지 않았다. 어떤 불이익을 감수하고서라도 결코 하지 말아야 할 일이라는 게 있지 않은가? 그걸 하느니 차라리 죽는 게 나은 일들이 있지 않은가? 웰스가 다그치는데도 모라는 꿈쩍 않고 웃으면서 되려 이렇게 물었다. 당신은 생물학을 배워 본 적이 없나요? 삶에서 제1원칙은 생존이라는 것을 모르나요? 웰스는 그것은 생물 종에 해당하는 말이지 의식을 가지고 살아가는 개인에 해당하는 말이 아니라고 대답했다. 모라는 다시 웃었고, 이 문제를 더 이상 말하지 않고 내버려 두었다.[18]

모라는 웰스가 결코 대답할 수 없는 질문을 제기했다. 웰스는 의식을 가진 개인들이 인간 종의 진화를 통제할 수 있길 원했다. 하지만 인간이 목적 없는 과정인 자연선택의 지배를 받는 동물이라면, 어떻게 인간이 진화 과정을 통제할 것이라고 기대할 수 있겠는가? 그리고, 그렇다면 왜 개인이 인간 종의 미래에 신경을 써야 한단 말인가? 모라의 웃음으로 웰스가 스스로를 위해 억지로 지어 냈던 세계관은 무너졌고, 그때까지는 그가 쓴 공상과학 소설에서만 드러났던 그의 진짜 세계관이 고삐를 풀고 나왔다.

러시아에서 모라의 비밀스런 삶에 대해 알고 나서 2년 뒤, 웰스는 그 사건이 자신에게 미친 치명적인 영향을 한 소설에서 간접적으로 드러냈다. 『좌절의 해부학*The Anatomy of Frustration*』(1936)에서 웰스는 러시아 방문 이후 갖게 된 생각을 윌리엄스 버로우스 스틸의 말을 빌려 표현한다. 작중에서 스틸은 프랑스 남부에 살고 있는 미국 기업가로, '우리는 모르면서도 규칙성을 만든다'고 생각하는 사람이었다. 스틸은, 혹은 스틸의 입을 빌린 웰스는, 여러 가지 이야기를 하지만 특히 '사랑'에 대해 이야기하면서 그림자 연인 이론을 전개한다. 스틸은 그림자 연인이 페르소나*를 완성시켜 주는 것이라고 보았지만, 동시에 환상이라고도 보았다. "우리는 그 여성을 갈망한다. 아마 그녀도 우리를 갈망할, 그런 여성을 말이다. 그리고 그런 여인을 만났다는 생각이 들면 우리는 침착하고 명료한 상태를 유지하기가 어렵고, 그림자 연인

■ 우리가 자신의 고유한 개인성이라고 생각하는 안정적인 이미지.

이 이제껏 얼굴을 가리고 있었을 뿐이라는 사실을 깨닫지 못한다."[19]

페르소나와 그림자 연인은 아마도 서로를 필요로 할 것이다. 하지만 이 둘이 공존할 수는 없다. 둘 사이에는 세 번째 등장인물이 끼어들기 때문이다. 스틸은 그것을 '의심'이라고 말했다. "의심은 우리의 신들을, 우리의 연인들을 죽인다. 그리고 그들이 다시 살아날 때는 다른 사람이 된 채로 살아난다."[20]

사실 웰스의 신들을 죽인 것은 '의심'이 아니라 모라였고, 달라진 것은 웰스의 '그림자 연인'이 아니라 웰스 자신이었다. 웰스의 아들 앤서니 웨스트는 모라의 실체가 밝혀진 것이 아버지에게 어떤 영향을 미쳤는지를 다음과 같이 설명했다.

『자서전 실험Experiment in Autobiography』의 첫 두 권을 마친 뒤 12년간 내 아버지가 헛된 후회 속에 살았다고 말하는 사람들이 있다. 그들은 아버지가 자신이 전하려는 본질적인 메시지가 점점 더 시의적절해지고 그것을 알려야 할 필요성이 점점 더 절박해지는 상황인데도 자기 작품을 읽는 사람은 점점 줄어든다는 생각을 떨치지 못했다고들 말한다. 상황이 별로 좋지 않게 돌아갈 때 나이가 들어가는 것을 아버지가 달가워하지 않았다는 점에 대해서는 나도 부정하지 않지만, 말년 저작들에 드러나는 어두운 어조는 아버지의 개인적인 경험에 더 직접적인 원인이 있다고 생각한다. 아버지는 이성理性에 대해 당신이 가지고 있던 믿음이 흔들리는 경험을 했고 거기에 자신이 속수무책임을 알고 당황했다. (…) 에스토니아를 떠나기 한참 전에 이미 아버지는, 자신이 공적으로 지지한 모든 것을 자신의 사적인 삶이 계속해서 부인하는 사태를 막으려면 모라와 헤어져야 한다는 점을 명확히 알고 있었다. 그런데 이와 관련해 정말 아버지를 놀라고 절망하게 한 것은, 그녀와 헤어지는 것을 아버지가 상상조차 할 수 없다는 사실이었다. 모라가 무슨 짓을 했든, 지금 무슨 짓을 하고 있든, 그녀를 포기한다는 것은 아예 가능한 일이 아니었다.

이런 깨달음이 아버지에게 미친 영향은 아무리 과대평가해도 부족하다고 생각한다.[21]

웰스가 가진 세계관의 핵심은 인간사가 흘러가는 과정을 통제할 수 있는 지적인 소수의 존재였다. 하지만 웰스는 자기 삶이 흘러가는 방향조차 통제하지 못했다. 러시아에서 길이 어긋난 뒤, 웰스는 모라를 믿을 수 없다는 걸 알았다. 또 자신이 모라를 이해하지 못한다는 것도 알았다. 이걸 깨달았다고 그가 모라의 행동을 비난하지 않게 된 것은 아니었지만 말이다. 분명히 모라는, 웰스가 자신이 사랑한다고 믿었던 사람과는 다른 사람이었다. 그런데도 웰스는 자신의 의지로 그녀와 헤어질 수가 없었다. 이것이 의식적으로 움직이는 개인이 살아가는 방식이란 말인가?

모라를 반려자로 원한다면 웰스는 그녀가 해명하지 않으리라는 점을 받아들여야 했다. 웰스는 그렇게 했고, 그녀를 평생 동반자로 삼았다. 모라는 웰스와 결혼할 생각이 없었고, 웰스가 특별히 런던의 레스토랑에 저녁 자리를 마련해서 청혼했을 때에도 조용하게 거절했다. 웰스는 그러면 같이 살기라도 하자고 간청했지만 그것도 거절했다. 웰스는 그럴 거면 자신의 집 현관 열쇠를 돌려 달라고 했는데, 모라는 그것도 거절하고 계속해서 내키는 대로 웰스의 집을 드나들었다. 모라는 웰스 평생의 동반자였지만 그와 동시에 자유로운 주체였다.

웰스의 아들은, 아버지가 말년에 모라와 함께 있는 모습을 보고 모라가 "불안보다는 안심을 주는 사람"이라는 사실을 알 수 있었다고 말했다. "모라의 따뜻함, 사랑, 평정심이 웰스를 받쳐 주지 않았더라면 웰스는 더 불행하고 비관적인 사람이었을 것"이라고 말이다. 의도하지는 않았지만 모라는 스스로를 이성적인 존재라고 생각했던 웰스의 견해를 파괴했다. 하지만 모라는 웰스를 더 행복하게 만들기도 했다. 모라와 함께하면서, 웰스는 전에 알지 못했던 평온함을 누릴 수 있었고 이 평온함은 그의 남은 생애 동안 계속됐다.

'다가올 일들의 패턴' 같은 건 없다.[22]

— 웰스

웰스는 가난과 좋지 못한 건강을 딛고, 다른 사람들의 도움도 별로 받지 못한 채 힘겹게 성공한 사람이다. 웰스는 1866년 궁핍한 중하층 집안에서 태어났는데 그의 집안은 가난에서 한 발짝 이상 벗어나지 못했다. 웰스의 집은 도자기 가게 아랫층이었고 웰스는 지하의 부엌에서 자랐다. 웰스는 직물 가게 도제로 일을 시작했다. 삶을 헤쳐 나가려고 분투하는 과정에서, 그는 자신이 대부분의 사람들과는 다르다는 생각을 갖게 되었다. 마치 자신은 부분적으로만 인간 세계에 속해 있다는 듯이 거리를 두고 사람들을 보았다. 조지프 콘래드Joseph Conrad는, 인류를 사랑했지만 인류를 향상시키겠다는 기대는 없었던 자신과 달리 웰스는 인류를 사랑하지는 않았지만 그러면서도 인류를 향상시키고 싶어했다고 언급한 바 있다.

웰스는 인류에게서 모든 나약한 점과 못마땅한 점을 없애서 실질적으로 인류를 새로운 종으로 탈바꿈시키고 싶어했다. 물론 웰스는 인간이라는 동물도 자연선택의 산물임을 의심하지는 않았다. 웰스는 일찍이 1884년에 켄싱턴의 왕립과학원에서 헉슬리의 생물학 강의를 듣고 다윈주의의 세례를 받았다. 헉슬리는 "자연에는 도덕적 목적의 흔적이 없다"고 가르쳤다. 헉슬리에 따르면, 윤리는 생존을 위한 투쟁과는 상충한다. 웰스도 이런 견해를 줄곧 갖고 있었지만, 그렇다고 삶이 항상 목적 없고 도덕 없는 과정일 필요는 없다고 생각했다. 웰스는 과학자, 엔지니어, 비행사, [소련] 정치위원 등과 같은 지적인 소수가 진화를 통제하는 고삐를 쥐고 인간 종을 더 나은 미래로 이끌 수 있다고 생각했다. 그리하여 점차 인간들은 신과 같이 될 것이라고 말이다.

『예견Anticipations』(1901)(웰스가 생애 내내 여러 형태로 반복해서 이야기한 예언과 주장이 강렬하게 혼합된 작품이다)에서 웰스는 진화론을 토대로 '신공화국' 이라는 전망을 제시했다. 신공화국은 지적인 엘리트가 이끄는 세계국가였다. 신공화국의 지도자는 인간 대중에게서 거리를 두고 그들에게 가차없어야만 했다.

경멸스럽고 어리석은 다수 대중에 대해, 두려울 때나 움직이고, 구제 불능이고, 무용하고, 불행해하거나 아니면 더러운 불명예 속에서 혐오스럽게 행복해하고, 나약하고, 추하고, 비효율적이고, 절제 못 하는 욕망을 가지고 있고, 게다가 그 욕망은 방탕과 어리석음 속에서 더 커져만 가는, 그런 다수 대중에 대해 신공화국의 지도자들은 동정심을 거의 갖지 말아야 할 것이다. 자비심은 말할 것도 없다.[23]

그런 사람들은 더 이상 필요치 않았다.

효율성이라는 새로운 욕구를 물려받지 못한 검은, 갈색의, 더러운 흰색의, 황색의 사람 무리들은 어쩔 것인가? 글쎄, 세상은 세상이지 자선 기관이 아니다. 나는 그들이 사라져야 한다고 말하겠다. (…) 죽어서 사라지는 것이 그들이 맡은 역할이다.[24]

새 지도자들의 임무는 이 과정을 촉진시키는 것이었다. 웰스는 과학이 부여한 힘을 사용한다면 인간 종은 정화될 수 있고 이 세상도 새로 만들어질 수 있다고 생각했다.

그런데 웰스가 쓴 공상과학 소설들은 이와 매우 다른 전망을 이야기한다. 과학의 시대에 걸맞은 공상과학 소설가로 그의 이름을 알린 『타임머신The Time Machine』(1895)에서 웰스는 진화의 결과 인류가 두 종류로 나눠진 세계를 그렸다. 하나는 섬세하고 정교한 '엘로이'고 다른 하나는 야만적이고 거친 '몰로크'다. 책이 거의 끝날 때쯤, 과학적인 탐험가는 미래로 여행을 떠나, 기어 다니는 갑각류 같은 생명체와 이끼 같은 식물 말고는 생명이라곤 존재하지 않는 황폐화된 지구를 보게 된다. 더 미래로 나아가자 초록색의 점액 같은 생명밖에 없는 어둠의 시대로 들어선다. 이런 것들을 보면서 시간 여행자는 "인류의 진보를 부정적으로 바라보게 된다. 그리고 문명은 곧 쇠락해 결국 그것을 만든 자들을 파괴할 어리석은 무더기일 뿐이라고 생각하게 된다." [25] 『우주 전쟁The War of the Worlds』(1897)에서는 이보다 더 암울한 미래가 그려진다. 화성인의 침공으로 세계가 멸망하는 것이다. 화성인은 나중에 격퇴되긴 하는데 인간에 의해 격퇴되는 것은 아니다. 화성인을 정복하는 것은 "신이 자신의 지혜로 지구상에 만들어 놓은 것 가운데 가장 초라한" 박테리아다. [26] 어쩌면 화성인은 격퇴되는 게 아니라 일시적으로 후퇴하는 것뿐일지도 모른다. 화성인들은 인간보다 지능 면이나 신체 조직 면에서 더 우월한 종이니 말이다. "예정된 미래를 가진 쪽은 아마도 우리가 아니라 그들일 것이다." [27]

이 소설들은 웰스가 평생 설파해 온 내용과는 상충하는 견해를 담고 있다. 소설에서 웰스는 인간이 확장되는 지식을 자연을 정복하기 위해 사용한다면 이는 틀림없이 역효과를 낼 것이라고 말한다. 진화의 방향을 통제하기 위해 사용될 경우, 과학은 괴물을 만들어 낸다고 말이다.

웰스의 가장 암울한 소설 『모로 박사의 섬*The Island of Doctor Moreau*』 (1896)에서, 생체 해부를 지지하는 생리학자 모로 박사는 동물을 사람으로 만들겠다는 목적을 가지고 동물들에게 끔찍한 고통을 준다. "살아 있는 생명을 타는 듯한 고통의 욕조에 넣을 때마다 나는 말한다. 이것으로 모든 동물성들을 태워 없앨 것이다. 이번에는 이성적인 생명체를 만들어 낼 것이다."[28] 이 실험은 실패한다. 모로는 인간의 삶의 방식을 짐승 형제들에게 접목했지만("그들은 스스로 동굴을 만들고 과일을 모으고 먹을 수 있는 식물들을 거둔다. 심지어 결혼도 한다"), 동물의 본성은 변하지 않는다는 것을 알게 된다.("나는 모든 것, 그들의 영혼까지 꿰뚫어 볼 수 있다. 그들에게서 보이는 것은 야수의 영혼뿐이다. 소멸하는 존재인 야수들 말이다.")[29] 모로는 이렇게 고백한다. "이 앞에 있는 것은 더 이상 우리의 동료 피조물인 동물이 아니라 골칫덩이일 뿐이다. (…) 나는 살아 있는 생명체가 가진 가소성의 극단적인 한계를 찾아내고 싶었다. 내가 원한 것은 그것뿐이었다."[30]

실험의 결과로 모로가 만들어 낸 것은 인류의 졸렬한 모사품이었다. 이 책의 화자는 그 섬에서 도망쳐 나온 뒤에 동료 인간들에게서 절반쯤 형성된 짐승 형제들의 모습을 본다.

나는 내가 만난 사람들 역시 그럭저럭 인간이라고는 할 수 있지만 인간의 영혼을 반쯤 본떠서 만들어진 "야수 인간"들이라는 생각을 버릴 수 없었다. 그리고 그들은 이제 다시 되돌아가려고 하고 있었다. 처음에는 그 야수적인 흔적을 드러내고, 그 다음에는 (…) 심지어 나 자신조차도 이성적인 존재가 아니라 한 마리 짐승에 불과하다는 생각이 들었다. 뇌 속에 이상한 장애가 생겨 혼자 방황하도록 스스로를 내모는 그런 짐승 말이다.[31]

이 소설들에서 웰스는 마치 영매처럼 자신의 목소리가 아니라 다른 자들의 목소리로 이야기하는 것 같다. 하지만 그 목소리들도 웰스의 목소리였다. 『모로 박사의 섬』의 화자도, 모로 박사도 모두 웰스였다. 이를테면, 모로 박사는 "자연에 대한 연구는 결국 인간을 자연만큼이나 가차없게 만든다"고 말했는데,[32] 이는 5년 후 웰스가 『예견』에 적은 말이기도 하다.

'옥스포드 자유주의 여름 포럼'에서 강연을 하면서 * 웰스는 이렇게 공언했다. "나는 자유주의적인 파시스트를 찾고 있다. 계몽된 나치를 찾고 있다."[33] 그 이전에 웰스는 『예견』에서 "유대인이 그 고유성을 대부분 잃고 인간사에서 더 이상 물리적으로 특수한 요소가 아닌" 시대를 고대한 바 있다.[34] 또, 『그림자 속의 러시아』에서는 레닌이 시온주의 지도자들을 투옥하고 히브리어 교육을 금지한 것을 지지했다.(시온

---

* 이 강연은 1932년 웰스가 펴낸 연설 및 기사 모음집에 수록됐다.

주의자들의 자산과 문서 보관소는 1918년에 소비에트 당국에 의해 몰수됐고, 레닌은 1920년에 히브리어 교육을 금지했다.)[35]

웰스는 반反 유대주의 성향을 갖고 있긴 했지만 나치는 아니었다. 오히려 나치는 웰스의 책들을 불태웠고, 웰스는 슈츠슈타펠(SS, 나치 친위대)이 [영국을] 침공할 경우 잡아서 처형해야 할 사람들' 명단에서도 상위에 있었다. 1941년에 웰스는 독일에 맞서는 전쟁 작전의 일환으로 영국이 독일의 식량 저장고를 공격해야 한다는 편지를 윈스턴 처칠에게 보내기도 했다.(처칠은 이에 대해 전보로 감사의 답장을 보냈다.) 그렇더라도, 웰스와 나치 사이에는 (그리고 고리키에게도) 공통점이 있었다. 그것은 인류가 나약하고 추한 것을 모두 벗어 버려야 한다는 확신이었다.

1937년에 나온 『별의 탄생: 생물학적 판타지아Star Begotten: A Biological Fantasia』에서 웰스는 외계의 지능이 인간의 진화를 이끌고 있을지도 모른다는 생각을 전개한다. 주인공 조지프 데이비스는 기독교 환경에서 자라지만 성인이 되어 기독교를 버리게 된다. 그렇다고 널리 퍼져 있던 '진보에 대한 믿음'을 받아들인 건 아니었다. 데이비스는 목적이 없다는 느낌에 압도된다. 그러다 플레네타리움이라는 클럽에서 데이비스는 우주의 섬광이 지구를 내리쬐고 있으며 그 섬광이 인류를 변형시키고 있는 중일지도 모른다는 생각에 접하게 된다. 그리고 이 섬광은 화성인들이 진행하는 작업이며, 그들이 자신들만큼 합리적인 생명체를 만들려는 목적에서 선택적으로 [지구인의] 형질을 변형시키고 있는 중이라는 이론이 나온다. 인간이 자연적으로는 갖지 못한 합리적이고 온전한 정신을 화성인이 인간에게 불어넣고 있다는 것이다.

모임의 회원 중 한 명이 이렇게 말한다. "여러분 중에 『우주 전쟁』이라는 책을 읽어 본 분이 있을 것입니다. 누가 쓴 책인지는 까먹었습니다만, 쥘 베른이나 코난 도일, 뭐 그런 이들 중 한 명일 겁니다. 어쨌든, 그 책은 화성인들이 이 세계를 식민화하기 위해 침공한다고 이야기했지요. (…) 자, 그 대신 이제 화성인들이 저 위에서 이렇게 말한다고 생각해 봅시다. '지구의 생명을 다양화하고 형질을 바꿔 보자. 인간의 특성을 손봐서 화성인의 정신을 가진 존재로 만들자.' (…) 아시겠어요? 닳고 찌들은 지구상의 몸체에 화성인의 정신을 주입하는 것입니다."[36] 클럽에서 이야기되던 이 이론이 밖으로 새어 나와 언론에 들어가고, 곧 화성인에 대한 공포가 세상에 퍼져 나간다.

플레네타리움에서 케펠 교수는 화성인의 개입이 어떤 함의를 갖는지에 대해 이야기한다. 케펠은 화성인이 우리에게 "새로운 종류의 정신을 가질 기회"를 제공해 줄 것이라 보았다. "더 단단하고 명확한 정신"을 말이다. 그 정신은 "현재까지의 모든 과정은 어처구니 없고 믿을 수 없는 악몽이었다고 여기게 될 만큼 위대한 삶을 우리 앞에" 가져다 줄 것이라 여겨졌다.[37] 하지만 모임의 또 다른 회원은 이 생각에 반대한다. 케펠이 예견한 것은 "일반적인 인류의 종말"을 의미하며 [새 정신을 가진 생명의 삶은] "더 이상 인간의 삶이 아닐 것"이라는 이유에서였다. 그는 [케펠이 이야기하는] "새로운 세상은 모든 인간적인 경험을 넘어선 외계인의 세상이 될 것"이라고 말했다. 케펠도 이를 부정하진 않는다. "나는 일반적인 인류를 혐오한다. (…) 나는 인류에 몹시 진력이 난다. 인류를 없애 버리자. 이 어리석고, 악취 나고, 때리고 부수고 베는 일이나 일삼고, 비굴하게 아첨하고, 교양 없는, 사회의 쓰레기들을 없애 버리자. 지구에서 그들을 깨끗이 청소해 버리자." 케펠은 화성인이 만든 새로운 종류의 인류를 기대한다. 하지만 이것이 단지 꿈이라는 것도 알고 있다. "그리고 내가 깨어나자 그 생각도 내게서 떠나갔다. 사라져 버렸다. (…) 현실의 탁한 급류 속으로. 완전히 사라졌다. (…) 뒤에 아무런 흔적도 남기지 않고."[38]

여기에서도 이 말의 화자는 웰스다. 인간의 전망에 대해 그가 마지막으로 쓴 300쪽이 넘는 긴 연구서『호모 사피엔스의 운명The Fate of Homo Sapiens』에서 (『별의 탄생』을 쓴 직후인 1939년 8월에 썼다) 웰스는 이렇게 적고 있다.

자연의 질서가 어룡이나 익룡에게보다 인간에게 더 우호적으로 작용할 것이라 기대할 근거는 없다. (…) 나는 이제 우주가 인류에게 싫증이 나서 인류에게 냉혹하게 굴고 있다고 생각한다. 나는 인간이 점점 더 마구잡이로 점점 더 빠르게 내몰리고 있다고 생각한다. 제대로 적응하지 못한 생명체라면 반드시 겪을 수밖에 없는 일들을 겪으면서. (…) 노쇠, 고통, 죽음이라는 운명을 겪으면서.[39]

『공중 전쟁The War in the Air』은 웰스의 선견지명이 가장 빛나는 책으로, 1908년에 처음 출간됐는데 이 책의 1941년판 서문에서 웰스는 여기에 덧붙일 말은 하나뿐이라고 언급했다. 그것은 자신의 비문이었다. "내 비문은 분명 다음과 같이 쓰여야 할 것이다. '내가 말했잖아. 이 **빌어먹을 바보들아**.' 강조 표시는 내가 한 것이다."[40] 자신의 유토피아적인 꿈이 "뒤에 아무런 흔적도 남기지 않고 사라져 버렸다"고 말한 케펠 교수도 같은 절규를 했을 것이다. 웰스의 마지막 책인 『정신의 한계Mind at the End of Its Tether』(1945)에 케펠 교수의 말을 연상시키는 구절이 나온다. "우리의 우주는 (…) 존재를 일소할 것이다. 뒤에 아무런 흔적도 남기지 않고."[41] 이 책의 제목도 이미 웰스의 다른 책에 등장한 적이 있다. 『별의 탄생』을 보면, 모임 회원 중 한 명이 "가련한 인류"가 "거의 그 한계에 이르렀다"고 말하는 대목이 나온다.[42]

죽기 2년 전에 웰스는 런던 대학에서 「고등후생동물 개체 생명의 지속에서 환상의 특질에 대한 연구: 호모 사피엔스 종을 중심으로」라는 박사 논문을 발표했다. 이 논문으로 런던 대학에서 박사 학위를 받았지만 그가 원했던 왕립학회 회원은 되지 못했다. 하지만 웰스는 아주 사적이고 내밀한 경험이 그에게 던진 질문들에 대해 객관적인 것처럼 보이는 과학의 목소리를 빌려 자신의 견해를 이야기할 수 있었다.

대부분의 사람들은 단일하고 고유한 개인성이 자신의 삶을 이끈다고 생각하지만, 웰스는 자신이 여러 개의 자아를 가지고 있으며 이는 다른 사람들도 마찬가지라는 점을 인정하게 되었다. 모라를 다그칠 때 그가 내세웠던 '의식을 가지고 살아가는 개인'은 환상이었다. 모든 인간은 여러 개인성들의 꾸러미고 이 개인성들은 때로는 서로 협조적이고 때로는 서로 상충한다. "정신의 근원적인 단일성이라는 것은 존재하지 않고 존재한 적도 없다. 개인적인 단일성은 획득될 수 없다. 다만 인간의 신체가 작동할 때 나타나는 여러 가지 반응 중에서 느슨하게 연결된 행동 체계들의 뭉치가 있을 뿐이다 이 연결된 뭉치는 육체를 통제하고 하나의 단일한 자아로 존재한다는 일반적인 환상에 참여한다. 이것이 그나마 최고로 가능한 통합의 형태다."[43]

희망들이 사라지면서 웰스에게는 그가 쓴 소설에 가득한, 예지력 있는 공상만 남게 되었다. 웰스의 소설 속 이야기에서 인류는 의식적인 개인만큼이나 유령에 가깝다. 인류의 의식적인 일부가 진화의 고삐를 잡는 시기는 오지 않을 것이다. 진화는, 그 안에 간혹 아름다운 순간들이 존재하는, 목적 없이 부유하는 과정일 뿐이다. 이것이 웰스의 "비밀의 철학"이었다. 그리고 웰스 역시 러시아에서 모라의 숨겨진 삶에 대해 알기 전까지는 이를 알지 못했다.

1945년에 웰스는 스스로를 이렇게 표현했다. "현재 그는 인류의 부조화와 폭력에 대해 편견 없는 경멸을 가지고 있는 것 같다." 10년 전에 『좌절의 해부학』에서 그랬던 것처럼, 이번에도 이 이야기를 가상 인물이자 자신의 변형된 여러 자아 중 하나인 윌프레드 B. 베터레이브를 통해 말한다. 베터레이브는 웰스에게 내세의 환상을 다룬 마지막 소설 『행복한 전환: 삶의 꿈The Happy Turning: A Dream of Life』(1945)에 대해 묻는다. 웰스는 이렇게 대답한다. "꿈과 같은 것은 만들어지는 것이다. 우리는 그런 것들을 마음 속에 떠도는 욕망들을 재료 삼아 만들어 내는데, 부여잡으려고 하면 사라진다. 욕망은 늘 심장(마음)과 함께 뛰다가 깨어 있는 정신이 그 욕망을 움켜잡으려 하면 사라져 버린다."[44]

『행복한 전환』이 보여 주는 놀라운 점은, 책에 담긴 메시지를 인정하고 받아들이는 담담한 어조이다. 이 책의 서술자는, 집에서 클럽으로 걸어가는 길에 "숨겨진 전환점"을 꿈꾸면서, 살아 있는 자들의 힘겨운 갈등이 모두 잊혀진 내세를 묘사한다. "아름다운 것들의 신성한 무시간성"이라는 제목이 붙은 마지막 절에서 그는 이렇게 말한다. "선함은 관습의 문제, 좋은 사회적 행동의 문제인데, 세상의 사회적 가치는 너무나도 다양하다. (…) 아름다움은 죽지 않고 영원하지만 도덕은 영원하지 않고 변화한다."[45] 부단히 세상을 바꾸려고 했던 웰스는 '행동'에서 '명상'으로 돌아섰다. 인간의 삶을 바꾸려고 분투하다가 변할 수 없는 모순들을 받아들이는 쪽으로 돌아선 것이다.

웰스의 소설들은 그의 식역하 자아가 자동 기술로 내보내는 메시지였다. 『42년에서 44년까지』*에 수록된 글들이 쓰여졌을 무렵에는 웰스의 식역하 자아가 의식의 영역에까지 들어온다. 웰스는 이 책에 "내

---

* 이 책은 "비싼 도서관 소장용으로 출판하려고 쓴" 책인데, 당시로서는 매우 비싼 2기니였고 "언제라도 염가 판본이 나와서는 안 된다"는 조건이 붙기까지 했다.

가 만들어 낸 모든 것, 나의 궁극적인 철학"을 담으려고 했다며, 이는 아직까지 공공 대중에 알려지지 않은 것이라고 언급했다.[46)

웰스는 내적인 모순을 고백하는 것으로 그의 '비밀스런 회고록'을 시작했다.

지난 40년간 나는 돈을 투자하고, 집을 짓고, 정원을 만들면서, 내가 판단하기에 내 아이들과 손자들이 너무나도 뻔하게 직면할 운명을 모른 척하며 살아 왔다. 분명히 나를 포함해 인간 동물은 그 무엇도 예측할 수 없다. 인간은 자기 종이 늘 안정적인 상황에 처해 있다고 믿도록 되어 있는 존재다. 자신의 지성이 아무리 그게 아니라고 말하더라도 말이다.[47)

웰스의 초기 저널리즘 글 중 하나인 "인간의 멸종"(1894)에서 웰스는 이렇게 쓴 바 있다. "미래도 오늘과 같을 것이라는 인간의 가정은 너무나 확신에 차 있다. (…) 지상에서 우세를 점했던 다른 모든 동물의 경우를 보면, 그 동물이 완전히 지배력을 장악하고 나서 곧바로 완전히 쇠락해 멸종하는 시기가 왔다." 반 세기 후, 『42년에서 44년까지』의 마지막에 덧붙인 "생존에 대한 메모"에서 웰스는 이렇게 적었다. "이전의 어떤 사례를 참고해도 우리는 전적으로 하찮은 존재가 인간의 뒤를 이을 것이라 짐작할 수 있다. (…) 벌레, 이를테면 개미가 우리를 멸종시킬 만한 형질을 획득하고 있는지도 모른다. 인간에게는 치명적이지만 그 자신은 면역성을 가진 무언가를 무기로 삼을 수 있는 생명체가 등장할 것이다."[48]

1894년에 쓴 대중적인 글과 50년 뒤에 쓴 비밀스러운 글 사이의 차
이는 인간이 멸종하는 구체적인 양태에 대해 웰스가 새로운 생각을 전
개한 것이 아니었다. 차이는, 웰스가 인간의 멸종을 인간의 지성으로
피할 수 있다는 기대를 더 이상 하지 않게 된 것이었다. 존재를 위한
투쟁에서 유일한 법칙은 개인의 생존이다. 모라의 질문은 되돌아와 웰
스를 계속 따라다녔다.

말년에 거의 80세가 되어 당뇨와 암으로 쇠약해졌을 무렵, 웰스의
생각은 후자 쪽으로 완전히 기울었다.『정신의 한계』에서, 웰스는 "내
가 실험하고 문제 제기한 토론들과, 삶과 시간의 본성을 정리한 에세
이, 메모, 소책자 등을 아우르는 결론을 이 책에서 제시했다"고 밝혔
다.[49] 웰스가 언급하기를, 전에는 "궁극적으로 이성이 회복되고, 적응
하고, 되살아나리라는 가정을 항상 깔고 있었다. 그것을 전제로 하고
서, 이성의 새로운 측면이 어떤 형태를 가질 것이냐(흥미로운 문제이긴
하다)만이 탐구의 대상이었다." 하지만 인간 세상을 더 관찰할수록,
"다가올 일들의 패턴을 그려 보는 것이 힘들어졌다. (…) '다가올 일들
의 패턴' 같은 건 없다. (…) 어떤 종류의 패턴이든 그것을 찾으려는 노
력은 절대적으로 무익하다. (…) 우회하거나 뚫고 지나가거나 벗어날
수 있는 길은 없다."[50]

매년 점점 더 많은 '사고思考의 에너지'가 세상에 축적된다. 이 에너지는 빛
이나 전기와 관련이 있을지도 모르지만 고유한 내재적 특질들도 가지고 있
을 것이다. 그리고 어느 날 이 에너지가 현재의 우리로서는 상상도 못하는
효과를 발할 수 있으리라고 나는 확신한다.[51]

– 막심 고리키

막심 고리키의 회고록 『나의 어린 시절My Childhood』은 어머니가 숨
진 아버지의 머리를 빗겨 주는 장면으로 시작한다. 회고록에서 드러나
듯이 고리키는 힘든 어린 시절을 보냈다. 일찍 고아가 되었고 열두 살
에 집을 떠나 러시아를 떠돌면서 구두 수선공의 도제, 성상 공방의 조
수, 넝마주이, 빵집 심부름꾼, 공장 노동자, 사환 등의 직업을 전전하
면서 살아갔다. 그러다가 지방지 기자로 일자리를 겨우 얻어 사회 최
하층 사람들의 삶을 그린 기사, 이야기, 연극 등을 집필하기 시작한다.
19세기 말, 20세기 초 무렵이 되면 고리키는 체호프, 톨스토이, 레닌
과 친교가 있는 저명한 작가가 된다.

웰스만큼이나 고리키도 인류에 불만이 많았다. 그는 건신주의*의

■ 러시아어로는 보고스트로이텔스트보bogostroiteĺ stvo

창시자 중 한 명이다. 볼셰비키 지도자 가운데 많은 사람들이 건신주의 운동을 지지했다. 세속적 신비주의 신념의 일종인 건신주의는 19세기 유럽에서 주술과 과학이 손을 잡은 또 하나의 사례를 보여 준다. 건신주의자들은 진정한 혁명가라면 인류의 신격화를 목적으로 해야 한다고 믿었고, 인류의 신격화에는 죽음을 없애는 것도 포함되었다.

소설 『고백Confession』(1908)에서 고리키는 인간 개개인이 "가련한 욕망들의 무가치한 묶음들" 같다고 표현했다. 하지만 고리키는 인간 종은 전능해질 가능성이 있어서 "전전긍긍하는 존재"인 인류가 "죽지 않는 신"으로 변모될 수 있다고 보았다. 고리키의 친구인 아나톨리 루나차르스키▪는 『고백』에 대한 감상문에서 자신이 고리키와 공유했던 철학을 드러냈다. 고리키의 소설 『고백』의 주인공은 프롤레타리아 코뮌에서 예언자처럼 보이는 노인을 만난다. 그 노인에 대해 루나차르스키는 이렇게 적었다. "이 노인이 말하는 신은 인류다. 미래의 사회주의적 인류다. 이것이 인간이 접근할 수 있는 유일한 신성이다. 인류의 신은 아직 태어나지 않았다. 하지만 만들어지는 중이다. (⋯) 신은 미래의 인류다."[52]

고리키는 인류를 신으로 만드는 과정의 일부로 물질의 소멸을 기대했다. 고리키는 시인인 알렉산더 블로크Alexander Blok에게 이 이야기

▪ Anatolii Lunacharsky, 1875~1933. 루나차르스키 역시 건신주의의 주요 창시자 중 한 명이며 나중에 볼셰비키 정부의 국민 계몽 위원회 위원장이 된다.

를 했는데, 이 둘의 대화는 고리키의 저서 『내 일기의 단편Fragments from My Diary』에 실려 있다.

개인적으로 나는 인간을 기계라고 상상하는 편을 좋아한다. 소위 '죽은 물질' 들을 정신의 에너지로 스스로 바꾸어 내고, 먼 미래에는 세계 전체를 순수하게 정신적인 어떤 것으로 바꾸어 낼 기계로 말이다. (…) 그때가 되면 사고思考 이외에는 아무 것도 존재하지 않을 것이다. 모든 것이 순수한 사고로 변형되어 사라질 것이다. 그렇게 〔세계에는〕 인류의 정신 전체를 구현한 순수한 사고만이 존재할 것이다. (…) 미래에는 인간에 의해 흡수된 모든 물질이 인간의 두뇌에 의해 단 하나의 에너지, 즉 정신적인 에너지로 바뀔 것이다. 이 에너지는 그 자체로 조화를 이룰 것이고 자신 안에 숨겨져 있는 무한히 창조적인 가능성들을 명상하는 자기 성찰 속으로 침잠할 것이다.

블로크는 이 생각이 끔찍한 전망이라고 여겼다. "이 얼마나 음울한 환상인가!" 블로크는 비꼬듯이 웃으면서 말했다. "물질 보존의 법칙이 이 생각과 맞아떨어지지 않는다는 것을 내가 알기에 망정이지."[53]

물질의 법칙을 초월할 수 있다는 증거를 찾기 위해 고리키는 초자연현상들로 눈을 돌렸다. 고리키는 평생 텔레파시에 관심이 있었다. 사실, 과학과 주술을 결합한 사람은 고리키만이 아니었다. 우선 유럽을 보면, 논리실증주의라는 극히 합리적인 철학에 영감을 주었던 에른스트 마흐Ernst Mach 같은 철학자들이 인지학자 루돌프 슈타이너Rudolf

Steiner와 같은 신비주의자들과 함께 〈일원론자연맹Monist League〉에 참여했다. 〈일원론자연맹〉은 독일 생물학자 에른스트 헤켈(Ernest Haeckel, 1934~1919)이 만든 모임이었다. 헤켈과 그의 추종자들에게 일원주의는 단순한 과학철학이 아니라 새로운 '진화의 종교'였다. 이것은 반기독교적이었고 일부 사람들에게는 반유대주의적이기도 했다. 이를테면, 헤켈은 말년에 독일의 극우 민족주의자 모임인 〈툴레회Thule Society〉에 가입했고 유대인이 별도로 하나의 인종이라는 개념을 처음으로 널리 유포시켰다. 히틀러의 부관인 루돌프 헤스도 나중에 〈툴레회〉의 회원이 된다. 다음으로 러시아를 보면, 진지한 헨리 시지윅을 한동안 현혹했던 마담 블라바츠키와, 구르지예프, 우스펜스키 등이 있었다. 구르지예프와 우스펜스키는 인간을 의식이나 의지가 없는 기계 작용이라고 보았다. 그들은, 이러한 기계적 피조물은 자연적인 과정을 통해 흙으로 돌아가지만 올바른 지식이 있으면 의식적인 개인이 될 수 있으며 그렇게 되면 인간은 죽음을 극복할 가능성을 갖게 되리라 생각했다.

이런 신비주의자들은 과학을 거부한 게 아니었다. 그들은 과학과 주술이 동일하게 신비한 실재를 드러내 줄 것이라고 믿었다. 그들은 심령연구라는 새로운 과학이 인간의 숨겨진 역량을 드러내고 있다고 생각했다. 볼셰비키 건신주의자들은 이처럼 과학을 주술의 일종으로 보는 견해에 매료됐다. 건신주의자들 중에는 고리키의 친구인 루나차르스키도 있었다. 한때 블라바츠키의 추종자였던 루나차르스키는 볼셰비키주의가 근본적으로는 종교적인 운동이라는 것을 인식하고 있었다. 루나차르스키는 국민 계몽 위원장으로[54] 문학 및 예술을 검열할 권한을 비롯해 막강한 권력을 행사했지만, 스탈린이 떠오르면서 영향력을 잃고 스페인 주재 소련 대사로 경력을 마감한다. 어쨌든, 1924년에 루나차르스키는 〈소련심령연구위원회〉를 설립한다. (이때 루나차르스키는 신지학뿐 아니라 니체의 초인 개념에도 푹 빠져 있었다.) 건신주의자들이 다 그랬듯이, 루나차르스키에게 혁명은 사회구조만 급진적으로 변한다고 되는 게 아니었다. 혁명은 인간을 변형시켜 사실상 새로운 종을 창조한다는 의미였다. 루나차르스키는 "인간의 영혼을 '전체 정신 All-Spirit'으로 발전시키는 것"이 그 목적이라고 공언했다.[55]

러시아 신경학자 블라디미르 베흐테레프(Vladimir Bekhterev, 1857~1927)도 비슷한 견해를 설파했다. 차르 시절 저명인사였던 그는, 고대인들이 가졌던 불멸에 대한 믿음을 과학적으로 뒷받침할 기반을 자신이 발견했다고 믿으면서 소련에서 초심리학 분야를 개척했다. 베흐테레프는 이렇게 언급했다. "개인성은 죽음 이후에 파괴되지 않는다. 개인성은 살아 있는 동안 그것의 다른 측면들을 발현한 후에, 죽고 나면 보편적인 인간 창조력의 한 조각으로 영원히 살게 된다."[56] 인간의 마음은 에너지의 일종이고 에너지는 불멸이라는 것이었다.

구르지예프가 그랬듯이, 베흐테레프도 사람이 잠에서 깬다고 해서 자기 결정적인 주체가 된다고는 생각하지 않았다. 그렇다기보다는 하나의 잠에서 또 다른 잠으로 옮겨 가는 것이라고 생각했다.

의식의 두 가지 상태, 즉, 잠든 상태와 깨어 있는 상태는 둘 다 똑같이 주관적
이다. 자기 자신을 기억하기 시작할 때만 사람은 정말로 깨어 있을 수 있다.
그때는 삶의 모든 것이 그에게 다른 측면으로 다가오고 다른 의미를 갖게 된
다. 그는 이것이 **잠자고있는사람들의삶이며** 잠 속의 삶이라는 것을 알게 된다.
인간이 말하는 모든 것과 행하는 모든 것은 다 잠 속에서 말하고 행하는 것
이다.[57]

마이어스는 인간의 개인성이 "여러 가지로 발현될 수 있으며 변형
가능하다"고 생각했다. 또, 말년의 웰스는 인간이 삐걱대는 기계 작용
들의 꾸러미며 자신도 마찬가지라고 생각했다. 소련의 심리학자 베흐
테레프의 견해도 그리 다르지 않았다. 베흐테레프가 생각하는 인간은
의식적인 선택에 따라 움직이는 것이 아니라 암시에 따라 기계적으로
움직인다. 어떤 경우에는 암시의 최면적 힘에 의해 불려 나온 악마와
싸우느라 자신의 주변 환경을 온통 파괴하는, 불안정한 기계에 불과
하다.
베흐테레프의 운명은 그의 이론대로 흘러갔다. 1927년 12월, 모스
크바에서 열리는 과학 학회에 참석하기 위해 레닌그라드를 떠나기 직
전에 베흐테레프는 스탈린을 방문하러 크렘린으로 오라는 초대장을
받았다. 스탈린은 당시 프로이트의 저서를 러시아에서 출간해도 좋을
지 여부를 둘러싸고 트로츠키와 갈등을 빚고 있었는데 베흐테레프가
자신을 지지해 주길 바랐는지도 모른다. 트로츠키는 허용해야 한다는

입장이었고 스탈린은 반대였는데, 베흐테레프도 정신분석학이 과학적으로 믿을 만한 것인지에 대해 의구심을 품은 입장이라고 알려져 있었다. 또 다른 이야기에 따르면, 베흐테레프는 레닌 말년에 병석의 레닌을 개인적으로 진료해 주었는데 스탈린도 그런 진료를 원했는지 모른다. 스탈린과 베흐테레프 사이에 어떤 말이 오갔는지는 알려지지 않았다. 하지만 스탈린을 만나고 돌아와서 베흐테레프는 동료들에게 이렇게 말했다. "진단은 명확하네. 전형적인 중증 편집증이야."

베흐테레프는 다음 날 (일설에 의하면 같은 날) 죽었다.[58] 그의 시신은 부검 없이 화장되었고, 장례식은 나중에 스탈린이 추진한 공개 숙청 재판에서 검사장을 맡게 되는 안드레이 비신스키Anderi Vyshinshky가 주관했다. 베흐테레프의 이름과 연구 업적은 교과서에서 지워졌다. 아버지가 독살당한 게 틀림 없다고 생각했던 그의 아들은 체포돼 처형당했다. 나중에 며느리는 수용소로, 아이들은 국영 고아원으로 보내졌다.

트로츠키, 고리키, 루나차르스키, 베흐테레프 모두 자신이 다윈의 후예라고 주장했다. 하지만 그들은 다윈이 보여 준 세계를 받아들일 수 없었다. 만약 인간 동물이 우연의 결과물에 불과하다면 인류의 미래 역시 여타 동물 종과 마찬가지로 멸종일 테니 말이다. 하지만 이들은 라마르크의 이론에서 출구를 찾았다. 라마르크가 설파한 진화론은 '진보'의 개념을 담고 있는 듯이 보였다. 이 점에서는 스탈린도 마찬가지였다. 스탈린은 라마르크의 진보 개념에 "인류의 미래가 설계될 수 있다"는 뜻이 담겨 있다며 라마르크를 칭송했고 라마르크주의 농학자인 트로핌 리센코Trofim Lysenko를 소련 과학을 이끄는 지도자로 삼았다.

리센코는 자연 세계를 인간의 의지로 재구성하려 했다. 자연에 개입해 유전적 특성을 바꾼다면 새로운 종을 창조할 수 있다고 생각했다. "우리 나라에서는 인간 활동의 어떤 영역에서라도 기적을 만들 수 있다."[59] 1935년 스탈린이 참석한 〈소련농업노동자회합〉 연단에 선 리센코는 이렇게 공언했다. "우리 소련에서, 동지들, 인민은 태어나지 않습니다. 사람의 신체 조직은 태어나지만 **인민**으로서의 사람은 창조됩니다. (…) 그리고 나도 이렇게 **창조된** 인민 중 한 명입니다. 나는 인간으로서 새로 만들어졌습니다."[60] 자신 역시 만들어진 사람이라고 말할 정도로, (지도자 스탈린과 함께) 리센코는 인류를 재창조하려는 목적을 가지고 있었다.

고리키도 같은 희망을 품고 있었다. 고리키는 이런 희망이 성취되려면 과학자들이 시대에 뒤떨어진 도덕들에 제약을 받지 않아야 한다고 생각했다. 그래서 고리키는 주저하지 않고 생체 실험을 지지했다. 1933년 스탈린의 승인하에 실험 의학 연구소가 새로 설립되는데, 고리키는 이 연구소에 대한 글에서 자신의 철학이 실질적으로 함의하는 바를 이렇게 드러냈다.

우리는 인체 자체를 놓고 실험해야 한다. 인간 조직을 연구해야 한다. 세포

들 간의 상호작용, 혈액의 순환, 신경 시스템의 화학 작용, 그리고 인간 조직의 모든 과정을 연구해야 한다. 수백 명의 인간 개체가 필요하다.[61]

고리키는 걱정할 필요가 없었다. 1921년에 체카는 독성 물질을 실험하기 위한 특별 연구소를 세웠다. 1926년 무렵에는 겐리흐 야고다Genrikh G. Yagoda가 이곳을 관리했고, 1930년대에 이르면 이 연구소에서 인간 생체를 대상으로 하는 실험이 이루어진다. 실험 대상자는 굴락(수용소)에서 온 죄수들이었는데, 머스터드 가스와 같은 독가스 실험에 사용되었다. 이르게는 1924년에도 페트로그라드 의학 연구소 실험실에서 생물학 전쟁에 대비한 생체 실험이 수행됐다. 뇌염과 탄저병을 주로 실험했는데 여기에는 페트로그라드 형무소의 죄수들이 사용되었다. 이 실험의 결과에 대해서는 거의 알려진 바가 없지만, 실험 대상자들에게 치명적이었으리라는 점은 짐작할 수 있다.

백해 운하는 생체 실험에 비하면 더 잘 알려져 있다. 백해 운하도 수십만 명의 인간 생체가 사용된 실험이었다고 볼 수 있다. 대규모 노동력을 강제로 동원한 초기 사례 중 하나며, 선전 및 홍보가 이뤄진 강제노동으로는 유일한 사례다. 백해 운하 건설 프로젝트에는 30만 명가량의 죄수가 동원되어 운하를 겨우 20여 개월 만에 완성했다. 동원된 죄수 중 3분의 1은 운하 건설 도중에 죽었다.

완공을 기념해 발간된 『스탈린이라는 이름의 운하The Canal Named Stalin』에서 고리키는 이 운하 건설을 찬양했다. 소련의 다른 몇몇 필자들도 이 책에 기고를 했는데, 이들에게 백해 운하는 새로운 종류의 인류를 구현한 것으로, 프로메테우스 정신의 현대적 버전으로 여겨졌다. 이 책에 실린 사진 가운데 여성 죄수가 드릴을 사용하는 모습을 찍은 게 하나 있는데, 그 밑에는 이런 설명이 달려 있다. "자연을 바꾸면서 인간은 그 자신을 바꾼다."[62] 소련에서 일어난 일들이 대체로 그랬듯이, 이런 설명은 굉장히 마르크스주의적이었다. 마르크스는 자연 세계가 그 자체로 내재적인 가치를 갖는 것이 아니라 인간의 의미가 각인되어야만 가치를 얻을 수 있다고 보았다.

백해 운하는 이런 철학을 구현했다. 쓸모없는 구조물이 세워졌고(이 운하는 건설 후에 실제로 거의 사용되지 않는다), 그러느라 찢기고 오염된 땅은 죄수들의 시체로 가득 찼다. 과연, 인간의 의미가 지구에 각인됐다.

죄수들은 생명을 위협할 정도로 열악한 환경에서 원시적인 도구만을 가지고 일했다. 철과 같은 물자도 부족해서 콘크리트 벽돌을 단단히 만드는 데 사람 뼈를 사용했다. 죄수들은 어떻게든 살아 보려고 나무껍질과 풀을 먹었다.[63] 살아남은 사람 가운데 1만 2천 명 정도는 풀려났고 나머지는 수용소에 그대로 남았다. 고리키가 죽은 뒤에, 그 기념 서적은 경멸을 받았고 기고를 했던 저자들은 대부분 사라졌다.

이보다 더 큰 실험이 농장 집단화라는 이름으로 행해지고 있었다. 고리키는 늘 러시아 농민을 하등한 인간이라고 생각했다. 러시아가 극심한 기아에 시달리던 1921년 어느 인터뷰에서 고리키는 기자에게 이렇게 말했다. "기아로 영향을 받는 3천5백만 명 대부분은 죽을 거라고 생각한다." 1년 뒤에 고리키는 이렇게 언급했다. "러시아 시골에 있는 반쯤 야만인에, 멍청하고, 비협조적인 사람들은 죽어 없어질 것이다. (…) 그리고 그 자리는 학식과 지성이 있으며 열정적인 새로운 종류의 인간이 차지하게 될 것이다."[64]

1930년, 고리키는 『프라우다』▪에 "적이 항복하지 않으면 제거해야 한다"는 글을 썼는데, 이는 농장 집단화 기간 동안 가장 많이 쓰인 슬로건이 되었다. 같은 맥락에서, 1932년에 12세 이하 어린이도 절도를 저지르면 사형을 선고 받을 수 있게 되었을 때(굶주린 농민이 허가 없이 곡물을 사용해도 절도죄에 해당했다), 고리키는 반대하지 않았다. 스탈린은, 소련에서는 어린이들이 빨리 성숙한다는 주장을 펴면서 이 법을 지지했다. 1930년대 초 무렵이면 고리키는 집단화에 반대하는 농민들을 쥐와 비슷한, 인간 이하의 존재라고 묘사하면서, 박멸하는 것만이 그들에게 가장 적합한 처우라고 이야기한다. "자연의 기본력은 기생하는 존재들을 많이 만들어 냈다. 하지만 우리의 합리적인 의지는 그들과 평화롭게 공존할 수 없을 것이다. 쥐, 생쥐, 땅다람쥐는 이 나라의 경제에 막대한 해를 끼친다."[65]

여기에서도 고리키는 전적으로 마르크스주의적인 태도를 보이고 있다. 19세기 중반에 마르크스는 농촌을 파괴한다는 점에서 영국의 인도 지배를 옹호했다. 비슷한 시기에 엥겔스는 "비역사적인 사람들"은 종

▪ 공산당 공식 일간지이자 스탈린의 선전 신문.

속시켜야 한다는 견해에 지지를 표했고 다음에 올 세계대전에서 그들을 없앤다면 역사는 한 걸음 더 진전할 것이라고 말했다.[66] 여기서 비역사적인 사람들이란 슬라브족을 말하는데, 엥겔스는 슬라브족을 "유럽 중심부에 있는 원시인들"이라고 표현했다.

고리키의 인간 진보 개념에는 퇴보하고 역행하는 사람들을 제거해야 한다는 생각이 들어 있었다. 이는 일부 러시아 과학자들이 주창한 우주 진화론 철학과 상통하는 면이 있다. 흔히 "러시아 우주공학의 할아버지"라고 불리는 로켓 공학자 콘스탄틴 치올콥스키(Konstantin Tsiolkovsky, 1857~1935)는 우주 공간에서는 인간이 스스로를 죽음에서 해방시킬 수 있다고 생각했다. 당국이 선전이나 홍보를 한 건 아니지만 치올콥스키의 우주 진화론 철학은 소련의 우주 계획에 핵심적인 영향을 미쳤다. 치올콥스키의 설명에 따르면 우주 진화론의 목적은 "인간을 완전하게 만들고 불완전한 생명 형태들을 일소하는 것"이었다.

『우주의 의지: 알려지지 않은 이성의 힘The Will of the Universe: Unknown Rational Powers』(1928) 등의 제목이 붙은 일련의 소책자에서 치올콥스키는 불멸로 가는 수단으로 행성 간 탐구를 주창했다. "대기를 정복하면 그 다음에는 우주를 정복할 수 있을 것이다. 대기의 존재라면 창공의 존재도 될 수 있지 않겠는가? 이 존재들은 창공의 시민으로 태어날 것이다. 우주의 한계 없는 확장과 순수한 햇빛의 시민 (…) 따라서 인류의 삶과 이성과 완벽성에는 끝이 없다. 인류의 진보는 영원하다. 우리는 의심의 여지 없이 불멸을 얻게 될 것이다."[67]

이 물질주의판 휴거에서 죽은 자들은 과학의 힘으로 되살아 날 것이라 여겨졌다. 그때가 되면 육신과 연결을 끊어 버린 인간은 죽음 없는 영역에 들어가고 하등한 생명 형태(식물, 동물, 갱생의 의지가 없는 인간)는 뒤에 남겨지거나 박멸될 것이다. 그리고 고리키가 블로크에게 말했던 "순수한 사고"만이 무한한 불멸의 에너지로 존재하게 될 것이다.

무게 없는 모기가

돌 위의 작은 자기 그림자를 만진다.

같은 모양새로, 무한히 계속되는 가벼움으로,

인간과 그림자가 만난다.

그들은 한데 합쳐진다. 그림자는 사람이다.

모기의 죽음이 다가올 때.[68]

– 키스 더글러스Keith Douglas

고리키가 해외에 살다가 소련으로 돌아온 지 1년이 지났을 무렵, 일군의 소련 작가들이 고리키의 초대로 한 친구의 별장에 모였다. 이 모임에는 고리키뿐 아니라 스탈린도 있었다. 스탈린은 이 모임을 활용해서 작가들을 "영혼을 공작하는 자"라고 보는 자신의 견해를 피력하고

자 했다. 이는 고리키의 표현이라고도 하는데, 근거가 없는 말은 아니다. 고리키는 늘 작가에게 세상을 바꿀 힘이 있다고 생각했다. 고리키는, 스스로를 민중이라 생각하는 작가는 인류의 변형을 가속화할 수 있다고 말했다. 하지만 말년에 고리키는 실제 변화와 그가 꿈꿨던 변화가 많이 다르다는 사실을 알고 공포를 느꼈다. 일설에 의하면, 고리키 사후에 자택이 수색당했는데 스탈린을 거대한 벼룩으로 묘사한 우화의 원고가 발견됐다고 한다.

소비에트 당국과 고리키의 관계는 결코 단순하지 않았다. 고리키는 스탈린 정권에서 대접받았다. 당시 세계에서 가장 컸던 비행선에 그의 이름이 붙었을 정도다. (이 비행선은 붉은광장 위를 비행하고 부서졌다.) 하지만 소비에트 정권이 고리키를 신뢰한 건 아니었다. 고리키는 어린 시절부터 내내 건강이 안 좋았는데 1921년에 레닌이 기후가 더 따뜻한 곳에서 지내는 것이 좋지 않겠느냐고 권하자 러시아를 떠나서 이곳저곳을 돌아다녔다. 대부분의 기간 동안 모라가 함께했고, 이탈리아에 정착했을 때 모라는 다시 한 번 그 집의 여주인이 되었다.

해외에 사는 동안에도 고리키는 소비에트 당국과 연결되어 있었다. 고리키는 야고다에게 돈을 받았다. 이를테면 1936년에는 소렌토의 집세를 충당하기 위해 400파운드 스털링을 받았다. 고리키의 비서에 따르면(이 비서는 고리키의 암살을 공모한 혐의로 나중에 사형당한다), 야고다는 고리키에게 자동차 사는 데 쓰라며 4천 달러를 보내 주기도 했다.[69] 이런저런 방식으로 고리키는 소비에트의 통제하에 있었다. 모라도 소비에트가 고리키를 통제하는 통로 중 하나였다. 이 기간 내내 모라는 야고다의 지시를 받고 있던 것으로 보인다. 하지만 고리키는 자신이 늘 어느 정도는 자유롭다고 생각했고, 이렇게 독립적으로 보이는 고리키의 위치는 소비에트 당국자들에게 자산인 동시에 위협이었다.

고리키가 이탈리아에 머물 때, 고리키의 집은 유럽 전역에서 모여든 러시아 예술가와 작가들로 북적였다. 그들을 통해 고리키는 망명 러시아인들에 대해 많은 정보를 알 수 있었다. 혁명을 전후해 많은 사람들이 러시아를 빠져나가서 유럽에는 러시아 망명자가 많았다. 수백 명의 지식인들이 레닌이 고용한 증기선을 타고 추방되어 러시아를 떠났고 제 발로 나간 사람들도 많았다.[70] 러시아 망명자 대부분은 그냥 잊혀지고 말았지만 1920년대와 1930년대까지도 스탈린은 백계 러시아인 *을 중대한 위협으로 간주했다.

그런 위협은 충분히 현실적이었다. 사빈코프나 라일리 같은 카리스마 있는 인물들이 반볼셰비키주의적인 망명 러시아인들을 이끌고 있었고 서구 국가들에 강력한 지원 세력도 갖고 있었다. 백계 러시아인들의 세력을 약화시키기 위해 제르진스키는 1921년에 반볼셰비키주의를 표방한 위장 단체 〈트러스트〉를 만든다. 서구 국가를 속여, 소련 내부에 쿠데타를 일으키거나 쿠데타가 아니라도 소비에트 정권의 공

---

* 1917년 러시아 혁명 당시 국외로 망명한 러시아인으로 정치적으로는 보수적, 반볼셰비키적인 귀족, 대지주 출신들이 포함되어 있다. 옮긴이

산주의적 특성을 없앨 만큼 충분히 힘 있는 반소비에트 세력이 존재한 다고 믿게 만들려는 속셈이었다. 이 속임수는 효과가 있어서, 망명 러시아인과 서구 정보기관에서 자금이 들어오기 시작했다. 사빈코프와 라일리는 속임수에 넘어가 러시아로 돌아왔다. 라일리는 조사를 받은 후 총살당했고 사빈코프는 루비안카 감옥 창문 밖으로 몸을 던져 자살한 것으로 알려져 있다.

고리키는 편지를 아주 많이 썼는데, 그와 편지를 주고받은 사람은 전 세계에 걸쳐 있었다. 고리키의 편지에는 망명 러시아인들에 관한 내용뿐 아니라 레닌 사후 권력 투쟁에 가담한 핵심 인물들에 대한 내용도 담겨 있다. 스탈린은 이 편지들을 확보하는 일에 매우 집착했다. 한편, 모라 역시 고리키가 쓴 글들을 확보하려고 갖은 노력을 다했다. 한번은 편지들을 모라에게 남긴다는 내용의 유서를 고리키 대신 작성하고는, 고리키가 여기에 서명하지 않겠다고 하자 서명을 위조한 적도 있다고 한다.(고리키의 유서는 발견되지 않았다.)

고리키는 1928년에 처음 소련에 돌아갔고 1933년에 영구 귀국할 때까지 여러 차례 러시아를 오갔다. 망명 러시아인에 대한 내용이 담긴 편지와 메모가 좋지 못한 쪽에 들어가지 않게 하려고, 고리키는 러시아로 돌아갈 때 그것들을 가지고 가지 않았다. 고리키는 여행 가방에 문서를 철해서 넣고, 믿을 만한 사람이 이것을 잘 보관했다가 후세에 전하기를 바랐다. 1933년까지는 모라가 이 여행 가방을 가지고 있었다. 모라가 문서들을 한 군데 다 두지 않고 여러 나라에 몰래 나누어 보관해 두었을 가능성도 있다. 모라에게 고리키가 남긴 글들은 살아남기 위해 분투하는 과정에서 필요한 큰 무기였고 따라서 그것을 통째로 내놓을 생각은 없었을 테니 말이다.

1935년 초에 내무 인민 위원회(NKVD) 당국자가 고리키의 편지를 들고 런던으로 모라를 찾아왔다. 고리키는 편지에서 모라에게 여행 가방과 내용물을 가지고 러시아로 들어오라고 요청하고 있었다. 그해 여름에는 고리키의 아내가 런던에 와서 모라에게 같은 요청을 했다. 모라는 거절했고 고리키의 아내는 러시아로 돌아갔다. 1936년 5월에 웰스는 모라가 특이한 정신적 고통을 겪고 있으며 "격렬하게 흐느끼곤 했다"고 적었다. 고리키가 위험에 처했다는 말을 들었기 때문이었을까? 아니면 고리키의 문서를 러시아로 돌려보내지 않겠다고 해서 자기 자신이 위험에 처했다는 것을 알게 되었기 때문이었을까?

1935년에 찾아왔던 내무 인민 위원회 당국자는 거래 조건을 제시했다. 모라가 문서들을 넘겨주면 고리키를 만나게 해 주겠다는 것이었다. 만약 문서를 넘겨주지 않으면 소련 안에서나 밖에서나 안전이 보장되지 않을 것이라고 했다. 이는 명백히 스탈린이 제시한 거래였다. 모라는 록하트를 찾아가 의논했다. 록하트는 제안을 거부하면 문서를 강제로 빼앗기고 목숨을 잃게 될지도 모른다고 말했다. 그는, 유일한 길은 문서를 넘겨주는 것이라고 모라에게 조언했다. 결국 모라는 록하트의 조언대로 여행 가방을 들고 러시아에 들어가서 스탈린에게 넘겨주었다. 그때부터 고리키의 문서들은 (혹은, 모라가 전체를 다 넘겨준 것은 아닐 수도 있으므로, 문서들의 일부는) 스탈린의 소유가 되었다. 그리고 모라는 다시 한 번 살아남을 수 있었다.

1933년부터 고리키가 숨진 1936년까지 모라는 웰스의 동반자로 런던에 살면서 적어도 여섯 차례 소련을 방문했다. 영구 귀국했을 때 고리키는 몸 상태가 몹시 좋지 않았다. 고리키가 숨질 때 모라는 고리키와 함께 있었다. (모라는 야고다의 차를 타고 고리키의 별장에 왔다.) 모라가 고리키를 죽이려는 음모에 연루되었다는 증거는 전혀 없다. 하지만 모라는 고리키의 죽음을 막지도 못했다. 그가 숨진 후 모라는 "고리키의 문학적 유산과 관련된 몇 가지 일들"을 처리하느라 러시아에 좀 더 머물렀다.

앞서 1934년 5월에 고리키의 아들 막심 페시코프가 술을 마신 뒤 숨진 사건이 있었다. 당시 술자리에는 고리키의 주치의 가운데 한 명과 고리키의 비서가 함께 있었다. 페시코프는 눈 위에 쓰러진 뒤 오한을 일으켰다.[71] 막심 자신도 비밀경찰에 협력하고 그 대가로 당국이 압수한 우표 수집품을 받기도 했던 것처럼, 그 의사들과 비서도 야고다의 통제하에 있었다. 그런데 야고다는 당시 페시코프의 아내에게 반해 있었다고 한다. 아마도 이런 개인적인 동기에서, 그리고 독극물학에 대한 전문적인 관심에서, 야고다가 페시코프의 죽음에 손을 썼을 수 있다. 물론 스탈린의 동의가 없었다면 그러지 못했을 것이다.

1934년 12월, 스탈린의 잠재적 라이벌인 세르게이 키로프Sergei M. Kirov가 살해됐다. 당시 많은 러시아 사람들은 스탈린이 사주했을 것이라고 생각했지만, 아닐 수도 있다. 키로프 살해는 한 사람이 저지른 단독 범행으로 보이기 때문이다. 하지만 스탈린은 키로프의 죽음을 공포 정치의 물결을 일으키는 데 사용했다. 이 과정에서 10만 명이 넘는 사람들이 체포됐다. 대숙청이 시작된 것이다.

고리키가 죽고 몇 개월 후, 야고다가 구성한 첫 번째 공개 숙청 재판에서 지노비예프 등 열다섯 명이 스탈린의 암살을 모의한 혐의로 유죄를 선고받고 처형되었다. 1937년 두 번째 숙청 재판에서는 열세 명의 공산주의 지도자가 처형되었다. 1938년 세 번째 재판에서는 고리키의 의사들과 비서, 그리고 야고다 본인이 고리키를 독살하고 고리키의 아들을 살해한 혐의로 처형되었다.

가택 연금이나 다름없는 상태에서 질병과 걱정에 시달리면서 과거의 건신주의자 고리키는 생애 마지막 날들을 무서우리만치 고립된 채 보냈다. 비서가 감시를 했기 때문에 바깥 세상과 접촉할 수조차 없었다. 『프라우다』는 고리키를 공격하는 글들을 게재하기 시작했는데, 고리키는 아마 이런 글들을 읽지 못했을 것이다. 고리키 용으로 가짜 신문을 따로 한 부 인쇄하는 경우가 많았기 때문이다. 1936년 5월, 어느 '당 사상가'는 고리키가 치명적인 질병을 앓고 있다는 말을 흘렸다. 6월에는 고리키가 아직 살아 있었는데도 애도의 화환을 어디로 보내야 하는지 묻는 전화가 왔다.

고리키가 죽기 2주 전쯤, 고리키의 측근들도 그가 겪은 증상을 보였다. 독극물 중독과 비슷했다. 고리키가 죽기 며칠 전(그는 6월 18일에 사망했다), 스탈린이 고리키를 찾아왔다. 6월 9일에 고리키는 직접 글을 쓰기에는 너무 기력이 없어서 이렇게 받아 적게 했다. "소설의 끝, 영웅의 끝, 작가의 끝."

만국의 죽은 자여, 단결하라![72]

— 우주 진화론자 선언, 페트로그라드, 1920년

"지금도 레닌은 살아 있는 모든 사람들보다 더 생생하게 살아 있다." 시인 블라디미르 마야콥스키Vladimir Mayakovsky의 이 언급은 1924년 1월 21일에 레닌의 사망이 발표된 후 볼셰비키 사이에 흐르던 분위기가 어땠는지를 보여 준다. 많은 당원들이 레닌은 정말로 죽은 게 아니라고 생각했다. 그렇다면 레닌의 정신이 불멸한다는 뜻인가? 아니면, 물질적인 육신 그대로 레닌이 어떻게든 다시 살아날 거라는 이야기인가?

레닌의 장례식은 제르진스키가 주관했다. 이 장례식에서 각자가 맡은 역할은 당시의 권력 투쟁 양상을 반영하고 있어, 그 서열로 향후 소련 정세를 가늠해 볼 수 있었다. 스탈린과 지노비예프는 레닌의 관을 드는 핵심 인물이었다. 반면 당시 흑해 연안에서 요양 중이었던 트로

츠키는 장례식 날짜조차 통보받지 못했다.[73]

장례 전에 우선 유해를 일반에 공개했는데, 문제는 '시신을 어떻게 처리할 것인가' 였다. 레닌의 시신을 방부 처리하자는 결정이 어떻게 내려졌는지는 명확하게 알려져 있지 않다. 1923년 가을에 열린 정치국 회의 기록을 보면 (당시 레닌의 병은 이미 심각한 상태였다) 스탈린이 일반적인 매장이나 화장에 반대하고 방부 처리를 언급한 것으로 보인다. 반면 트로츠키와 부하린은 방부 처리에 반대하는 입장이었다. 스탈린은, 방부 처리된 레닌은 '성자의 육신은 부패하지 않는다' 는 러시아정교회의 믿음과 부합하므로 러시아 국민의 종교적 감성을 정권에 도움이 되는 쪽으로 돌릴 수 있을 것이라고 생각했던 것 같다.

결정을 내린 게 누구든, 레닌의 시신을 방부 처리한다는 결정이 단순히 정치적 계산에서만 나온 것은 아니었다. 건신주의자들은 과학의 힘에 대해 주술적인 믿음을 가지고 있어서 과학으로 죽음을 정복할 수 있다고 믿었다. 그중 한 명인 레오니드 크라신(Leonid Krasin, 1870~1926)은 레닌을 냉동하려고 했는데, 궁극적인 목표는 레닌을 되살려 내는 것이었다. 고리키처럼 크라신도 건신주의 철학의 신봉자였다. 그리고 그는 죽은 자를 과학적으로 살려 낼 수 있다고 믿었다.

많은 건신주의자들이 그랬듯이 크라신은 러시아정교회 사상가인 니콜라이 페도로프(Nikolai Fedorov, 1829~1903)[74]를 오랫동안 존경했다. 서구 기독교보다 정통 기독교에 더 가까운 러시아정교회는 육신의 부활을 약속했다. 예수의 가르침에 따르면 무덤에서 되살아나 돌아오는

것은 육신을 가진 인간이었다. 페도로프는 이렇게 육신이 물리적으로
되살아나는 방식의 불멸을 과학을 통해 이룰 수 있다고 봤다. 그러면
앞으로의 인류가 죽음을 피할 수 있는 것은 물론이고, 이제껏 존재했던
과거의 모든 사람들도 되살아날 수 있을 것이라 생각했다. 자신을 열렬
히 지지했던 도스토옙스키에게 보낸 답장에 페도로프의 이런 철학이
잘 드러나 있다.

> 우리의 의무, 우리의 임무는, 모든 죽은 자들, 우리가 잃은 모든 사람들, 우리
> 의 아버지들과 선조들을 그들의 아들로서, 그들의 후손으로서, 우리가 되살
> 려 내는 것입니다. (…) 다른 말로, 인간 종은 무지막지하고 맹목적이고 영혼
> 이 없는 우주의 힘 대신, 부활한 모든 세대의 정신과 이상과 의지로 세상을
> 채워야 합니다. (…) 그런 세상에서는, 모든 것이 이성, 의지, 의식적인 작업
> 으로서만 이뤄지게 될 것입니다.

페도로프는 육신의 물리적인 부활에 대한 정교회의 신념을 테크놀
로지로 죽음을 극복한다는 기획으로 변모시켰다.

> 지구의 운명을 생각할 때, 우리는 지구 행성의 한계 때문에 인간의 행동이
> 제약을 받아서는 안 된다는 점을 확신하게 된다. 우리가 질문해야 할 것은,
> 지구가 처하게 될 운명, 즉, 지구가 불가피하게 소멸하게 되리라는 점을 알
> 때 우리가 무언가를 해야 하느냐 아니냐다. 지식이 유용할 수 있을까? 아니

면 지식은 쓸모 없는 장식에 불과한 것일까? 전자라면, 우리는 지구가 인간을 통해 자신의 운명을 의식하게 되었으며 이 의식은 명백하게 적극적이라고 말할 수 있을 것이다. 즉, 그 의식은 구원의 길을 향한다. 기계적 작동이 쇠락하기 시작한 바로 그때, 의지와 의식을 가진 기계공이 나타난다. (…) 자연에는 목적이 없다. 목적을 도입하는 것은 인간이 할 일이다. 그것이 인간의 최고 존재 근거다.[75]

페도로프는 건신주의자들에게 큰 영향을 미쳤는데, 크라신도 그의 영향을 많이 받았다. 반反차르 테러리스트, 오크라나 정보원, 엔지니어, 폭약 전문가, 무기 밀매자, 화폐 위조 및 돈세탁 전문가였던 크라신은 볼셰비키 정권에서 재무 책임자, 대외 무역 담당 인민 위원 등을 지내기도 했다. 크라신은 역시 건신주의자인 내과의사이자 철학자 알렉산더 보그다노프Alexander Bogdanov와 친한 친구였는데, 크라신이 앓고 있던 혈액 질병을 보그다노프가 치료했다. 하지만 치료가 성공적이지 못해서 크라신은 1926년 11월에 숨졌다.

오늘날에는 사실상 잊혀진 사람이지만 크라신이 없었다면 볼셰비키는 권력을 유지하지 못했을 것이다. 소련 대외 무역 담당 인민 위원으로서 연합국과 협상을 하고, 소련 무역 사절단을 이끌고 런던에 가서 소련에 대한 영국의 무역 봉쇄를 끝낸 사람이 바로 크라신이었다. 크라신은 볼셰비키주의가 새로운 방향으로 나아가고 있다고 영국의 로이드 조지를 설득해 1921년 영-소 무역협정을 성사시켰는데, 이게 아니었다면 소련 정권은 혁명과 내전에 뒤이은 경제 붕괴에서 살아남지 못했을 것이다. 고리키가 소련의 공적인 얼굴이었다면, 러시아의 미술품과 귀금속을 확보해 서방에 팔아서 자금을 마련하는 방대한 작업을 지휘한 사람은 크라신이었다. 크라신이 끌어온 돈은 오늘날 기준으로 치면 약 1천6백억 달러에 달한다.[76]

크라신은 단지 범죄와 외교를 뒤섞는 기술을 가진 해결사이기만 한 것이 아니었다. 크라신은 건신주의적인 방식으로 매우 신실한 종교인이기도 했다. 크라신은 과학이 인간에게 죽음을 넘어설 힘을 줄 거라고 확신했다. 레닌이 죽기 3년 전 어느 동료 혁명가의 장례식에서 크라신은 혁명 지도자들이 미래에는 영원히 죽지 않을 것이라고 선언했다.

> 과학이 전능해지는 시대, 과학이 죽은 조직을 되살려 낼 수 있는 시대가 올 것이라 확신한다. 살아 있는 사람에게서 요소들을 추출해 그것으로 그 사람을 다시 만들어 낼 수 있는 시대가 오리라고 확신한다. 그런 시대가 오면, 인류가 해방되고 과학과 기술의 힘을 총동원해 지금은 상상도 하지 못할 능력과 힘을 우리가 갖게 되는 때가 오면, 과거를 살았던 모든 위대한 인물을 되살릴 수 있을 것이라 확신한다. 그때가 되면 되살아난 위대한 인물들이 우리의 동지가 될 것이라고 확신한다.[77]

레닌의 장례식이 끝나고 며칠 뒤, 크라신은 공산당 기관지 『이즈베스티야』에 "건축적으로 레닌을 불멸화하기"라는 기사를 게재했는데, 여기에서 그는 레닌의 묘가 위대함과 중요성의 측면에서 메카나 예루살렘을 능가하는 곳이 되어야 한다고 주장했다. 1924년 3월 25일에 제르진스키 등이 참여한 회의에서 레닌의 시신을 방부 처리한다는 결정이 내려졌다. 3일 뒤, 레닌의 매장 절차를 담당하기 위해 조직되었던 장례 위원회는 〈불멸화위원회Immortalization Commission〉로 이름이 바뀐다. 레닌 묘는 카지미르 말레비치Kazimir Malevich에게 영향을 받아 정육면체로 건설됐다.[78] 말레비치는 다가올 초인에 대한 개념을 설파하는 미래파 오페라 "태양에 대한 승리"의 공연 무대를 디자인하기도 했다. 말레비치는 쉬프레마티즘(Suprematism, 지고주의至高主義)의 창시자로, 추상적이고 기하학적인 형태가 한층 더 상위의 실재를 구현한 것이라고 보았다. 우스펜스키의 저작들에 영향을 받은 그는 레닌의 묘가 죽음이 존재하지 않는 "네 번째 차원"을 표현한다고 생각했다. 레닌이 죽고 나서 며칠 뒤에 말레비치는 이렇게 적었다.

레닌의 죽음은 죽음이 아니고 레닌은 살아 있으며 영원하다는 생각은 정육면체 형태를 취하고 있는 새로운 조형물에 상징적으로 나타나 있다. 정육면체는 더 이상 단지 기하학적인 물체가 아니다. 정육면체는 우리가 영원을 표현하고 새로운 환경을 창조하며 죽음을 무찔러 레닌의 영원한 삶을 유지할 수단이다.[79]

이러한 철학에 따라 말레비치는 레닌을 따르는 사람들은 모두 집의 한쪽에 정육면체를 놓아 두자고 제안했다. 말레비치의 제안이 받아들여져서 당은 정육면체를 나눠 주도록 지시했다. 전국의 공장과 사무실에 '레닌 코너'가 마련되어 죽은 지도자를 기리는 성지가 되었다.[80]

정육면체 모양의 레닌 묘는 죽음을 정복할 수 있다는 믿음의 기념물이었다. 말레비치는 인간이 신과 같이 될 수 있다고 믿었다. "어떤 책도, 경전도, 과학도, 인간으로서 나타나는 자아의 영광을 표현할 수 없다. 인간은, 존재했고 존재하며 존재할 유일한 신이다." 때때로 말레비치는 자기 자신이 신성해졌다고 믿었던 것 같다. "내가 곧 모든 것이며 나 이외에는 아무 것도 없다고 말함으로써, 나는 내 존재 이유를 찾고 나 자신을 신성화했다."[81] 말레비치는 1935년에 숨졌고 시신을 태운 재는 오래된 떡갈나무 아래 묻혔다. 말레비치의 묘를 표시하기 위해 콘크리트로 만든 정육면체가 세워졌다. 몇 년 뒤에 전쟁이 일어났고, 무덤과 함께 그 정육면체는 흔적도 없이 사라졌다.

레닌 무덤의 정육면체 구조물은 레닌 불멸화 프로젝트 뒤에 있는 주술주의적 사고를 담고 있다. 현대 건축 중에는 주술적 개념을 반영한 것들이 많다. 모더니즘 건축의 창시자인 르 코르뷔지에Le Corbusier는 정확한 각도에 도학적인 중요성을 부여했는데, 이는 프리메이슨의 영향을 받았음을 보여 준다.[82] 20세기 건축 중에 주술의 영향을 받은 사례로는 프랭크 로이드 라이트Frank Lloyd Wright도 들 수 있다. 라이트는 자신의 작품에 구르지예프가 영향을 미쳤다고 인정했다. 하지만 건축과 주술이 레닌의 무덤에서처럼 강하게 결합된 사례는 드물 것이다.

레닌 묘는 A.V. 슈세프Alexey V. Shchusev가 설계했다. 슈세프는 추상주의 형태에 대한 말레비치의 생각을 이어받은 구성주의 건축 운동에 가담했고, 나중에 루비안카 감옥의 재설계를 담당하기도 한다. 슈세프의 디자인은 정육면체가 갖는 주술적 특성에 대한 말레비치의 믿음을 반영하고 있다. 1924년 1월 23일의 장례 위원회 회의에서 슈세프는 이렇게 공언했다. "블라디미르 일리치는 영원하다. (…) 우리가 그를 기릴 수 있는 방법은 무엇인가? 건축에서 정육면체는 영원을 의미한다. (…) 블라디미르 일리치를 기념하기 위해 세울 묘의 모양을 정육면체에서 끌어오자."[83] 그리고 나서 슈세프는 세 개의 정육면체로 된 구조물을 설계했고 장례 위원회는 이 도안을 받아들였다.

1월 27일로 예정된 장례식 날짜에 맞추려면 일단 임시 묘가 빨리 완성되어야 했다. 임시 묘는 목재로 된 세 개의 정육면체로 이루어졌다. 이 묘는 군인들이 폭약을 사용해 얼어붙은 땅을 부수면서 불과 사흘만에 완성했다. 목재로 된 육면체들은 돌처럼 보이도록 회색 페인트로 칠했다. 곧 좀 더 오래 시신을 안치할 묘의 디자인을 공모에 붙였고, 크라신은 목재로 만든 임시 묘를 더 널찍하게 만든 슈세프의 도안을 채택했다.

슈세프의 도안에는 몇 가지 흐름이 영향을 미쳤다. 슈세프는 이집트를 여행한 적이 있었다. 1922년에 이집트 룩소에서 투탕카멘 묘가 발굴된 바 있었고, 소설로 구성된 이집트 신화는 러시아를 비롯한 여러 곳의 신지론자들 사이에 오래 전부터 잘 알려져 있었다. 이집트 신화의 내용을 반영해서, 레닌의 시신이 놓일 묘의 안쪽 육면체는 연단을 여러 개 쌓아 피라미드 형태로 구성했다. 죽음의 왕국으로 건너간 레닌은 이집트 신화에 나오는 파라오처럼 살아 있는 자의 땅으로 돌아올 것이라고 여겨졌다. 슈세프의 도안에는 기독교 신화도 반영돼 있었다. 레닌의 묘 구조물은 세 개의 육면체로 구성되었는데 이는 삼위일체설을 연상시킨다. 삼위일체설은 신이 성부, 성자, 성령의 세 가지 위격으로 나타난다는 걸 뜻하지만, 이는 또한 성육신의 신화이기도 했다. 크라신은 레닌이 물리적으로 되살아날 것이라고 생각했다.

묘는 1924년 8월 1일에 대중에 공개됐고 방부 처리된 레닌의 시신은 유리 관에 안치돼 전시되었다. 그해 말, 〈불멸화위원회〉는 영구적인 성지를 만들기 위한 준비를 시작했다. 크라신과 루나차르스키는 다시 공모를 내걸었고 이후 몇 년 동안 수많은 디자인이 제출되었다. 하지만 1929년에 위원회는 슈세프에게 목재 묘를 석재로 다시 짓게 하는 쪽으로 결정을 내렸다. 1929년 7월에 작업이 시작되었고 1930년 9월에 레닌의 시신은 유리 관에 들어가 붉은광장에 지어진 붉은 화강암 구조물에 안치되었다.

레닌의 시신을 안치하기에 적합한 공간을 만들어 내기까지는 오랜 기간이 걸렸다. 그 기간 내내, 레닌의 시신 상태를 보존하려는 노력도 동시에 진행되었다. 우선 1924년 1월 말에 크라신은 방부 처리한 사체를 차게 보관하기 위해 냉장 시스템을 만들었다. 하지만 이 저온학 기술은 효과를 발하지 못했고 시신은 부패의 징후를 보이기 시작했다.

얼굴과 손의 피부가 검게 변했고, 주름이 생겼으며, 입술이 갈라졌다. 시신을 안정적인 저온에서 유지하는 것은 쉽지 않았고, 냉동을 하면 조직이 더 빨리 손상됐다. 이러한 문제점들을 보고 받고서도 크라신은 요지부동으로 냉동에 성공할 수 있다고 주장했다. 이중으로 유약을 칠하고 독일에서 더 좋은 냉장 시설을 들여오면 응결로 생긴 손상 문제를 해결할 수 있다는 것이었다. (볼셰비키들에게 독일은 항상 더 나은 기술을 들여올 수 있는 곳으로 여겨졌다.) 독일에서 냉장 시설을 수입해 왔지만 부패는 계속 진행됐다. 입술은 더 갈라졌고, 코가 형체를 잃기 시작했으며, 한쪽 손이 푸르스름한 회색으로 변한 데다, 눈이 움푹 꺼지기 시작했고, 귀가 찌그러졌다.[84]

크라신이 시도한 초창기 저온학 부활 실험은 애초에 성공할 수 없는 것이었다. 기술이 훨씬 더 발달한 오늘날에도 냉동을 하면 시신이 크게 손상된다. 그런데도 크라신과 루나차르스키는 영구적인 묘 디자인 공모를 발표하면서 새 디자인에는 레닌의 시신을 보존하는 데 필요한 장비들을 넣을 수 있도록 지하 장비실이 포함돼야 한다는 구체적인 조건을 달았다. 이 두 명의 건신주의자들은 레닌이 언젠가는 살아날 것이라는 희망을 포기하지 않았던 것 같다.

레닌을 불멸화한다는 기획이 영 뜬금없이 나온 이야기는 아니었다. 레닌은 볼셰비키주의를 새로운 종교로 여기는 견해에 격렬하게 반대하긴 했다. 이를테면 1913년에는 고리키에게 보낸 편지에서 새로운 신을 만들려는 것은 시체 성 도착증이나 매한가지라고 언급했다. 예리한 지적이기는 했지만, 레닌은 자신이 생각했던 것보다 건신주의자들과 그리 많이 다르지 않았다. 레닌도 초기 기독교에 나타나는 지상낙원이라는 신화를 실현시키려는 목적을 가지고 있었다. 과학의 힘을 사용해서 말이다.

많은 볼셰비키들이 그들의 지도자가 정말로 죽은 건 아니라고 생각한 것은 당연했다. 볼셰비키들은 지식의 힘을 이용해서 레닌이 언젠가 되살아날 거라고 생각했다. 물론 이는 환상이었다. 레닌의 남아 있는 육신을 짜맞춘 인형이나 다름없는 이 모사품에는 결코 생명을 불어넣을 수 없었다. 과학은 죽음 없는 인류로 나아갈 길을 열기는커녕 생명 없는 인체 모형을 만들었을 뿐이었다.

레닌이 죽은 정황은 분명하게 알려져 있지 않다. 1918년에 레닌 암살 시도가 있었는데 그때 레닌이 상처를 입었고 이후에 뇌졸중을 앓았다는 정도만 알려져 있다. 첫 부검에서도 사인이 명확하게 나오지 않았다. 부검 소견을 낸 의사들 중 일부는 동맥경화가 사인이라고 했다. 하지만 소견을 제시하지 않은 의사도 있었다. (레닌이 매독을 앓았다고 생각한 사람들도 있을 수 있다.) 또 일설에 의하면, 레닌이 스스로 목숨을 끊어 질병의 고통을 끝내고 싶어했으며, 의사에게 약을 치사량만큼 처방해 안락사시켜 달라고 요청했다고도 한다.

스탈린이 독살을 사주했다고 믿는 사람도 늘 있었다. (레닌도 죽어가면서 그렇게 생각했다는 이야기가 있다.) 몇 년 뒤인 1930년대 초에 스탈린은 고리키의 집에서 술을 마시면서 짓궂게도 이 가능성을 언급했는데,

이 때 트로츠키도 스탈린이 레닌을 독살했다는 설이 사실일지도 모른다는 생각을 갖게 되었다. 하지만 레닌이 살해당했을 것 같지는 않다. 이미 쇠약해져서 아무 힘도 없는 사람을 뭐하러 죽인단 말인가? 스탈린의 레닌 독살설이 사실인지 여부보다 더 우리의 관심을 끄는 것은 그러한 의심이 널리 퍼졌다는 사실이다. 대량 학살을 정책 수단으로 도입한 레닌과 레닌의 추종자들은 자기 자신도 그런 식으로 제거되지 말란 법이 없다고 늘 걱정했다. 스탈린도 자신이 자연사할 것이라고 확신할 수 없었다. 1953년 3월에 스탈린이 죽었을 때(아마 뇌졸중 때문이었던 것 같다), 비밀경찰의 수장인 라브렌티 베리야는 자신이 스탈린을 독살했다고 떠벌렸다. 몇 개월 뒤에 그는 처형됐다.

레닌의 삶이 어떤 방식으로 마감되었든 간에, 그의 시신은 최대한의 보살핌을 받았다. 1925년에 정치국은 레닌의 뇌를 연구하기 위한 실험실을 세웠다. 3만여 조각으로 잘라 포르말린과 알코올로 처리한 후 파라핀 왁스를 입힌 레닌의 뇌는 10여 년에 걸쳐 연구되었다. 1936년에 나온 한 보고서는 레닌의 뇌가 "비범할 만큼 높은 정도의 조직화"를 보여 준다고 결론 내렸다. 또, 시신을 안전하게 지키기 위해 극도로 조심스럽게 보안이 이뤄졌다. 1941년 7월에 나치가 모스크바를 향해 진격해 오고 있었을 때, 살아 있는 사람들이 대피하기 전에 레닌의 시신이 가장 먼저 도시를 빠져나갔다.

레닌을 살아 있는 사람으로 대우하는 것은 전쟁 후에도 계속되었다. 1973년에 정치국이 당 문서들을 갱신하기로 했을 때 가장 먼저 재발

급된 당원증은 레닌의 당원증이었다. 공산 정권 말기에도 레닌은 18개
월마다 KGB 재봉사들이 특수 제작한 새 양복으로 갈아입었다.[85]

이 무렵 소비에트는 빈 껍데기가 되어 있었다. 공산주의 지도자들은
체제에 신뢰를 잃은 지 오래였으며, 다만 그것이 제공하는 특권 때문에
이 체제를 고수하고 있을 뿐이었다. 하지만 그들의 생활수준은 자본주
의 국가의 일반 노동자 수준에도 미치지 못했다. 고르바초프의 자유화
정책으로 그들이 이 사실을 알게 됐을 때 소련은 붕괴했다.

레닌은 자신이 만든 체제보다 더 오래 살아남았다. 소비에트 붕괴
후, 보리스 옐친은 레닌의 묘를 폐쇄하고 시신을 매장하자고 제안했지
만 공산주의자들은 반대했다. 그래서 레닌의 시신은 아직도 같은 묘에
서 계속 전시되고 있다. 레닌이 죽은 뒤로 줄곧 그래 왔지만, 시신을
돌보는 사람들의 임무는 세월의 흔적을 없애는 것이다. 2004년에 시
신을 손보았을 때, 레닌은 그 이전 수십 년 중 어느 때보다 더 젊어 보
인다는 말을 들었다.

잘 있어요. 내 어머니와 아내여,

그리고 사랑하는 아이들이여.

우리는 죽을 때까지

쓴 잔을 마셔야 할 운명인 것 같으니.[86)]

- 콜리마에서, 굴락의 노래

생명과 뼈가 부서지는 소리보다 더 큰 즐거움도, 더 좋은 음악도 없다.[87)]

- 체카 요원들의 시 선집 『체카 요원의 미소』 중에서

1919년에 우크라이나의 체카 신문 『붉은 검』은 볼셰비키의 철학을 이렇게 요약했다. "우리에게 '인류'와 도덕의 옛 체계는 존재하지 않으며 존재할 수 없다. (…) 우리에게는 모든 것이 허용되었다. 왜냐하면, 세계 최초로 우리는 억압과 예속을 위해서가 아니라 보편적인 해방을 위해서 칼을 쥐었기 때문이다."[88)]

체카의 즉결 처형 정책에 반대하던 한 사회혁명주의자가 레닌에게 반대 의견을 표했다. "차라리 체카를 비상 위원회가 아니라 사회 멸종 위원회라고 부르자." 레닌은 "바로 그렇게 되어야 하네"라고 대답했다. 체카를 설립한 레닌에게 이 기구는 애초부터 살인 기계였다. 제르진스키도 같은 견해를 가지고 있었다. "체카는 조직된 공포정치를 대표한다. 이는 매우 솔직하게 이야기되어야 한다. 이러한 공포정치는 혁명의 시대에 우리가 살아나가야 할 여건에서 매우 필요하다. (…) 무작위로 죽인다고 우리를 비난하는 것은 쓸모없는 일이다."

체카는 1917년에 설립되었는데 이후로 이름이 여러 차례 바뀌었다. 1922년에는 합동 국가 정치 보안부(OGPU)로 명칭이 바뀌었다가 1934

년에 내무 인민 위원회(NKVD)와 합쳐졌고, 1946년에는 내무성 조사국(MVD)으로 통합되었다가 그 다음에 국가 보안 위원회(KGB)(현재는 연방 보안국(FSB))가 되었다. 하지만 레닌과 제르진스키(초대 국장)가 이 기구의 성격을 어떻게 파악하고 있었는지를 가장 잘 보여 주는 것은 원래의 명칭인 비상 위원회이다. 이들에게 공포정치는 무엇보다 인류를 재창조하기 위해 필요한 수단이었다. 여기에서 레닌과 제르진스키의 생각은 자코뱅의 맥을 잇는다. 레닌과 제르진스키는 프랑스혁명 당시의 자코뱅 공포정치를 찬양했고, 따라 했으며, 훨씬 능가했다. 인류가 다시 만들어지고 나면 공포정치는 불필요해질 거라는 게 이들의 전제였다. 그러나 알다시피, 인간은 변하지 않았다. 달라진 점이라면 전보다 더 잔인하고 무서워졌다는 정도랄까. 공포정치는 일시적인 것이 아니라 영구적인 상태가 되었고 수천만 명의 목숨을 집어삼켰다.

제르진스키가 죽은 이유는 그 자신이 반동분자가 되었기 때문일 수도 있다. 1926년 7월에 그는 공산당 중앙 위원회 회의에서 두 시간 동안 연설을 했다. 스탈린에 의해 중공업 담당 위원으로 임명된 그는 (체카의 후신인 합동 국가 정치 보안부 위원장 자리와 겸직했다) 이 연설에서 스탈린에게 반대하는 자들을 공격했다. 제르진스키는 열이 나는 것 같아 보였고 초조한 듯 앞에 놓인 물을 마셨다. 그러고서는 갑자기 창백해지면서 쓰러졌고, 중앙 위원회 참석자들이 보는 앞에서 숨졌다. 스탈린은 사인이 심장마비라고 발표했지만 많은 사람들은 독살일 거라고 생각했다.

일설에 의하면, 스탈린이 차르 시대 비밀경찰 출신이었다고 고발하는 내용의 서류를 제르진스키가 우연히 보게 되었다고 한다.[89] 스탈린이 차르의 비밀경찰이었다는 건 오래된 소문이었고, 이게 사실이었다고 해도 놀랄 일은 아니었다. 전략적인 목적에서건 개인적인 이익을 위해서건, 적과 내통하는 것은 러시아 지하 세계에서, 그리고 거의 모든 혁명 운동에서 일반적인 행위였으니 말이다. 이를테면, 록하트가 남긴 일기에 따르면, 1958년에 미국 대사 조지 케넌은 스탈린이 차르 경찰에 고용된 적이 있다는 것을 자신이 증명할 수 있다고 주장했다.(케넌은 스탈린도 "남의 손에" 죽었다고 생각했다.)[90] 또, 1919년부터 1946년까지 소련의 명목상 대통령이었던 미하일 칼리닌을 비롯해 많은 볼셰비키 지도자들이 차르 비밀경찰인 오크라나를 위해서도 일했다고 알려져 있다. 그렇더라도 스탈린이 차르 비밀경찰에 정보를 제공하는 밀고자였다는 증거가 드러나면 거의 초인으로 숭앙받는 스탈린의 명성에 해가 될 수 있었다. 따라서 제르진스키가 스탈린이 오크라나의 밀고자였음을 밝히는 서류를 가지고 있었다면 치명적인 위험에 처하게 되었을 것이다.

스탈린은 대의를 위해서라면 살인을 해도 문제될 게 없다고 생각했다. 그럼, 스탈린이 생각한 대의는 무엇이었을까? 어린 시절 티플리스에 있는 러시아정교회 학교를 다닐 때 스탈린이 읽은 책에서 아마 실마리를 찾아볼 수 있을 것이다. 그때 스탈린은 도스토옙스키의 『악령 Devils』을 읽고 아주 많은 메모를 해 놓았다. 도스토옙스키는 혁명에 반대하는 입장을 고취하기 위해 이 소설을 썼다. 도스토옙스키는 혁명주의자들의 진짜 목적은 인간의 고통을 덜어 주는 것이라기보다는 더 이상 고통을 겪을 수가 없는 새로운 종류의 인간을 창조하는 것이라고 보았고, 그래서 혁명주의자들을 혐오했다. 그런데 스탈린은 도스토옙스키가 혐오한 혁명주의자의 비전이 자신의 생각과 같다는 것을 깨달았다. 스탈린은 이 책 가장자리에 약함과 어리석음이 유일한 악덕이고 권력은 미덕이라고 적어 놓았다.

스탈린이 정교회 학교에 다니던 19세기 말에는 이것이 아주 이상한 견해는 아니었다. 러시아에는 모든 도덕적 제약을 거부하는 위버멘슈(초인)에 대한 니체적 판타지를 따르는 사람이 많았다. 니체주의 무정부의자, 니체주의 반동주의자, 니체주의 기독교, 니체주의 이교도 등, 온갖 니체주의자들이 있었다. 나중에는 니체주의 볼셰비키도 생기는데 고리키도 이들 중 한 명이었으며, 도스토옙스키가 염려한 방식의 혁명을 꿈꿨다. 즉, 혁명은 인류의 신성화라는 것이었다.

이탈리아 미래파들은 일종의 초인 예찬으로 파시즘을 받아들였다. 러시아의 미래파들도 같은 이유에서 볼셰비키를 환영했다. 미래파 오페라인 "태양에 대한 승리"가 1913년에 페테르부르크에서 상연되었는데(무대 디자인은 말레비치가 맡았다), 오페라는 "신은 죽었다"는 니체의 언명에서 시작한다. 초인은 이렇게 노래한다.

우리는 우주를 공격하는 중이다.

우리는 우리 자신에 대항해 세계를 무장하는 중이다.

우리는 허수아비들을 살해하는 중이다.[91]

니체주의적 개념들은 20세기 초 유럽에서 횡행하던 주술주의 신념과 결합해 볼셰비키 지식인에게 막대한 영향을 미쳤다.

체카는 자칭 초인을 많이 배출했다. 그중 한 명은 야코프 블룸킨Yakov Blyumkin이었다. 재능 있는 언어학자로 터키어, 페르시아어, 그리고 여러 유럽 언어에 능통했던 그는 러시아의 시인 및 지식인들과 자유롭게 교류했다. 블룸킨은 전문 암살자이기도 했는데, 사회혁명당과 체카 둘 다를 위해 일하면서 1918년 7월에 독일 대사를 암살하기도 했다. 당시 블룸킨은 러시아에서 꽤 명성을 누리고 있었다. 제르진스키의 서명이 미리 되어 있는 백지 양식에 처형할 사람들 이름을 휘갈겨 쓰고 있을 때 시인 오시프 만델스탐Osip Mandelstam이 이의를 제기하자, 블룸킨은 권총으로 만델스탐을 죽이겠다고 협박했다. 몇 년 뒤, 스탈린에 반대하는 시를 써서 만델스탐은 중노동 형을 선고받았고 1938년에 수용소에서 사망했다. 그 시에는 이런 구절이 나온다. "각각의 죽음이 그에게는 달콤한 딸기다."

블룸킨과 함께 독일 대사를 살해했던 공범은 체포되어 처형당했지만 블룸킨은 안전하게 도망쳤다. 이후에 블룸킨은 사면되었고(아마도 트로츠키가 개입한 덕분일 것이다), 터키, 이란, 중국, 몽골 등지에서 체카 요원으로 활동하면서 유럽에서 암살자로서 일도 계속했다. 일설에 의하면 주술사 니콜라스 로어리치가 1926년부터 1928년까지 티베트를 방문했을 때 블룸킨이 동행했다고 한다. 로어리치의 티베트 방문은 몇 몇 정보기관들이 예의 주시하고 있는 사안이었다. 또, 러시아 망명자 지도자인 보리스 사빈코프가 속임수에 넘어가 러시아에 돌아온 뒤에 블룸킨은 감옥으로 사빈코프를 찾아갔고 나중에 자신이 사빈코프의 자살 유서를 썼다고 주장했다.

블룸킨은 트로츠키와 꾸준히 연락을 주고받았다. 트로츠키는 당시 터키 마르마라해 근방의 섬에 살고 있었는데, 스탈린은 트로츠키의 신뢰를 확보하고 그 이후에 살해할 목적으로 블룸킨을 터키에 보냈다. 하지만 블룸킨은 이 임무를 완수하지 못했고, 트로츠키는 10년쯤 후인 1940년 8월에 멕시코에서 스탈린이 보낸 요원에게 등산용 얼음 망치로 살해당한다.

트로츠키 방문에서 임무를 완수하지 못하고 돌아올 때, 블룸킨은 트로츠키에게서 꾸러미를 하나 받아가지고 왔다. 내용물이 무엇이냐에 대해서는 의견이 분분하다. 번역 일을 제공해 준 친구에게 감사를 전하는 편지일 뿐이었다는 설도 있고 트로츠키 지지자들에게 대스탈린 전략을 전하는 메시지라는 설도 있다. 어쨌든 이 시점에 블룸킨은 치명적인 실수를 저질렀다. 이 꾸러미를 모스크바로 가지고 가 달라는 부탁을 받았다는 이야기를 카를 라데크Karl Radek에게 해 버린 것이다. 이전에는 트로츠키파였으나 스탈린 쪽으로 돌아선 라데크는 독일이 볼셰비키를 지지하게 만든 공신 중 한 명이었으며 레닌과 함께 독일

고위 당국이 제공한 귀환 열차를 타고 러시아로 돌아온 사람이기도 하다. 라데크는 그 이야기를 스탈린에게 전했고, 스탈린은 블룸킨이 어찌할 계획인지를 알아내라고 명령했다. 젊은 여성 요원이 블룸킨과 잤지만 아무 것도 알아내지 못했다. 스탈린은 블룸킨이 꾸러미를 어떻게 처리할 것인지를 계속 의심했고, 블룸킨도 점점 자신이 감시당하고 있다는 사실을 알아차리게 된다. 블룸킨은 탈출을 시도했다가 체포되어 고문당한 뒤 처형됐다. 소비에트 정보기관의 고위 인사 중 스탈린의 명령으로 처형된 첫 번째 인물이었다. 잡히기 전에 블룸킨은 이렇게 말했다고 한다. "나는 갇힌 생쥐 같구나. 살고 싶다. 어떻게든, 무엇으로든, 나는 살고 싶다."[92]

라데크는 블룸킨을 배신한 데 대한 보상으로 크렘린을 굽어 보는 아파트를 하사받았고 스탈린의 측근 중 한 명이 되었다. 하지만 그것도 그가 1936년 체포되어 사라질 때까지만이었다. 라데크의 죽음에 대해서는 설이 분분하다. 재판 후에 내무 인민 위원회에 의해 총살당했다는 이야기도 있고, 수용소에서 기아와 추위로 죽었다는 이야기도 있고, 내전과 혁명으로 고아가 되어 굴락에 수용되어 있던 '베즈프리조르니bezprizornii' 들에게 굴락 뜰에서 맞아 죽었다는 설도 있다.

블룸킨은 더 철저하게 사라졌다. 그의 체포 사실은 공개되지 않았고, 1930년에 빈의 공산당 신문은 그가 실제로 존재한 사람이 아니었으며, 따라서 처형하는 것도 불가능하다고 언급했다. 국가 보안 위원회 수장인 블라디미르 크류치코프Vladimir Kryuchkov(고르바초프에 대항하는 쿠데타를 시도한 사람이다)가 블룸킨에게 영웅 칭호를 주어야 한다고 주장한 1990년과 1991년이 되어서야 그는 존재한 적 없던 사람에서 실존 인물로 되돌아왔다.[93)]

블룸킨의 처형 명령을 내린 사람은 비아체슬라프 멘진스키Viacheslav Menzhinsky였다. 멘진스키 역시 체카 출신 초인으로, 블룸킨처럼 니체 사상의 영향을 받았다. 젊은 시절에는 사탄주의에 빠지기도 했다가 볼셰비키주의로 선회한 후 한동안 페트로그라드 소비에트에서 일했다. 1919년에 제르진스키는 멘진스키를 체카의 방첩 업무 담당자로 임명했고, 1926년 제르진스키가 사망한 후 멘진스키는 합동 국가 정치 보안부의 수장이 되었다. 시인이자 소설가였던 멘진스키의 글에는 좌절된 도덕적 열망으로 가득한 개인성이 드러나 있다.

1930년에 첫 공개 숙청 재판을 조직한 사람이 당시 스탈린의 심복 중 한 명이었던 멘진스키였다. 이 재판에서 일군의 공학자와 경제학자(경제 장기파동 이론을 편 니콜라이 콘드라티예프Nikolai Kondratiev도 포함해서)가 체포되어 존재하지도 않았던 '산업당'에 가담했다는 혐의를 받았다. 건강이 안 좋았던 멘진스키는 침대에 누워서 심문을 했다. 심문할 때 그는 항상 예의바르고 매력적이었다. 특히 여성들에게는 고전적인 예우로 대하면서 그들을 고문, 강간, 처형이 벌어질 곳으로 보냈다.[94)]

체카의 초인인 멘진스키도 다른 사람들처럼, 아니 어쩌면 더 잔인하고 어처구니없게 죽었다. 블룸킨처럼 멘진스키도 소비에트의 살인 기계에 의해 소비되었다. 스탈린은 합동 국가 정치 보안부의 독약 실험실을 만든 야고다를 이용해, 멘진스키의 아파트 커튼, 카펫, 벽지 등을 독으로 적셔 살해하라고 했다. 멘진스키는 1934년에 숨졌다. 나중에 야고다가 처형당했을 때 받은 혐의 중 하나가 멘진스키 살해였다.

스탈린이 블룸킨이나 멘진스키와 차이점이 있었다면 권력을 행사할 때 체계적이고 꼼꼼하게 접근했다는 점일 것이다. 죽기 몇 달 전에 스탈린은 웰스의 소설『모로 박사의 섬』의 러시아 출간을 허가했는데, 스탈린은 자신이 목숨 줄을 쥐고 있는 사람들을 생체해부학주의자들이 실험 대상 보듯이 여겼다. 스탈린은 인간들에게 그다지 관심이 없었고 인간을 미래를 건설하는 데 사용할 자원으로만 여겼다.

스탈린이 미래를 어떻게 그렸는지에 대해서는 요제프 로트Joseph Roth의 소설『침묵의 예언자The Silent Prophet』에서 엿볼 수 있다. 1927년에서 1928년 사이에 쓰여진 이 소설은 트로츠키의 일생을 빼어나게 서술하고 있는데, 여기에서 스탈린은 소비에트 지도자 사벨리로 등장한다. 로트는 사벨리가 일하는 "밝고 검소한" 집무실을 묘사한다. 엷은 노란 벽으로 되어 있고 가죽 의자와 노란 종이 한 장이 놓인 책상이 있으며, 사벨리가 여기서 일한 지 2년이나 됐지만 아직 가구가 더 놓여야 할 것 같은 느낌을 주는 곳이다. 등장인물 중 한 명이 사벨리가 러시아 스타일로 유리잔에 차를 마시는 습관을 버리고 커피잔에 커피를 마시기로 결정한 에피소드를 묘사한다. 사벨리는 "진짜 터키 커피를 만들 수 있는 뛰어난 기계를 독일에서 들여왔을 때" 차 마시는 습관을 커피

마시는 습관으로 바꾸게 된다. 이 기계가 어떻게 작동하는지를 15분 동안 설명한 뒤에, 사벨리는 이렇게 말한다. "독일 사람들은 정말 뛰어난 친구들이야!"[95)]

로트가 묘사한 사벨리는 스탈린과 크라신의 공통점 하나를 극명하게 보여 준다. 크라신이 레닌의 시신을 냉동해 불멸화하려 한 것은 테크놀로지에 대한 주술적 믿음에서 나온 일이었다. 소비에트의 살인 기계를 만들어 낸 것도 테크놀로지에 대한 주술적 믿음이었다.

> 하나의 기계가 계속해서 죽은 자들로부터 산 자들을 생산해 내는 동안, 다른 기계는 산 자들로부터 죽은 자들을 생산해 낸다.[96)]
>
> — 안드레이 플라토노프Andrei Platonov

서구 논평가들은 소비에트 정권을 차르에 대항한 혁명이라고 해석했고, 나중에 이 정권의 독재적 특성이 명확해졌을 때는 차르의 연속이라고 해석했다. 또 서구 논평가들은 볼셰비키를 러시아를 발전시키고 근대화할 목적을 가진 합리적 관료로 보았다. 그들은 볼셰비키주의를 본질적으로 정치적인 운동으로 가정함으로써, 볼셰비키의 목적이 경제적이거나 사회적인 것만을 염두에 둔 것이 아니었음을 제대로 파

악하지 못했다. 소련의 오웰이라고 불리는 작가 안드레이 플라토노프
는 볼셰비키의 목적이 훨씬 광범위하다는 점을 알고 있었다. 플라토노
프는 구르지예프와 페도로프에게 영향을 받은 것으로 알려져 있는데,
소비에트의 실험은 비전의 용어들로만 이해될 수 있다고 보았다.

플라토노프 저작 중 상당 부분은 그의 생전에 검열되거나 압수됐다.
플라토노프는 고리키에게 도움을 청했지만 고리키는 별 반응이 없었
다. 플라토노프의 아들은 열다섯 살에 간첩 혐의로 체포돼 수용소로
보내졌고, 결핵에 걸려 돌아왔다. 플라토노프도 작가 숙소에서 가난하
게 몇 년을 산 뒤에 (그가 이곳 정원을 빗자루질 하고 있는 모습이 보였을 수
도 있다) 결핵으로 숨졌다.

『기술적 소설A Technological Novel』*에서 플라토노프는 1920년대를
회상한다. 그가 공산주의를 지지하던 시절이었는데, "우주 전체를 테
크놀로지로 정복하는 것"이 가능하다고 믿었기 때문에 지지한 것이었
다. 1918년에 크라신에게 레닌은 이렇게 말한 바 있었다. "전기가 신
의 자리를 차지할 것이다. 농민들이 전기를 향해 기도하게 하자. 농민
은 천국의 힘보다 중앙 당국의 힘을 더 많이 실감하게 될 것이다."[97]

플라토노프는 그가 초기에 가졌던 신념을 한 공산주의 지도자의 입
을 빌려 이렇게 표현했다.

▪ 이 소설은 압수되었고 현재 부분적으로만 남아 있다.

우리는 모든 죽은 이들을 무덤에서 꺼낼 것이다. 우리는 그들의 대장인 아담을 찾아내서 그를 일으켜 세우고 물을 것이다. 너는 어디에서 왔는가? 신에게서 왔는가, 마르크스에게서 왔는가? 말하라, 이 옛 사람이여! 그가 진실을 말한다면 우리는 이브를 되살려 낼 것이다.

그러나 플라토노프는 과연 이것이 가능한지, 그리고 바람직한지에 대해 의문을 품게 되었다. 그는 이런 의구심도 다른 등장인물을 통해 드러냈다.

그는 인간이 지엽적인 현상이라는 것, 자연이 정신보다 더 포괄적이며 중요하다는 것, 그리고 죽은 자는 영원히 죽은 것이라는 점을 알고 있었다. (…) 그의 영혼에는 겸손함이 있어서 인간을 자연적으로 일어나는 수많은 현상들의 우주적 연쇄 속에 위치시켰다. 그리고 그런 연쇄 속에 살아가는 것을 부끄러워하지 않았다. (…) 그는 우주가 인간을 통해 스스로를 인식하게 되고 자신의 목적을 향해 이성적으로 나아갈 것이라고 믿지 않았다.[98]

스탈린에게 어느 정도 공감하고 있던 21세기 러시아 작가 알렉산드르 프로하노프Alexander Prokhanov는 이렇게 썼다. "공산주의는 무한히 다양한 물건들을 산출하는 기계가 아니다. (…) 공산주의가 목표하는 것은 죽음의 정복이다. 소비에트 미래주의의 열정과 소비에트 기술 관료들의 사상은 전적으로 불멸의 묘약을 만드는 방향을 향해 있었다."

볼셰비키주의자들은 자신이 어떤 신비주의도 거부하는 합리주의자라고 생각했다. 건신주의자들은 신비를 인류의 우위에 놓는다는 이유로 과거의 종교를 거부했다. 하지만 처음부터 볼셰비키주의는 영지주의의 일종이었다. 고대 세계의 신비주의 종교 중 하나가 현대 세계에서 재탄생한 셈이었다. 전통적인 영지주의 철학은 지구를 영혼의 감옥으로 본다. 거기 갇힌 개인들은 각자 엄격한 내면의 규율을 닦아야 해방될 수 있다. 그런 수련으로 지상의 육신에 더 이상 묶여 있지 않게 되면 인간은 비물질적인 영역에서 영원히 살 수 있다. 한편, 볼셰비키주의판 물질주의적 영지주의에서는 구원이 집단적이고 물리적으로 일어난다. 그리고 그 목적은 인류를 자연에서 구원하는 것이다. 이런 철학을 실행한 결과, 근대 들어, 아니 아마도 역사상 통틀어 가장 광범위하다고 할 만한 물질 파괴가 이뤄졌다. (아마도 1958년에서 1962년 사이 발생한 마오쩌둥 시절의 대기근이 이를 능가하는 유일한 사례일 것이다.) 농업 집단화로 토지가 극심하게 황폐화됐다. 내전 기간에도 이보다 심각하진 않았다. 또 소련의 산업화는 어마어마한 규모로 자연 자원을 파괴했다. 물질주의가 현실에서는 물리적 세계를 파괴한 셈이었다. 이 과정에서 핵심은 인간 생명의 파괴였다.

볼셰비키는 러시아 역사상 전례가 없는 대규모의 학살을 시작했다. 1917년부터 나치가 침공한 1941년 사이에 총 사망자가 몇 명이나 되는지는 확실치 않다. 추정치는 저마다 다른데 적게 잡으면 2천만 명, 많게는 6천만 명까지로도 추정된다. 소비에트는 죽음의 지배를 받지 않는 새로운 유형의 인간을 만든다는 목적에서 엄청난 규모의 죽음을 야기했다. 새로운 종류의 인류를 죽음에서 자유롭게 만들기 위해 수없이 많은 사람이 죽었다.

볼셰비키는 정권을 잡은 순간부터 줄곧 즉결 처형을 시행했다. 케렌스키 임시정부 시절에는 사형이 금지됐지만 1918년 6월에 다시 재개됐다. 그해 8월, 레닌은 농민 반란을 "동정의 여지 없이 진압해야 한다"는 지침을 하달했다. 1918년 8월 11일에 내려온 레닌의 "교수형령"은 "알려져 있는 쿨락(부농) 100명은 모두 교수형에 처해야 하고, 이는 모든 사람들이 보는 앞에서 이뤄져야 한다"고 지시했다. 레닌은 "체포한 사람들을 어제 보낸 전문에서 지시한 방식대로 처형하라"고 명령했다. "수백 킬로미터 떨어진 곳에서도 보일 수 있게, 그래서 사람들이 그것을 보고 전율하고, 그 사실을 알고, 비명을 지르게 해야 한다."[99] 레닌 시절 법무 담당 중앙 위원을 지냈고 소련 법률 체계의 기틀을 닦은 니콜라이 크릴렌코Nikolai Krylenko는 "죄가 있는 사람을 죽이는 데 그쳐서는 안 된다. 결백한 사람을 처형하는 것이 대중에게 더 강한 인상을 준다"[100]고 말했다. 크릴렌코는 사형 제도가 공식적으로 재개되기 전에 반혁명 활동으로 사형선고를 받은 소련 해군 제독에 대해, 그가 사형에 처해진 것이 아니라 총에 맞아 죽은 것이라고[101] 해명하는 유머 감각을 보여 주기도 했다. 크릴렌코 자신도 체포되어 반소비에트 활동을 했다고 자백한 뒤, 1938년에 총에 맞아 죽게 된다.

이후에도 사형 제도 자체는 없어졌다 재개됐다를 반복했지만, 소련 당국의 대량 학살은 내내 계속됐다. 1919년에는 모스크바 보이스카우트들이 총살당했고, 1920년에는 잔디 코트 테니스 클럽의 회원들이 모두 처형됐다. 누가 무슨 일을 했는지가 중요한 게 아니었다. 그냥 목록에 이름이 있으면 처형당했다.[102] 1918년 중반부터 내전이 끝난 1921년까지 체카는 10만 명에서 25만 명을 처형했다. 적게 잡은 숫자는 수용소에서 숨진 사람을 포함하지 않은 것인데, 이 숫자만 보아도 차르 시대 마지막 세기에 처형된 사람 수보다 일곱 배나 많다.[103] 1918년에 핀란드와 폴란드 등이 독립을 하면서 소비에트 러시아는 이전 영토의 8분의 1과 인구의 6분의 1을 잃었다. 그런데도 볼셰비키가 권력을 잡은 후 첫 4년간 처형한 사람 수가 로마노프 왕조가 300년간 처형한 사람 수보다 많았다.[104]

처형 방법은 다양했다. 십자가형, 성기 절단, 사지 절단, 돌로 치기, 가죽 벗기기, 얼리기, 뜨거운 물로 화상을 입히거나 태우기 등이 일반적으로 쓰였다. 헝가리 혁명가 벨라 쿤의 연인인 체카 요원 로잘리아 제먀치카는 레닌의 승인하에 백군 장교 5만 명을 죽였는데 둘씩 묶어서 산채로 용광로에서 태웠다.[105] 쥐를 사용하는 방법*도 있었다. 체카는 쥐들을 금속 파이프에 넣고 한쪽을 막은 뒤 열을 가해서 쥐들이 희생자들의 위장을 뚫고서 도망치게 만들었다. 나무토막에 희생자의

---

* 이 방법은 오웰의 소설 『1984년』에도 등장한다. 소설에서 윈스턴 스미스는 굶주린 쥐가 들어 있는 우리를 그의 얼굴에 묶어 두겠다는 협박을 당한다.

머리를 올려 놓고 지렛대로 머리를 깨어 뇌를 짜내는 방식도 있었다. 그러면 뇌 물질이 두개골에서 빠져 나와 바닥에 있는 구멍으로 흘러 들어갔다.[106)

처형된 사람들의 소지품은 낭비되지 않았다. 옷은 물론이고 시신에서 거둘 수 있는 것은 무엇이든 재사용했다. 레닌은 모스크바 체카가 처형한 죄수가 입고 있던 멜빵을 했고, 한 고위 체카 요원은 자신이 심문한 사람의 금니로 의치를 만들었다.[107)

1920년경이면 체카는 80개 이상의 수용소를 운영하게 된다. 초기 수용소 중 하나인 솔로브키는 레닌과 제르진스키가 백해에 있는 솔로베츠키 수도원에 지은 수용소로, 스탈린 시대 굴락의 원형이 된다. 수도원 자리에 수용소를 짓는 데는 실용적인 이점이 있었다. 외진 곳에 있어서 탈출이 어렵고 수감자들이 사회에서 격리되어 있으므로 이들이 어찌 되었는지가 외부로 알려지지 않을 수 있는 것이다. 하지만 수도원 시설을 수용소로 이용하는 것에는 더 큰 의미가 있었는데, 〔사회주의라는〕 새 기획이 이뤄지고 있다는 신호로 삼을 수 있었다는 점이다. 제르진스키는 "수감자들이 더 빨리 제거될수록 우리는 더 빨리 사회주의에 도달할 수 있다"고 말했다.[108) 이런 정책에 부합해서, 이곳에서 살아나온 사람은 거의 없었다.

처음부터 고문은 공공연히 행해졌다. 브루스 록하트가 체카 본부에 잡혀 있다가 석방되었을 때 놀리스크 지역의 체카 요원들은 『체카 소식지』에 "왜 이렇게 무른가?"라는 제목의 편지를 보내서 이에 항의했다. "왜 필요한 정보와 주소를 얻기 위해 정교한 방법으로 록하트를 고문하지 않았는가?" 체카 중앙은, 그런 방법들에 "반대한 것이 전혀 아니"라며 다만 이 경우는 그럴 만한 사안이 아니었다고 답했다.[109]

볼셰비키가 공포정치에 의존한 건 내전에서 버티기 위해서였다고 생각하는 사람이 많다. 하지만 사실 볼셰비키는 내전을 환영했다. 구질서를 끝낼 수 있는 기회를 주었기 때문이다. 첫 목표는 구사회의 잔여 인간들을 신속히 처리하는 것이었다. 체카는 전쟁 이전 시기의 상인, 당국자, 교육을 많이 받은 사람, 눈에 띄게 부유했던 사람, 구정권에서 일한 사람, 그리고 이들의 가족들을 체계적으로 분류해 제거했다. 이들 '정주 분자' 중 많은 수가 할당된 배급으로는 살 수가 없어서 굶어 죽었다. 또 다른 사람들은 수용소로 보내졌다.

두 번째 목표는 러시아 경제를 볼셰비키의 통제하에 놓는 것이었다. 당시 러시아 경제는 아직 농업 위주였다. 체카가 가장 대대적으로 학살한 사람들은 곡물 압수에 저항하던 농민들이었다. 1919년에서 1921년 사이 일어난 탐보프 농민 반란은 중병기와 군용기로 진압되었고, 숲으로 후퇴한 잔당들을 찾기 위해 독가스를 살포해 나뭇잎들을 제거했다. 마을 하나를 통째로 파괴하고 마을 사람들을 모두 추방하는 방식도 이 무렵에 시작된 것으로 보인다. 1921년 6월 11일에 하달된 명령 171번에 따르면, 무기를 갖고 있거나 반란 세력을 숨겨 줄 경우 그 집의 장남은 총살하고 그 마을에 사는 사람들은 모두 잡아들이게 되어 있었다. 그리고 나서 창문틀이나 나무로 된 물건 등 쓸 만한 것들을 수

거한 뒤, 마을 전체를 불태웠다.[110]

대대적으로 학살된 또 하나의 집단은 백군이었다. 항복한 백군 장교들은 일단 풀어준 뒤, 총살하거나 물에 빠뜨려 죽이거나 칼로 난자해 죽였다. 이 시기를 연구한 역사학자 도널드 레이필드Donald Rayfield에 따르면, 한 인종 전체가 통째로 백군으로 지목되기도 했다. 이를테면 적군 장교인 이오나 야키르는 코사크 남성 인구 절반을 죽였고 코사크 여성과 어린이들에게는 화염방사기를 사용했다. 칼미크인 등 러시아 인종이 아닌 다른 많은 사람들도 백군으로 지목되어 무차별 학살의 대상이 되었다.[111]

1918년 여름 무렵이면 과거 제정러시아 영토였던 곳에 30개의 정부가 존재하게 된다. 이 중 하나만 빼고는 모두 볼셰비키에 반대하는 세력이었다. 하지만 반볼셰비키 세력은 분열되어 있었다. 백군이 곧 러시아 대부분을 장악하긴 했지만 레닌과 달리 분명한 전략적 목적을 가지고 있지는 못했다. 군주주의자, 반차르 사회혁명당, 반동주의자, 케렌스키 임시정부의 잔여자, 자유주의자, 반유대주의자 등이 볼셰비키를 혐오한다는 이유 하나만으로 같은 편이 되었다. 그들이 공포정치를 시작했을 때, 이는 야만성의 면에서 붉은 군대의 공포정치와 막상막하였다.

내전 당시 벌어진 유대인에 대한 대량 학살은 규모 면에서 제정러시아 시절 그 어느 때보다도 대대적이었다. 전부 백군이 저지른 것은 아니었다. 농민들인 녹색군, 무정부주의인 흑군, 그리고 공산주의의 붉은 군대 모두가 유대인을 학살했다. 1920년 10월에 유대인 공산주의자들이 폴란드에서 퇴각하는 붉은 군대가 유대인을 학살하고 있다고 레닌에게 보고했지만, 레닌은 아무런 조치도 취하지 않았다.[112] 또, 백군이 다 반유대주의자인 것도 아니었다. 이를테면, 노벨상을 수상한 작가인 이반 부닌Ivan Bunin은 프랑스에 망명해 있는 동안 목숨을 걸고 유대인을 숨겨 주었다. 그런 사례들이 있다고는 해도, 백군 사이에서 반유대주의 선동 문서*들이 널리 읽히면서 볼셰비키가 유대인의 세계 지배 책략의 일환이라는 음모론이 광범위하게 유포됐다. 실상은, 노먼 콘이 설명했듯이, "그런 문서가 백군 사이에 유포되고 있을 때 정작 소비에트 정부는 시나고그**를 노동자 회당으로 만들고, 유대 종교를 해체하고, 유대인의 문화 기관과 자선 기관을 해체하고, 모든 히브리어 책을 내용 불문 금지"하고 있었다.[113] 이러한 사실도 음모론을 분쇄하기에는 부족했는지, 백군들은 계속해서 유대인을 표적 삼아 우크라이나와 벨라루스에서 30만 명 가량을 학살했다.[114]

어쨌든, 규모와 범위 면에서 보자면 체카의 공포정치에 필적할 만한 사례는 없을 것이다. 1차 세계대전 이전에 차르 비밀경찰인 오크라나의 페테르부르크 본부에는 겨우 400여 명의 정규직 요원과 직원이 있

---

* 이 중에는 차르 비밀경찰인 오크라나의 파리 지부에서 위조해 유포한 것으로 보이는 『시온 장로 의정서』의 한 버전도 있었다.
** 유대인 예배당. 옮긴이

었다. 해외 지부는 파리 주재 러시아 대사관에 있는 것이 유일했다. 그런데 1917년 23명의 요원으로 시작한 체카는 오크라나의 문서들을 넘겨 받았고 제르진스키는 이것을 가지고 전직 오크라나 요원들을 협박했다. 1921년 중반이 되면 전직 오크라나 요원들과 체카에 들어오면 위험을 피할 수 있을 것이라고 생각한 사람들 등을 끌어들여서, 체카는 25만 명이 넘는 요원을 두게 된다. 뿐만 아니라, 체카와 체카의 후신 기관들에 협력하고 정보를 제공한 끄나풀들이 수십만 명(나중에는 수백만 명)이나 있었다.[115)

사람들을 잡아들이는 방법도 정교해졌다. 붉은 군대에 군사 전문가가 필요하다는 사실을 깨달은 트로츠키는 가족들을 위협하는 방식을 써서 군사 전문가들을 고용했다. 트로츠키는 이렇게 지시했다. "탈영자들에게는 그들이 자신의 가족을 배신하고 있다는 점을 주지시키자. 자신의 부모, 형제 자매, 아내와 아이들을 말이다." 1920년 무렵에는 붉은 군대 장교의 4분의 3이 전직 차르 장교였고, 이들은 체카의 지시와 감독하에 일을 하고 있었다.

내전이 끝날 무렵에는 경작지의 3분의 1가량이 버려졌고 남은 곳은 원시적인 도구들로 경작되었다. 사람들은 인간 사체를 먹으면서 살아남았다. 1922년에 발표된 공식 통계에 따르면,[116) 약 700만 명의 베즈프리조르니가 있었다. 베즈프리조르니는 혁명으로 집을 잃고 떠도는 어린아이들을 일컫는데, 무리지어 다니면서 살인과 강도로 먹고살았다. 이 고아들이 소비에트 국가에 위협이 된다는 것을 당국자들은 모

르지 않았다. 비밀경찰 국장인 제르진스키의 지휘하에, 〈아동생활향상
위원회〉가 설립됐다. 1930년대에 또 한 차례 베즈프리조르니 세대가
등장하는데, 이때쯤에 베즈프리조르니 첫 세대는 죽었거나 노동 수용소
에 있었다. 특수 고아원에서 자란 일부 아이들은 내무 인민 위원회 요원
이 되었고, 이 중 일부는 강제로 농업 집단화를 추진하는 일을 맡았다.

1928년에 곡물을 징발하면서 농업 집단화가 시작됐고 이는 곧 농민
들에 대한 전쟁으로 발전했다. 1930년에서 1933년 사이의 기근으로
700만 명에서 1천만 명의 농민이 숨졌다. 농민반란은 진압되었는데,
때로는 붉은 군대의 정규군이 투입됐다. 북부 코카서스 지역에는 공
군도 동원됐다. 내무 인민 위원회의 한 지휘관은 코카서스 지역의 강
을 따라 수천 구의 시체가 바다로 흘러들고 있다고 정치국에 보고하기
도 했다.[117] 농민들은 단단히 잠긴 가축 트럭에 실려 북쪽으로 보내졌
고 거기에서 목재를 베거나 광산에서 일하다가 죽었다. 굶어 죽은 사
람이 가장 많았다. 당시 공산주의자였던 아서 쾨슬러Arthur Koestler는
기근 기간에 기차로 우크라이나를 가로질러 여행했는데, 여성들이 알
코올 병에서 꺼낸 배아처럼 보이는 굶주린 아이들을 안고 있었다고 기
록했다. 1930년에서 1932년 사이에는 카자흐스탄 사람 100만 명 이
상이, 1932년에서 1933년 사이에는 우크라이나 사람 300만 명 이상
이 죽었다.[118] 몽골에서는 농업 집단화와 사원 파괴로 인구의 3분의 1
이 줄었다.[119]

굴락이 최고조였을 때는 세계 나머지 지역의 수감자를 다 합한 것보

다 더 많은 수의 수감자가 있었을 것이다.[120] 하지만 소비에트 살인 기계 중 가장 많은 목숨을 앗아간 것은 수용소가 아니었다. 죽은 사람 중 다수는 수용소에 있지 않았다. 그리고 수용소에 수감된 사람 총 3천만 명 중 숨진 사람은 3백만 명 가량이었다. 물론 몇몇 수용소는 사람들이 거의 살아나갈 수 없는 구조였다. 제르진스키가 설립한 초기 수용소가 그랬다. 러시아 극동 지방의 콜리마에는 금광이 있었는데, 매년 죄수 세 명 중 한 명 꼴로 숨져서 "콜리마는 죽음을 뜻한다"는 말까지 나왔다. 공식 통계에 따르면[121] 1937년에 10년형 이상을 선고받은 사람 중 1947년까지 살아남은 사람은 100명에 44명 꼴도 안 되었다. 죄수들을 죽이는 데 독가스가 사용되었다는 증거도 있다. 한 경찰은 죄수들을 밀폐된 자동차에 한 번에 몇 명씩 싣고서 독가스로 죽였다고 한다.[122] 그렇다 해도 이것은 나치가 소비버나 트레블링카의 집단 학살 수용소에서 한 짓에 비할 바는 못 된다.[123] 굴락에서 죽은 사람들은 대부분 노예 노동으로 숨졌다. 중노동, 기아, 질병, 추위 등으로 죽은 것이었다.*

소비에트 정권하에서 이뤄진 인명 살상 가운데, 다른 모든 것을 다 합한 것보다 더 많은 인명 피해를 낳은 것은 국가 정책이 유발한 기근과 농업 집단화였다. 이에 더하여, 공포정치 기간 동안 각계각층에서

---

* 동사는 기록을 관리하는 당국자들에게 특히 골치거리였다. 몇몇 수용소에서는 얼어붙은 손을 잘라서 녹인 뒤 내무 인민 위원회 파일에 보관하기 위한 서류에 지문을 찍었다.[124]

수백만 명이 처형당했다. 시신을 매장하기 위한 큰 구덩이가 소련 전역에 생겼다. 벨라루스의 민스크 지방 근처에 있는 쿠로파티 숲의 킬링 필드에는 15만 구의 시신이 묻힌 것으로 추정되며, 키예프 인근의 비크노브나에는 20만 구, 첼랴빈스크에는 30만 구가 묻힌 것으로 추정된다. 민스크 인근 어느 지역에서는 가스관을 설치하던 인부들이 킬링 필드를 발견했는데, 지갑, 돋보기, 장난감 등 희생자들이 처형될 당시 가지고 있던 물건들도 함께 발견되었다.[125]

당시의 목격자들이 1980년대 말에 진술한 바에 따르면 처형된 사람들의 시신을 태우느라 화장터에서는 화로가 밤새 가동됐다고 한다. 모스크바에서 멀지 않은 곳에 있는, 이전에 수도원이었던 한 처형 장소에서는 죄수들이 '목욕탕'이라고 불리던 곳으로 끌려갔다. 지레 심장마비를 일으키지 않도록 죄수들은 앉은 채로 처형됐다. '의료 시술'이라고 부르던 처형 방법도 있었는데, 작은 창문이 열리면 죄수들의 뒷목에 총을 쏘았다. 시신은 상자에 쌓아서 화장터로 이동했다. 시체가 가득 실린 트럭들이 모스크바 인근의 돈스코이 수도원에 도착하면, 그곳의 지하 화로에서 시체들을 태웠고 희생자들은 재와 뼛조각과 치아로만 남게 되었다. 구덩이를 파고 재를 묻었지만 채 다 묻히지 않은 재가 인근 교회 지붕에 쌓였다. 눈도 인간을 태운 재로 덮였다.[126]

1941년에서 1945년 사이 소비에트에서 숨진 약 1천8백만 명은 나치의 희생자였다. 이 중 4백만 명은 총살당했는데 이들 대부분이 유대인이었고, 이 사건은 "총살 홀로코스트"라고 불린다. 총살 홀로코스트의 규모는 이제서야 파악되기 시작했다. 나치가 승리했더라면 독일군은 헝거 플랜*을 더 밀어붙였을 것이고 그러면 아마도 족히 3천만 명은 굶어 죽었을 것이다.[127] 또 다른 수백만 명은 스탈린에게 희생되었다. 전쟁 중에 독일 포로가 됐던 러시아인 1백만 명 이상이 (이 중 수십만 명은 독일 강제 노동에 동원된 사람들이었는데 대부분 여성이었다) 굴락에 감금됐다. 일부가 나치에 협력했다고 해서 (체첸인, 타르타르인, 칼미크인 등) 인종 전체가 고향에서 추방되어 먼 곳에 강제 이주되었고, 많은 사람이 그곳에서 숨졌다.

볼셰비키가 정권을 잡은 뒤에 많은 사람들이 소비에트 국가에 복무하면 안전할 수 있을 것이라고 생각했다. 하지만 레닌과 스탈린은 숫자로 통치했다. 비밀경찰에 체포할 사람 수를 할당하는 방식이었다. 처음에는 한 번에 수백 명 단위였고, 곧 수천 명, 수만 명 단위가 되었다. 내부 인민 위원회 지휘관들은 전화번호부를 보고 사람들을 무작위로 골라서 할당량을 채웠다. 처형 분대에 속한 장교들은 매 교대마다 할당량을 채워야 했다. 그 대가로 그들은 특수 유니폼**과 보드카, 아주 높은 임금, 그리고 죽음의 냄새를 가려 줄 향수를 지급받았다.[128]

하지만 처형하는 자가 된다고 해서 목숨이 오래 보장되는 것은 아니

---

* Hunger Plan. 나치의 식량 탈취 계획. 특히 러시아 점령 지역에서 현지인에게 갈 식량 공급을 차단함으로써 대규모 아사자를 낳았다. 옮긴이
** 흩뿌려지는 피가 옷에 묻는 걸 방지하기 위한 가죽 앞치마, 모자, 장갑도 포함되어 있었다.

었다. 내전과 집단화 당시 일했던 체카 요원들은 모두 1936년과 1938년 사이에 숙청되었다. 해외에서 일한 체카 요원들은 소환 명령을 받았고 러시아에 돌아오면 처형됐다. 킴 필비, 가이 버제스, 도널드 매클린 등을 관리한 시어도어 말리도 1938년 소련에 돌아와 고문당한 후 처형됐다. 소련으로 귀환하기를 거부한 자들은 찾아내어 죽였다. 유럽에서 소련 군사 정보 요원으로 활동하다가 그 즈음에 변절한 발터 크리비츠키는 친구들에게 만약 자신이 죽는다면 자기 의지로 죽는 것은 아닐 거라고 말한 바 있는데, 1941년 2월 워싱턴 D.C.의 한 호텔 방에서 숨진 채 발견된다. 시신 주위에는 3개 언어로 쓰여진 유서가 있었다.

소비에트의 공포정치는 소련 이외의 지역까지 뻗쳤다. 트로츠키는 해외에서 암살당한 첫 번째 인물이 아니었다. 그 전에도 백계 러시아인 망명자 가운데 주요 인사들이 납치, 살해당했다. 1928년에 한 소련 암살자는 (그 역시 의문스러운 죽음을 맞게 된다) 파리로 도망 와 있던 스탈린의 비서를 암살하려고 시도했다. 또, 나중에 야고다가 고리키에게 말해 준 바에 따르면, 1930년에는 백계 러시아인 장교 쿠테포프가 파리에서 납치되어 소련으로 돌아오는 길에 숨졌다.

살인 기계의 일원이 된다고 생존을 보장받는 건 아니었지만, 그래도 누군가가 죽을 때 다른 누군가는 살아남았다. 그래서 살인 기계를 운영하는 자들은 계속해서 사람들을 죽였고, 그 기계가 자기마저 집어삼킬 때까지 하루씩 더 살아남았다.

소비에트를 지지한 서구 인사들이 공포정치를 보고 소련의 대의에 회의를 느꼈을 거라 생각하기 쉽겠지만 사실 가장 대대적으로 살육이 저질러지던 시기는 서구 사람들이 소련에 가장 많이 매혹된 시기기도 했다. 소련을 찾은 서구 순례자들은, 소련을 기쁨과 풍부함의 꿈나라인 것처럼 보여 주는 역할을 맡은, 그리고 그 후에는 수용소의 지하 세계로 사라질, 살아 있는 유령들의 안내를 받았다.

2차 대전 초기 프랑스 수상이었던 급진 정치가 에두아르 달라디에 Edouard Daladier는 1933년 여름에 우크라이나를 방문했다. 스탈린이 펼친 정책 때문에 우크라이나는 당시 극심한 기근을 겪고 있었다. 절박한 사람들은 곡물 가게를 털었고, 굶주린 사람들은 노예로 팔렸으며, 인육을 먹는 일도 벌어졌다. 이게 우크라이나의 현실이었다. 그러나 달라디에는 어느 것도 알아채지 못했다. 우크라이나를 방문한 동안 달라디에는 갓 구운 빵들이 진열된 빵집들이 줄지어 있는 거리로 안내를 받았다. 프랑스로 돌아와서 달라디에는 "아름답고 풍요로운 우크라이나의 도시들에서는 갓 구운 빵 냄새가 났다"고 기록했다. 사실 그 빵들은 회반죽을 색칠해 만든 가짜 빵이었다.[129]

달라디에는 보고 싶은 광경만 보고 맡고 싶은 냄새만 맡았다. 소련을 방문한 사람들이 다 이 정도로 홀린 것은 아니었다. 미국 공산당이 소련에 파견한 조합주의자 프레드 빌Fred Beal은 안내하는 사람 없이 우크라이나를 방문해, 무덤과 미처 묻히지 못한 시신들이 널려 있는 땅을 보았다. 길에는 죽은 말이 마차에 묶여 있었고 죽은 마부가 여전히 고삐를 쥐고 있었다. 마을에는 차가운 화로 앞에서 눈을 뜬 채로 죽어 있는 사람이 있었다. 미국으로 돌아와서 빌은 우크라이나에서 본 것을 게재해 줄 신문사를 찾았지만 관심을 보이는 곳이 없었다. 유일하게 관심을 보인 곳은 유대인 사회주의자 신문인 뉴욕의 『데일리 포워드』였고, 그의 기사는 이 신문에 이디시 어로 게재됐다.[130]

이 시기 러시아를 방문한 사람들은 거의 대부분 본국에 돌아와서 자유롭고 풍부한 유령 러시아를 묘사했다. 그중 가장 중요한 인물은 『뉴욕 타임스』에 글을 쓴 월터 듀런티(Walter Duranty, 1884~1957)일 것이다. 리버풀의 부유한 집안에서 태어나 (그는 맨 섬 출신이라고 주장했지만) 케임브리지에서 교육을 받은 듀런티는 언변이 아주 뛰어나서 여성들을 매혹시켰고 동료 기자들의 넋을 빼놓았다. 인생 대부분의 기간 동안 듀런티는 매력 하나로 세상을 정복한 사람 같았는데 그가 가진 매력의 일부는 일반적인 도덕 기준을 대담하게 경멸하는 태도에서 나왔다.

듀런티는 이국적인 철학에 매료되었다. 듀런티는 빈의 작가인 오토 바이닝거(Otto Weininger, 1880~1903)의 추종자였다. 바이닝거의 책 『성과 성격Sex and Character』은 1차 세계대전 전에 널리 읽혔는데, 루드비히 비트겐슈타인과 아서 쾨슬러 등 많은 사람이 여기에 매료됐다. 나중에는 나치가 반유대주의적 허구를 뒷받침하는 용도로 바이닝거의 글을 인용하기도 했다. 바이닝거에 따르면 모든 인간은 남성성과 여성성의 혼합이다. 남성성만이 창조력을 가질 수 있고 여성성은 수동성과 탈도덕성을 지니는데, 그는 일반적으로 유대 남성들에게 이 여성적 특질이 나타난다며 유대 남성들에게 동성애 성향이 있다고 생각했다. 그 자신도 유대인이고 아마도 남자에게 끌렸을 가능성이 있다. 바이닝거는 23세의 나이로 자살했다.

듀런티는 한때 알레이스터 크롤리의 제자이기도 했다. 1차 세계대전 이전에 20대 후반이던 듀런티는 파리에서 일련의 '마술적인 작업들'을 무대화하는 크롤리의 팀에 합류했다.[131] 주술에 관심을 갖는 것은 20세기 초에 성장기를 보낸 영국인들 사이에서 이상한 일이 아니었다. 마술에 대한 에드워드 시대적 관심은 때때로 더 심각한 비즈니스의 세계로 그들을 이끌기도 했다. 20세기 초의 주술주의자들 중 상당수가 첩보의 세계에 발을 들이민 것이다. 크롤리가 영국의 정보기관과 관련이 있었음을 보여 주는 자료가 많이 남아 있고 그의 제자인 J.F.C. 풀러 소장은 영국의 탱크전 핵심 전략가였다.[132] 영국 기자이자 노동당 하원 의원인 톰 드리버그*도 한동안 크롤리의 제자였는데, 평생에 걸쳐 하나 이상의 정보기관에 고용돼 일했던 것 같다.

주술의 지하 세계와 첩보의 은밀한 세계에는 공통점이 있다. 현상을 보면서 그 아래 숨겨진 패턴을 찾아내려는 사람들의 관심을 끈다는 점이다. 주술주의자에게 세계는 일종의 암호로, 주술사가 해독할 수 있는 비밀 언어다. 스파이에게 인간 행동은 어느 것이든 숨겨진 의미를 갖고 있을 수 있다. 사물의 숨겨진 질서를 찾을 수 있다는 생각에서 한

---

* Tom Driberg, 1905~1976. 나중에는 상원 의원도 된다.

발짝만 더 나아가면 그런 질서를 의지로 구성해 낼 수 있다는 생각으로 이어지는데, 바로 이것이 마술의 핵심이다. 그리고 마술사처럼 스파이들도 사람들이 세상을 인식하는 방법을 조작해 내고자 했다.[*] 듀런티도 마찬가지였다. 주술에 호기심을 가진 청년이었던 그는 소련의 기근을 감추고 스탈린의 공개 숙청 재판의 실상을 눈가림하는 데 앞장섰다.

듀런티가 소련에 처음 온 것은 1921년이었다. 그 이전에는 열렬한 반공주의자였고 『뉴욕 타임스』 파리 지부에서 반소비에트적인 기사들을 쏟아 냈다. 하지만 소련에 도착하고서는 어조가 바뀌었고 1932년 무렵이 되면(이 때 그는 소련에 대한 기사로 퓰리처 상을 받았다), 모스크바에서 널찍한 아파트와 요리사, 가정부, 기사, 그리고 연인 겸 비서를 제공받아 살고 있었다. 그 연인 겸 비서와의 사이에서 아이가 생기는데 나중에 듀런티는 자신의 아이로 인정하기를 거부한다. 또, 국가 정치 보안부는 과거 귀족이었던 젊은 여자들을 듀런티에게 끊임없이 보냈다. 팀 츌리아디스Tim Tzouliadis가 말한 "혁명의 희생자가 된, 안나 카레니나 손녀 뻘의 운 없는 세대"(모라도 이 세대다)에 속하는 여자들이었다.[133] 이들은 주로 외국인 손님들을 접대하면서 그들에 대한 정보를 캐오라는 지시를 받았고, 나중에 아름다움이 시들면 대부분 수용소

---

[*] 파견된 곳의 여론이나 당국자들의 인식 등에 영향을 미쳐 본국에 유리한 국면을 조성하는 역할을 맡은 '영향력 공작원'의 경우 특히 그러했다.

에서 중노동 형과 연쇄 강간의 희생자가 되었다.

듀런티는 미국에서 뷰익 리무진을 새로 들여 왔고, 리무진에 장착할 국가 정치 보안부 경적도 지급받았다. 그 차를 타고 빠른 속력으로 거리를 내달리면서 평범한 러시아인들에게 공포를 심어 줄 수 있었다. 당시 듀런티는 루스벨트의 특별 자문위원이었는데, 소련과 외교 관계를 맺는 데 필요한 핵심적인 조치를 취하도록 루스벨트 대통령을 설득하기도 했다.

냉전이 시작되면서 듀런티의 영향력도 수그러들었다. 미국으로 돌아와서, 그는 예전 수입에 대한 세금과 먹을 것 살 돈을 어떻게 마련하나 걱정하면서 말년을 가난하게 보냈다. 1951년에는 오랫동안 그를 감시하던 FBI마저 그에게 흥미를 잃었다. 듀런티는 "성공은 영원한 것이며 일단 잡으면 영원히 지속된다"고 늘 믿었다. 하지만 듀런티의 주술은 그 자신에게는 효력을 발하지 못했다. 결국 듀런티가 죽으면서 남긴 것은 몇몇 파일과 케임브리지 대학 임마누엘 칼리지의 조정 경기용 낡은 모자가 들어 있는 여행가방 두 개뿐이었다.

소련에 있는 기간 동안 듀런티가 합동 국가 정치 보안부(OGPU)에 고용되어 있었을까? 그 시절에는 유명 서구 기자들이 합동 국가 정치 보안부에 고용되었다는 설이 종종 제기되어 왔고, 급진주의자 I.F. 스톤도 그런 소문에 휩싸인 적이 있었다.[134]

하지만 듀런티의 경우에는 이 질문 자체가 적합하지 않을지 모른다. 아마도 가장 그럴 법한 것은 세상을 속인다는 흥분감과 탄탄한 상류층에 속해 있다는 기분, 자신을 접대하는 여성들의 눈에 서린 공포를 즐길 수 있었기 때문에 소련에 협조했다고 보는 것이 맞을 것이다. '선과 악을 넘어서' 존재하는, 삶의 은밀한 즐거움들 때문에 말이다.

듀런티는 소련을 전례 없는 자유를 누리는 땅으로 묘사했다. 1925년 11월 『타임』에 인용된 글에서 듀런티는 베즈프리조르니에 대해 이렇게 적었다. "땅도깨비 같고, 더러운 얼굴에 어린애다운 눈을 하고, 헝클어진 머리에, 너덜너덜하고 큰 외투와 바지를 접어 올리거나 잘라서 입은" 아이들이 빵 한 조각이나 청어 한 마리나 초콜릿 한 조각이나 담배 한 갑을 그들끼리 똑같이 나눠 허겁지겁 먹고 나서는 듀런티에게 자신들이 있는 곳을 당국에 알릴 작정인지 물었다고 한다. "훔칠 자유, 싸울 자유, 죽일 자유, (종종 반드시) 굶주릴 자유", 이 떠돌이 아이들은 소련에서 "마구 횡행하는 자유"를 보여 주었다.

1931년 2월의 『타임』에서 (표지 사진은 멘진스키였다) 듀런티는 공학자들이 "의도적인 태만죄"로 체포되어 반혁명 혐의로 처형되었다고 언급했다. 하지만 그는 "처형"은 "은유적인 표현"이라고 설명했다. 같은 기사에서 그는 손을 끓는 물에 담그는 국가 정치 보안부의 고문 기술을 묘사하면서 "시간이 지나면 손의 피부가 장갑처럼 벗겨진다고들 한다"고 적었다. 다시 한 번, 듀런티는 자신이 모스크바에서 재판을 참관했는데 여기서 "자백을 한" 교수들과 공학자들은 "고문받은 흔적이 없었고 두 손 다 멀쩡히 갖고 있었다"고 기록했다.

처음부터 듀런티는 스탈린이 진행한 공개 숙청 재판을 지지했다. 듀런티는 숙청 재판이 연출됐다는 걸 틀림없이 알고 있었다. 『뉴욕 타임스』에 쓴 기사에서 듀런티는 소련의 어느 지역이든 기근은 없다고 일축했지만, 사적으로 영국 외교관을 만났을 때는 많게는 1천만 명이 굶어 죽었을 가능성이 있다고 말했다. 공개적으로 자신이 참관한 숙청 재판이 진실이라고 말했지만, 이 역시 거짓말일 수 있다. 하지만 듀런티는 이 재판들이 '어떻게' 연출되었는지에 대해서는 모르고 있었을 것이다. 대의를 위해 목숨까지 걸고 볼셰비키를 위해 헌신한 이렇게나 많은 공산주의자들이 어떻게 짓지도 않은 죄를 인정할 수 있었을까? (이들이 지었다고 자백한 죄 가운데는 아예 죄를 저지르는 게 불가능할 정도로 어처구니없는 것들도 있었다.) 분명, 피고들은 체계적으로 고문을 당했다. 하지만 아무리 정교하다 한들 고문만으로 그들이 자백할 때 보인 극적인 신실함을 설명할 수 있을까? 숙청 재판의 극적인 측면들은 실제로 연극에서 그 기원을 찾을 수 있다. 러시아 연극 연출가 콘스탄틴 스타니슬랍스키Constantin S. Stanislavsky의 제자인 산드로 아흐메텔리Sandro Akhmeteli가 공개재판을 담당한 비밀경찰에게 연극 기법을 가르친 것이다. 아흐메텔리는 이 시스템을 당시 합동 국가 정치 보안부 국장이던 비아체슬라프 멘진스키에게 전수했다. 본인의 쓰임새가 다하자 아흐메텔리도 체포되었고 고문을 당해 정신을 잃고 말을 할 수 없게 되었다. 아흐메텔리는 처형됐고 소유물은 극장에서 경매로 팔렸다.[135]

아흐메텔리는 죽었지만 그가 가르친 시스템은 공개재판 속에 계속 살아 있었다. 스타니슬랍스키는 연기자가 자신의 배역을 실제로 살아야 한다고 주장했다. 표현해야 할 감정과 연관 있는 행동을 수행하고 자기 자신의 감정적 기억들을 끌어옴으로써, 연기자는 자신이 연기하는 그 인물이 될 수 있었다. 그 과정에서 연기자는 감정을 가상으로 연출하는 게 아니라 자신이 말해야 하는 것을 그대로 **믿게** 된다. 공개 숙청 재판에서 피고가 하는 자백의 말은 사전 연습이 여러 차례 되긴 했지만, 여기서 연습의 목적은 대사를 틀리지 않고 자백하게 하려는 것이 아니었다. 법정에서 그들의 말이 진실되어 보이게 만들려는 것이었다.

스타니슬랍스키의 시스템은 '인간 기계' 개념의 전도사인 구르지예프의 시스템과 비슷한 점이 있었다. 스타니슬랍스키의 가장 중요한 저서의 러시아어 제목은 『연기자의 자기 자신에 대한 훈련The Work of the Actor on Himself』이었고, 구르지예프도 "자기 자신에 대해 훈련"을 해야 한다고 누누이 이야기했다. 신체의 움직임을 통제함으로써 사고와 감정을 조절하려는 목적에서, 두 시스템 모두 무조건적인 복종을 요구했다. 구르지예프는 거의 불가능해 보이는 육체노동, 하던 일을 갑자기 멈추는 "멈추기 연습", 엄격하게 모든 사람들의 동작이 맞아 떨어져야 하는 율동 등을 통해 제자들을 지도했다. 스타니슬랍스키의 시스템도 습관적으로 감정을 표현할 수 있도록 연기자들에게 특정한 신체 행동을 반복 수행하게 했다.

비밀경찰은 이러한 연기 방법을 사용해 공개 숙청 재판을 만들어 냈다. 그리하여 정교하게 연출된 죄와 회개의 연극이 탄생했고, 서구의 관객들은 도취되었다. 당시 미국 대사였던 조지프 데이비스Joseph Davies도 이 재판을 구경했다. 데이비스는 『소련에서의 임무Mission to Moscow』(1942)에서 "어린아이들은 스탈린의 무릎에 앉고 싶어하고, 강아지들은 그에게 달려들고 싶어할 것이다"라고 쓰는 등 스탈린을 존경한 사람이다. 데이비스는 이 재판들이 진짜라고 믿어 의심치 않았다. 워싱턴으로 돌아와서 데이비스는 이렇게 기록했다. "그러한 재판 과정이 극적인 정치적 허구를 만들기 위해 기획, 연출된 날조라면 셰익스피어 같은 창조적인 천재와 벨라스코 같은 천재 무대 예술가가 있었어야 할 것이다."[136)

물론 재판에서의 자아비판이 제대로 진행되려면 연습이 필요했다. 초기의 몇몇 재판에서는 피고가 각본대로 하지 않고 고문당한 흔적을 보여 주기 위해 옷을 벗는 '사고'가 생기기도 했다. 또 어떤 경우에는 익살극처럼 되어 버리는 경우도 있었다. 이를테면 전 소련 산업 장관은 고문을 당한 뒤에 자신의 사건에서 본인이 직접 검사 역할을 하겠다고 나섰다. 그러더니 아내도 포함해 관련된 모든 사람들을 자신이 총살하겠으니 허락해 달라고 했다. 스탈린은 그렇게 하면 재판이 코미디가 될 것이라며 이를 거부했다.

재판에서 기소 내용이 얼토당토 않았다는 점은 어떤 면에서 목적을 달성했다. 유령 세계를 창조하는 소비에트 정권의 힘을 보여 주었으니 말이다. 1938년 12월의 어느 날, 스탈린은 하루 동안에 사형 선고 목록 서른 개에 서명했다. 총 5천 명에 가까운 사람이었는데, 다들 아직 재판도 받지 않은 사람들이었다.[137] 이미 오래 전에 숨겨서 만나는 것 조차 불가능한 사람(예를 들면 아라비아의 로렌스)과 공모했다는 혐의를 받은 피고도 있었다. 소비에트를 파괴하려는 계획을 죽은 자가 내세에 서 보내 온 모양이다.

자신의 고유한 자아로 존재하는 것,

신경 쓰기에는 너무나 사소한 것만을

획득하고 산출하는 존재를 경멸하는 것,

경쾌한 날씨에 의존하는 것,

차를 한 모금 마시고, 한 마디도 하지 않는 것,

혹은 잠을 자는 것, 아니면 그저 가만히 누워 있는 것,

그저 그곳에 있는 것,

그저 보여지는 것,

그것이 작별 인사일 것이다. 작별 인사일 것이다.[138]

— 월리스 스티븐스Wallace Stevens

숨지기 한두 해 전, 어느 인터뷰에서 모라는 손금을 본 이야기를 했 다. 그때 점쟁이는 이렇게 말했다고 한다. "당신이 겪는 일들이 당신의

개인성을 덮어 버리는군요." 모라가 그렇게나 많은 사람들이 죽어가는 동안 살아남을 수 있었던 것은 사건들의 흐름에 따랐기 때문이었다. 모라는 삶의 주인인 척하지 않고 기꺼이 점쟁이의 선고를 받아들였다.

모라는 소련 당국을 위해 일했다고 공개적으로 말한 적이 없다. 공공연하게 소비에트의 대의를 지지하기는 했다. 이를테면 국제 작가 조직인 〈펜PEN〉에서 활동할 때 반소비에트적인 러시아 망명 작가의 가입을 막았다. 하지만 이는 단순한 애국심의 발로였을 뿐이다. 혹은 그렇다고 그녀는 말했다. 1931년에는 록하트에게 소비에트의 공개재판이 "절대로 꾸민 것이 아니다"라고 말하기도 했다.[139] 록하트와 서신을 주고 받으면서 모라는 자신이 첩보 활동에 관여하고 있을지 모른다는 세간의 의심은 어이없는 이야기라고 일축했다. 몇 년 동안이나 그녀를 따라다닌 "예의 그 스파이 이야기"일 뿐이라는 것이었다.

웰스에게 자신이 비밀경찰이 심어 놓은 스파이라고 고백하면서 모라는 가면을 벗었다. 저명한 서구 작가들에게 접근한 러시아 여성은 모라 말고도 또 있었다. 마리아 쿠다쵸바Maria Koudachova는 러시아 내전으로 남편을 잃은 후, 로맹 롤랑Romain Rolland의 연인이 되었다. 1934년에 롤랑과 결혼했고 그가 소련에 오갈 때 동행하면서 롤랑이 소련에서 본 것을 긍정적으로 쓰도록 했다. 롤랑이 죽은 뒤 그녀는 자신이 내무 인민 위원회의 지시를 받고 있었다고 인정했다.

또 다른 사례로는 엘자 트리올레트Elsa Triolet가 있다. 트리올레트는 초현실주의자였다가 공산당원이 된 루이 아라공Louis Aragon의 아내로,

아라공이 고리키를 만나러 방문했을 때 동행했다. 트리올레트는 앙드레 지드가 고리키의 장례식 참석차 소련을 방문하고 난 뒤 『소련 기행 *Return from the Soviet Union*』(1936)이라는 책을 썼을 때, 아라공과 힘을 합쳐 지드 책의 신빙성을 어떻게든 떨어뜨리려고 했다. 지드는 그 책에서 스탈린이 동성애와 낙태를 범죄화하고 있다고 비난했다. 죽기 1년 전에 트리올레트는 이렇게 고백했다. "나는 소련의 스파이다. 나는 장신구 걸치는 것을 좋아하고 상류층에 속해 있다."[140]

모라도 상류층에 속하는 것을 좋아했다. 하지만 트리올레트와 달리 모라는 자신의 자유를 포기하지 않았다. 모라는 러시아에서 감옥에 있었을 때 생쥐를 훈련시켰다고 말하곤 했다. 이 이야기는 소비에트 정권과 자신이 맺고 있는 관계를 가리는 데 사용됐다. 이 이야기에서 모라는 자신이 어떤 사람인지를 자신의 입으로 규정하지 않는다. 모라는 여러 개의 페르소나를 가지고 있었다. 런던의 우아한 여주인, 웰스의 알 수 없는 그림자 연인, 고리키의 문서들을 가지고 협상한 냉혹한 거래자 등과 같이 말이다. 하지만 모라는 이 중 어느 자아하고도 자신을 동일시하지 않았다. 혼란한 상황의 와중에 살아남은 것은 모라의 자아 이미지가 아니라 모라의 독특한 자아가 여러 모습으로 차례차례 체현된 것이었다.

모라는 생애 상당 기간 동안 어두운 첩보의 세계에서 살았다. 소련의 정보기관들과 오래 관계를 맺고 있었고, 가장 오래 연인 관계를 지속한 사람도 늘 영국의 정보기관과 긴밀히 연결되어 있던 브루스 록하트였다. 1951년에 모라는 작가 피터 유스티노프의 아버지이자 MI5의 요원이었던 '클로프' 유스티노프에게 앤서니 블런트가 공산당원이며 최근 모스크바로 망명한 가이 버제스와 가까운 친구라고 말했다. 그레이엄 그린은 1961년 모스크바를 방문했을 때 버제스가 자신을 보기를 청했으며 런던으로 돌아가서 부드베르크 부인[모라]에게 진 한 병을 전해 주라는 부탁을 했다고 기록했다. 블런트는 1979년에야 공개적으로 정체를 밝혔다.[141]

하지만 모라를 스파이로 보는 것은 지나친 단순화일 것이다. 모라가 생애 상당 기간 동안 비밀 정보기관과 관련을 맺고 있었고 정보기관이 모라에게 권력을 행사한 것은 사실이다. 그러나 정보기관은 모라의 도구이기도 했다. 모라는 같은 세대에 속한 그 누구보다 더 오래 살았고, 정보기관에서 모라에게 지시를 내렸던 관리들보다도 더 오래 살았다. 고리키가 최종적으로 러시아에 돌아간 것도 야고다의 지시를 받던 모라가 그렇게 하도록 설득해서였을 가능성이 있다. 모라는 앞으로 일어날 일을 막을 힘이 자신에게는 전혀 없다는 것을 아는 상태로 고리키가 자택에 격리되는 모습을 지켜보아야 했다. 이 늙고 쇠약한 작가가 점점 더 빠르게 죽음으로 내몰리는 걸 보면서 모라는 고통스런 무력감을 느꼈을 것이다. 하지만 모라는 무력감에 굴하지 않고 런던에서 또 다른 삶을 꾸렸다.

모라가 고리키나 웰스에게 정말 깊은 마음을 가지고 있었는지조차 확실치 않다. 여러 정황들로 보면 모라는 러시아에서 자신을 버린 소심한 남자 록하트에게만 진짜 마음을 주었던 것 같다. 모라와 한집에서 얼마간 지낸 전기 작가 니나 베르베로바는, 모라가 자신의 위험한 인생 여정에서 "해를 입지 않고 살아남는 데 대한 기쁨, 그리고 자신이 사랑한 사람들에 의해 파괴되지 않았다는 것을 아는 데서 오는 기쁨을 발견했다"고 적었다.[142] 록하트가 모라에게 가장 가까운 사람이었다면, 그것은 록하트가 모라에게 생존할 수 있는 힘을 주었기 때문일 것이다.

모라의 말년은 단조로웠다. 살이 찌고, 관절염을 앓고, 손가방에는 항상 보드카 반 병을 넣어 다니고, 경마장에서 소소하게 돈을 걸거나 어린이 프로그램인 "핑키와 퍼키"를 보는 것으로 소일하고, 돈이 없어 한번은 가게에서 물건을 훔치다가 잡히기도 하면서, 모라는 과거를 지어 내는 것으로 지루함을 달랬다. 그녀는 1974년에 아들이 있는 이탈리아로 이사했고 그 해 11월에 이탈리아에서 숨졌다. 장례식은 런던에 있는 러시아정교 교회에서 열렸다. 모라가 이탈리아에 머물던 동안 불이 나서 모라가 쓴 글들이 다 불탔다. 모라는 아무렇지도 않은 듯이 불꽃을 침착하게 바라봤다고 한다.

3장

달콤한
필멸

…… 그것이 가능하다면.

짧은 한 시간 동안만이라도 우리가 사랑했던 영혼들을 보는 것,

그들 자신이 무엇이며 어디에 있는지를 우리에게 알려 주는 것.

— 앨프리드 테니슨Alfred Lord Tennyson, "그것이 가능하다면"

과학은 여전히 마술의 통로다. 지식을 통해 더 강력해진 인간의 의지로는 못 할 일이 없다는 믿음의 통로인 것이다. 이런 식으로 과학과 마술을 혼동하는 것은 고칠 수 있는 일이 아니다. 이런 혼동은 근대적 삶에서 떼어 낼 수 없다. 그런데 죽음은 이러한 삶의 방식을 도발한다. 죽음은 의지가 더 이상 나아갈 수 없는 한계를 나타내기 때문이다.

하지만 심령연구자들이 과학에 의지한 건 불멸을 찾기 위해서만이 아니었다. 건신주의자들과 마찬가지로, 심령연구자들은 혼란스런 세

상에서 인간을 구원하고자 했다. 교차 통신에 드러난 계획(죽은 자들이 내세에서 구세주 아기를 고안해 내보낸다는 계획)은 분명 매우 기이한 꿈이었다. 하지만 새로운 유형의 인류를 탄생시키려는 소련 진보 사상가들의 꿈보다 그리 더 이상한 것은 아니었다. 이러한 호문쿨루스의 도래를 기다린 사람이 전세계적으로 수백만 명은 되었다. 하지만 이 꿈은 결코 실현되지 않았다. '새로운 인류'는 실재하지 않는 유령이었고 교령회에서 심령술사들이 속임수로 불러내는 심령체보다도 더 실체가 없는 것이었다. 러시아에 남았든 러시아를 떠났든, 러시아 사람들은 죽음 같은 내세의 삶을 살았다. 모라가 그랬듯이, 이전의 자아를 죽여야만 그나마 몇 명이라도 살아남을 수 있었던 것이다.

웰스는, 인류가 진화의 과정을 통제함으로써 멸종의 운명에서 벗어날 수 있다고 생각했다. 웰스의 소설 『타임머신』에 나오는 시간 여행자는 여행의 막바지에 음울하게 죽어 가는 우주를 바라보는 최후의 인간이 된다. 웰스가 과학자들이 진화의 방향을 잡아야 한다고 강하게 주장한 것은 이런 막다른 길을 피하기 위해서였다. 하지만 인간 동물이 어떻게 자기 자신을 초월할 수 있겠는가? 진화의 역사상 전례가 없는, 그런 도약을 어떻게 할 수 있겠는가? 본인도 깨달았듯이, 웰스도 자기 자신을 초월할 수 없었는데 말이다.

하지만 웰스가 과학에 대해 가졌던 희망은 지금도 사라지지 않았다. 영혼이 사후에도 지속된다는 증거를 찾으려는 움직임은 수그러들었지만 과학이 기술적으로 불멸과 비슷한 것을 이뤄 줄 수 있으리라는 믿음은 더 강해졌다. 과학을 "해결할 수 없는 것을 해결할 테크놀로지"로 여기는 경향은 지금 그 어느 때보다도 강하다.

심령연구가 쇠락했다고 초자연 현상에 대한 관심이 수그러진 것은 아니다. 죽은 자보다는 살아 있는 사람에 초점을 맞춰서, 초감각적인 인지 능력에 대한 연구가 계속 이뤄졌다. 이를테면, 현재의 지식으로 판단하기에는 불가능해 보이는 방식으로 원거리를 볼 수 있는 투시력을 첩보 활동에 활용할 수 있을지 등을 알아보는 탐구가 이뤄지기도 했다. 결과는 신통치 않았지만 말이다.[1]

영혼의 사후 지속에 대해 증거를 찾으려는 시도도 간간이 이어졌다. 1990년대의 스콜 실험이 대표적인데, 5년에 걸쳐 진행된 일련의 교령회에 옛 동전의 모습이 나타나고, 필름에 이미지가 드러나고, 녹음테이프에 음성이 나오고, '마누'라고 불리는 영혼이 메시지를 보냈다고 한다. 1996년 3월에는 마이어스도 등장했는데, 그가 쓴 운문이 필름에 이미지로 나타났다. 하지만 이 실험은 특히 동료 심령연구자들 사이에서 신랄한 비판을 받았다.[2] 실험 자체가 속임수일 가능성은 배제하고서라도, 텍스트의 단편을 해석하는 것은 과학적인 과정이라고 볼 수 없다. 교차 통신 문서를 해석하는 것보다 그리 더 과학적이라고 볼 수 없는 것이다. 그리고 어쨌든 실험은 끝을 맺지 못했다. 이 실험이 외계인의 시간 여행을 어렵게 만들고 있다는 정보를 들은 교령회 참석자들이 실험을 중단했기 때문이다.[3]

사후의 삶을 입증할 증거를 찾는 일에 흥미가 식은 주된 이유를 보면 역설적인 면이 있다. 다원주의가 일반인들에게 널리 알려지는 동안 세속적인 사상들은 후퇴했다. 공산주의라든가 자유 시장에 대한 믿음 같은 지난 세기의 세속적 이데올로기들은 박물관에나 갈 유물이 되었다. 이제 정치적인 구원의 기획을 믿는 사람은 거의 없다. 그리고 부분적으로는 이 때문에 종교가 되살아나고 있다.[4]

심령연구는 세속 이데올로기에 대한 반작용이었다. 따라서 세속화 과정이 추진력을 잃으면서 내세의 과학적 증거를 찾으려는 노력도 대개 폐기되었다. 하지만 죽음을 피하려는 노력은 계속되고 있다. 죽음 이후의 삶에 대한 희망은 죽음을 격퇴할 수 있다는 믿음으로 대체되었다. 레닌의 사체를 보존하려던 레오니드 크라신의 시도는 실패했지만, 기술적으로 부활을 이루려는 다른 기획들이 그 뒤에도 계속 이어졌다.

어떤 것은 저온 동결로 사체를 보존한다는 크라신의 믿음을 이어받았다. 신기술이 개발돼 냉동된 사체를 살려 낼 수 있게 될 때까지 사체를 얼려 둔다는 것이다. 로버트 에틴거Robert Ettinger가 1964년에 펴낸 『냉동 인간The Prospect of Immortality』은 저온학의 성경이 되었다.[5] 그리고 1969년에 앨런 해링턴Alan Harrington은 『불멸주의: 인간의 신성성을 만들어 내려는 시도The Immortalist: An Approach to the Engineering of Man's Divinity』를 펴냈다. 두 책 모두에 크라신의 기획이 되살아나 담겨 있다.

에틴거는 저온 보존으로 성취할 수 있는 것은 죽음의 정복에만 그치지 않는다고 생각했다. 그는 냉동에서 깨어난 사람은 스스로를 원하는 대로 재구성할 수도 있게 될 거라고 믿었다.

핵심적인 차이는 사람에게 있을 것이다. 그때의 우리는 마음이 열망하는 대로 이 세상뿐 아니라 우리 자신도 재구성할 수 있을 것이다. (…) 당신과 나, 냉동에서 되살아난 우리는 단지 되살아나고 치유받는 데 그치지 않을 것이다. 우리는 역량이 더 커지고 개선되어서, 일하고, 놀고, 아마 싸우는 것까지도 더 큰 규모와 더 위대한 양식으로 하기에 적합한 상태가 될 것이다.

불멸을 계획한다는 것은 죽음을 생각하면서 생을 보낸다는 의미며, 에틴거의 "냉동고 중심 사회"는 필멸을 극복하는 방법치곤 퍽 이상한 방법이다. 하지만 그는 이렇게 주장했다. "성취되는 것은 '삶'이다. 그리고 단지 우리가 아는 대로의 삶이 아니라 봄날처럼 쑥쑥 생장하는, 더 깊고 더 넓은 삶이다. 더 크고 더 영광스런 삶이 우리가 아직 희미하게밖에 알 수 없는 형태와 색채와 질감으로 펼쳐질 것이다."[6] 저온학은 인간의 필멸뿐 아니라 인간 삶의 불완전한 점들까지도 극복할 기술로 여겨졌다.

건신주의자들에게도 그랬듯이, 해링턴에게 죽음을 정복하는 것은 곧 자아를 신성화하는 기획이었다.

우리가 한때 알았던 신 없이 살아남는 것은 이제 시간문제가 됐다. (…) 어떤 방식으로든, 빠르게 구원을 이루는 것. 이것은 우리를 추동하는 핵심적인 열정이 되었다. 이 열정은 무의미한 존재에서 벗어나야 한다는 강렬한 요구로 바뀐다. (…) 인간이 신이 되거나 아니면 소멸할 시간이 왔다. (…) 우리를 노화시키는 힘의 작용을 완화해야만 우리는 죽음과 동물성을 면할 수 있고, 우리가 마땅히 물려받아야 할 신과 같은 상태에 이를 수 있을 것이다.[7]

도스토옙스키의 반反영웅(스탈린은 이를 숭앙했지만)처럼, 기술적 불멸을 믿는 사람들은 신이 되기를 원한다.

기술적 불멸주의에는 저온 보존 말고도 (저온 보존은 사실 신체 조직을 손상시킨다) 여러 가지 종류가 있다. 이를 테면, 칼로리 제한 식사를 주장하는 사람들도 있다. 적은 양의 칼로리만 섭취하면, 기술이 발전해 노화를 되돌리고 죽음을 무한히 연기할 수 있을 때까지 생명을 연장할 수 있으리라는 것이다. 물론 언젠가는 그런 날이 올지도 모른다. 하지만 필멸을 기술적으로 막으려는 모든 시도에는 공통적인 한계가 하나 있다. 이런 기술들이 개발되고 있는 사회와 지구의 환경 조건들이 손상되지 않은 채 유지되리라고 가정하고 있는 것이다. 수백 년 동안 기술적 진보가 이뤄진 뒤에 냉동에서 되살아나겠다는 사람들은, 되살아난 후에 보게 될 수백 년 이후의 사회가 냉동되었을 당시의 사회와 비슷한 상태일 것이라고 가정한다. 하지만 근대에 들어 그 정도로 장기적인 안정성을 보인 사회는 하나도 없었다. 모든 근대 사회가 무력 충돌, 경제 침체, 정권 교체 등을 겪었고, 상당수는 불과 한 세기 동안만에도 이런 혼란들을 수차례 겪었다.

과학이 불멸을 가져다 줄 것이라는 믿음은 인간의 제도가 구제 불능으로 필멸한다는 점에서 문제가 있다. 테크놀로지를 이용해 죽음을 없애려는 사람들은 과학이 진보하는 동안에도 삶의 패턴은 현재와 비슷하게 유지되리라고 가정한다. 하지만 과학은 전쟁과 혁명을 배경 삼아 발달하게 될 가능성이 더 크다. 역사상 어느 때보다도 많은 인간이 다른 인간의 손에 죽어간 시기인 20세기에도 과학은 그런 식으로 발전했다.

21세기 초인 현재, 대량 살상의 테크놀로지들은 더 위력이 커졌고 더 널리 확산됐다. 핵무기는 물론이고 화학무기와 생물학무기를 사용하는 것도 점점 더 싸고 쉬워지고 있다. 또 유전자조작도 인간을 선택적으로, 그리고 대규모로 파괴하는 대량 살상 수단을 개발하는 데 쓰일 것이 틀림없다. 지식의 확산으로 이런 기술들에 그 어느 때보다 쉽게 접근할 수 있게 되면, 인공적으로 수명을 늘린 사람들 사이에서조차도 사망률이 매우 높아질 수 있다.

게다가 사람들이 수명을 늘려 주는 기술의 혜택을 받는다 치더라도, 환경은 점점 더 살기에 열악해질 것이다. 21세기에 기후변화는 많은 사람들의 삶의 여건을 되돌릴 수 없이, 그리고 급격하게 바꿀 것이다. 살아남은 사람들은 인간이 이제껏 살았던 어떤 세상과도 다른 세상에서 살게 될지 모른다.

지식 확장의 부작용인 지구온난화는 과학이 더 진보한다고 멈출 수 있는 것이 아니다. 물론 인간은 과학을 이용해 다가올 변화에 더 잘 적응할 수도 있다. 그러나 자신이 유발한 기후변화를 멈출 수는 없다. 과학은 문제를 해결하는 데 쓰이는 도구다. 아마 인간이 가진 도구 중 가장 좋은 도구일 것이다. 하지만 과학은 가장 성공적일 때 새로운 문제를 만들어 낸다는 특성이 있다. 그런 문제 중에는 해결이 아예 불가능한 것도 있다. 이는 사람들이 좋아할 만한 결론은 아니다. 기술로 죽음을 극복하겠다는 사람들만 이런 결론을 싫어하는 것이 아니다. 재생 가능한 에너지와 지속 가능한 발전을 지지하는 녹색주의자들도 마찬가지다. 녹색주의자들은 인간이 기후변화를 유발했으니, 그걸 멈출 수 있는 것도 인간이라고 주장한다.

약 5천5백만 년 전, 신생대 제3기 에오세의 초기에는 인간이 존재하지 않았다. 이 때 지구가 갑자기 더워졌는데, 아직 이유가 분명히 밝혀지지는 않았지만 화산 활동이나 운석의 영향 때문이라는 설이 있다. 그때와 달리 현재의 지구온난화는 인간이 유발한 것이다. 전 지구적인 산업화의 부작용인 것이다. 산업 생산이 확산되면서 화석연료 사용이 크게 늘었고 탄소가 전례 없는 수준으로 방출됐다. 동일한 과정 속에서 인구도 급증했고 지구 곳곳에 인간이 속속 퍼져 나갔다. 농업과 바이오 연료 제조를 위해 열대우림이 파괴됐다. 지구 생물권의 기후 조절 능력이 손상되어서 기후변화의 속도가 빨라졌다. 악순환이 작용한다. 과학은 인구 증가를 가능하게 만들지만, 동시에 인간이 생존을 위해 의존하고 있는 환경을 뒤흔든다.

인간의 문제를 푸는 과정에서 과학은 인간이 해결할 수 없는 문제들을 만들어 낸다. 이것이 과학 진보의 아이러니다. 과학은 인간에게 다른 어떤 동물도 갖지 못했던 수준의 자연 지배 능력을 주었다. 하지만 과학은 인간에게 지구를 인간의 소망에 맞게 재구성할 능력은 주지 못했다. 지구는 우리 맘대로 태엽을 감거나 멈출 수 있는 시계가 아니다. 살아 있는 시스템인 지구는 틀림없이 자기 자신의 균형을 다시 찾을 테지만, 그 과정에서 딱히 인간을 보살펴 주지는 않을 것이다.

러시아 로켓 과학자인 콘스탄틴 치올콥스키와 비슷하게, 인간이 외부 우주로 이주해서 자신이 파괴한 지구에서 벗어나야 한다고 생각하는 사람들도 있다. 다행히, 인간 동물이 자신의 파괴적인 경로를 그런 방식으로 확장할 가능성은 없어 보인다. 인간 한 명을 다른 행성에 보내는 비용만 생각해 보더라도 이런 프로젝트는 가당치 않으니 말이다. 그리고 태양계의 다른 행성들은 인간이 벗어나려고 하는 황폐한 지구보다도 살기에 더 열악한 환경을 가지고 있다.

환경론자들은 인간이 지구를 구해야 한다고 이야기하고, 웰스 같은 몽상가들은 죽어 가는 세계를 바라보는 마지막 인간을 상상했다. 지구(지구 생명권을 포함한 이 행성의 시스템 전체)는 물론 불멸이 아니다. 어느 날 지구도 소멸할 것이다. 하지만 어떤 현실적인 시나리오로 보더라도, 지구는 잠시 스쳐가는 인간 동물보다는 훨씬 오래 살 것이다. 인간의 확장 때문에 수많은 종들이 사라졌다. 그리고 또 셀 수 없이 많은 종이 인간이 유발한 기후변화로 사라질 것이다. 하지만 과거에도 그랬듯 지구는 스스로를 회복할 것이고, 인간이 영원히 사라지고 난 뒤에도 생명은 오랫동안 번성할 것이다.

빈 지구의 술잔으로 취해서

나는 사람들과 물건들과 생각들을 부여잡는다.

술 취한 사람이 지탱해 줄 것을 찾아 가로등을 붙잡듯이.

그렇게 해서 나의 세계는 아름다운 곳이 된다.

별들로 장식되고 삼차원의 휘장들이 드리워진 갤러리가 된다.

수많은 놀라운 것들로 가득 찬 창고가 된다.

거기에서 내 손목시계는 열둘을 위해 놓여 있는 테이블이다.

꿀 방울이 떨어지는 사이로, 1초, 2초, 시간이 지나간다.[8]

- 죄르지 팔루지György Faludy, 『삶과 죽음에 대한 독백*Soliloquy on Life and Death*』,

1952년, 레치크 수용소에서.

본질적으로 보면, 과학을 통해 불멸을 추구하는 것은 죽음을 격퇴하려는 시도라기보다는 우연성과 신비성에서 벗어나려는 시도다. 우연성은 인간이 항상 운명과 우연에 지배를 받으리라는 것을, 신비성은 인간이 알 수 없는 것들에 항상 둘러싸여 있으리라는 것을 의미한다. 그런데 많은 이들에게 이런 상태는 견딜 수 없고 심지어 생각조차 할 수 없다. 그래서 사람들은 발전하는 지식을 이용해서 인간 동물이 인간 조건을 초월할 수 있다고 주장한다.

오늘날 이런 주장을 펴는 사람들 가운데 레이 커즈와일Ray Kurzweil
이 있다. 『기술이 인간을 초월하는 순간 특이점이 온다The Singularity is
Near: When Humans Transcend Biology』에서 커즈와일은 지식 성장이 세
계를 변형시킬 정도로 가속화되는 시기가 임박했다고 주장했다. 인간
은 자신만의 뛰어난 능력을 발휘해 정보 처리 역량이 기하급수적으로
늘어나는 기계들을 만들어 냈다. 수확 가속의 법칙이 작용한다고 전제
하면, 인공지능이 그것을 발명한 인간의 지능을 능가하게 되는 날이
멀지 않았다. 그때 도달하게 될 '특이점Singularity'의 상태는 이런 모습
일 것이다.

우리 눈에는, 기술이 무한한 속도로 확장되는 것처럼 보일 것이다. 물론 수
학적으로 따지자면 〔기술 발전에〕 불연속적인 도약도 없고 성장률도 (매우 높
긴 하겠지만) 계속 유한할 것이다. 하지만 **현재의** 우리가 가진 제한된 눈으로
보면, 곧 도래할 특이점의 상태는 진보 과정상에서 나타난 급작스럽고 충격
적인 도약으로 보일 것이다.

커즈와일에 따르면 우선 과학의 진보가 엄청나게 가속화될 것이다.
인간은 "심지어 더 **빠른** 사고가 가능하도록 자신의 사고 과정을 바꾸
어 낼 것이다. 과학자들이 수백만 배 더 똑똑해져서 지적 업무를 수백
만 배 더 빠르게 처리할 수 있다면 지금 기준으로 한 세기가 걸릴 진보
를 한 시간 만에 이뤄낼 것이다." 또, 기계들은 서로가 가진 지적 능력

과 정보들을 한데 모아서 더욱 발전해 나갈 것이다. "〔두 개의 기계가, 혹은 수백만 개의 기계가 한데 합쳐져 하나가 되기도 하고 다시 분리되기도 할 것이다. (…) 따로이면서도 또 하나인 것.〕 인간들은 이것을 사랑에 빠진 상태라고 부른다. 하지만 이렇게 할 수 있는 인간의 생물학적 능력은 순간적이고 불안정하다." 커즈와일은 기계와 결합함으로써 인간이 이 변덕스럽고 불안정한 육신을 벗어 버릴 수 있다고 보았다.

커즈와일에 따르면 죽음을 피하기에 충분할 정도로 삶을 연장하는 것은 지금도 가능하다. 『영원히 사는 법Transcend: Nine Steps to Living Well Forever』[9)]에서 커즈와일은 식단 조절, 운동, 비타민 보조제, 예방의학 등 기술이 발달해 죽음을 극복할 수 있을 때까지 인간 수명을 연장해 줄 요법들을 제시한다. 커즈와일에 따르면 "생물적 조건에는 내재적인 한계가 있으며" 그러한 한계를 극복하려면 인간 조직을 재구성해야 한다. "우리는 엄청나게 큰 역량을 갖도록 인간의 생물학적 육신, 그리고 뇌의 모든 조직과 시스템을 재조직할 수 있을 것이다." 커즈와일은 또 나노 기술을 통해 나노봇(분자 수준에서 작동하는 미니 로봇)을 발명할 수 있을 것이며 나노봇들이 노화의 과정을 되돌리고 뇌의 기능을 향상시킬 것이라고도 내다봤다. 또, 그 다음에는 인간 지능과 인공지능이 결합되어 "궁극적으로는 우리 지능의 대부분을 비생물학적인 부분이 차지할 것"이라고 언급했다. 커즈와일은 나노봇이 "이전의 산업화가 야기한 오염을 정화할 것"이라고 내다보기도 했다.

인간이 더 이상 생물학적 조직으로만 이뤄진 존재가 아니게 되면,

인간은 자연적인 생명 형태가 갖는 취약함도 갖지 않게 될 것이다. 커즈와일에 따르면, 인간은 '육신'을 획득하겠지만 그 육신은 가상의 실체이거나 유틸리티 포그*일 것이다. 그리고 "이러한 나노 공학적 육체는 생물학적 인간 육체보다 훨씬 더 큰 역량을 갖고 있으며 더 오래갈 것이다." 이러한 "기계-인간 혼합"은 삶의 대부분을 물질적인 세계의 외부, 혹은 물질적인 세계를 넘어선 곳에서 살게 될 것이다. "우리의 경험은 점점 더 가상 환경에서 일어날 것이다."

가상의 내세에 사는 '후後인간post humans'들의 영혼은 인간이 늘 바라 오던 육신을 가지게 될 것이다. "가상 현실에서 우리는 물리적으로도 감정적으로도 다른 사람이 될 수 있다. 당신이라면 선택했을 법하지 않은 다른 몸을 남(이를테면 애인)이 당신의 몸으로 선택할 수도 있을 것이다.(그 반대일 수도 있고 말이다.)" 후後인간들은 원하는 것은 무엇이든 될 수 있을 것이다. 영원히.

에틴거와 해링턴이 제시한 기획과 마찬가지로, 커즈와일의 프로그램도 불멸을 달성하는 수준을 훨씬 넘어선다. 커즈와일이 말하는 "특이점"은 이제까지의 세계를 끝내는 종말론적 사건이다.

수확 가속의 법칙은 비생물학적 지능이 인근 우주의 물질과 에너지를 인간-기계의 지능으로 꽉 채울 때까지 지속될 것이다. (…) 궁극적으로는, 전체 우

---

* 나노봇들이 의지대로 모양을 바꿀 수 있는 클러스터.

주가 우리의 지능으로 꽉 차게 될 것이다. 이것이 우주의 운명이다.[10]

이에 따르면, 의식적인 기계에 의해 확장된 인간의 정신은 우주를 삼킬 것이다.

커즈와일이 제시한 특이점은 최근까지만 해도 상상하기 어려웠던 테크놀로지의 발전이 이뤄진 뒤에야 도달할 수 있는 상태지만 개념 자체는 새로운 게 아니다. 본질적으로는, 인간들이 순수한 사고로 진화하리라고 본 고리키의 생각이나 죽지 않는 우주 여행자를 상상한 치올콥스키의 생각과 다르지 않다. 커즈와일이 이야기하는 가상의 내세는 심령연구자들이 생각한 내세의 하이테크 버전이고, 우주에서도 진화가 가속화된다는 생각은 진화가 내세에서도 계속 이뤄진다는 빅토리아시대 마이어스의 꿈이 업데이트된 버전이다.

대체로 특이점 이론은 과정 신학Process Theology의 일종으로 파악할 수 있다. 볼셰비키 건신주의자들이 신격화된 인류를 상상했듯이, 많은 20세기 신학자들(주로 미국인)은 신이 인간 세계 안에서 생겨날 것이라고 상상했다. 신은 영원한 실재라기보다는 진화의 종착지로 여겨졌다. 이러한 신학에서 보면, 신이 인간을 창조하는 것이 아니다. 인간이 [신이 되어 가는] 과정 중에 있는 신이다.

과정 신학도 진보 철학의 일종이다. 시간이 지나면서 점차 악이 사라질 것이라고 가정함으로써 악을 해결하려는 시도다. 이에 따르면, 신은 이 세상에서 완전하게 실현되지 않기 때문에, 악도 일거에 제거

될 수는 없다. 하지만 신이 점차적으로 더 많이 드러나면 악이 점진적
으로 극복될 수는 있다. 인간의 삶이 점진적으로 개선될 수 있다는 믿
음인 사회 개량론은 흔히들 세속적인 이데올로기라고 여겨진다. 하지
만 진보라는 개념은 종교에 기원을 두고 있다. 역사를 악에서 구원받
는 과정으로 보는 견해에서 나온 것이다. 진보의 철학들은 구원의 종
교가 시대에 맞게 바뀐 것이며, 특이점 이론도 마찬가지다.

커즈와일은, "자가 의식의 증가 정도"에 따라 우주의 역사를 시대적
으로 구분할 수 있다고 보았다. 그리고 머지않아 도래할 미래 시대는
"우주가 숭고하게 지성적이 되는 시기"[11]로 특징 지워질 것이라 내다
봤다. 인간의 의식이 곧 우주의 의식이 된다는 것이다. 이것은 마이어
스와 루나차르스키의 주술적인 세계관과 동일하다. 신지학, 그리고 궁
극적으로는 고대 영지주의에서 나온 주술적인 세계관을 21세기 컴퓨
터 이론의 물질주의적 용어로 다시 말한 것에 불과하다.

일반적으로 사람들은, 인간의 중요성을 극도로 과대평가하는 견해를 과학이
바로잡아왔다고 생각한다. (…) 하지만 결국 인간이 중심인 것으로 판명되었
다. 보잘 것 없어 보이는 우리의 손은 우리의 뇌와 결합해 여러 모델과 가상
의 실재들을 창조할 수 있었다. 이러한 능력은 테크놀로지라는 또 다른 형태
의 진화를 촉발시키기에 충분했다. 테크놀로지의 발전 덕분에, 생물학적 진
화가 벌어진 이래 계속해서 가속도를 내 온 과정을 앞으로도 지속할 수 있게
됐다. 진화의 가속화는 전체 우주가 우리의 손가락 끝에 놓일 때까지 계속될

것이다.[12]

물론, 진화가 실제로 의식적인 기계를 만들어 낼 수 있을지도 모른다. 조지 다이슨George Dyson이 썼듯이 "컴퓨터는 '기술적 진화의 최종 제품'으로서보다 '자기 증식적인 코드들을 생성하고 확산시켜서 진화 과정을 가속화시키는 촉매'로 더 중요성을 갖는 것일지 모른다."[13] 하지만 의식은 진화 과정의 종착점이 아니다. 진화에는 종착점이 없다. 그리고 의식적인 기계를 만들어 낸 바로 그 동일한 과정은 언젠가 그 것들을 파괴할 과정이기도 하다.

세계에서 지능이 사라져 버릴 것이라는 의미는 아니다. 의식적이지 않은 채로도 물질은 지능적일 수 있다. (새 떼나 개미 집단을 생각해 보라.) 또, 의식적인 존재가 자기 스스로를 파괴할 정도로 아주 비지성적일 수도 있다. 가이아 개념*은 지구에 지적인 목적을 부여했다고 비판을 받았다. 하지만 사실 가이아 이론은 목적이라는 개념을 필요로 하지 않으며 엄격하게 다윈주의적인 용어로 구성될 수 있다.[14] 지구는 의식성이 없더라도 인간보다 훨씬 더 큰 지적 역량을 갖추고 있다. 지구는 기능하고 있는 시스템인 반면 '인류'는 유령이다. 지능이라는 개념은 무분별한 인류에게 부여하기보다는 의식성이 없는 지구에 부여하는 편이 더 합리적일 것이다.

---

* 가이아 이론에 따르면 지구는 하나의 생명체처럼 움직인다.

진화의 과정에서 계속해서 새로운 지능을 획득해 나가는 데는 의식성이 필요치 않다. 인간이 우주적 의식을 통합함으로써 불멸을 획득할 수 있다고 보는 개념은 어느 것이든 설명이 깔끔하지가 않다. 마이어스와 루나차르스키의 이론에서는 인간 정신이 세계 영혼에 흡수되었다. 커즈와일에서는 인간 정신이 가상 우주에 업로드되었다. 두 견해 모두에서 인류는 하나의 점에 불과하며 우주의 의식이나 정보에 녹아들어간다. 무엇이 살아남든 개인은 소멸된다. 죽음은 정복되는 것이 아니라 우리가 알아채지 못하는 사이에 승리한다.

불멸주의는 인간 소멸 프로그램이다. 자연스런 소멸 과정보다 더 완전하게 인간을 사라지게 하는 기획이다. 인간들은 분명히 사라지겠지만 소멸은 그들이 떠나온 불멸의 혼돈으로 돌아가는 것에 불과하다. 불멸주의자들의 시나리오에서 인간은 자신의 소멸을 기획한다. 영원히 살고자 한 동물은 새로운 종을 창조하기 위해 진화 과정에 개입하다가 그 자신의 존재를 끝장내고 만다.

나에게 세계란 무엇이냐고 묻는다면
생쥐나 고슴도치나 두더쥐를 잡아서
어느 저녁에 극장 좌석에 앉혀 놓고는

축축한 코에 내 귀를 대고

조명과 음악과 춤에 대해 그것이 뭐라고 말하는지를 듣겠다.[15]

— 체스와프 미워시Czesław Miłosz

과학과 주술은 많은 점에서 다르지만 접점이 있다. 둘 다 세상이 법칙에 따라 움직인다고 생각한다. 과학자의 목적은 실증적인 지식이다. 인간은 자연의 법칙을 이해하고 따름으로써 자연을 지배할 힘을 얻는다. 주술사의 목적은 비밀스런 지식을 얻어서 그것을 자연의 법칙을 거스르는 데 사용하는 것이다. 둘 다 자연의 법칙이 존재한다는 점을 기정사실로 받아들인다. 하지만 왜 세계가 법칙의 지배를 받는다고, 혹은 이런 법칙들을 인간이 알 수 있다고 생각해야 하는가?

유신론은 여기에 답을 가지고 있다. 세계는 신성한 정신이 창조했고 인간의 정신은 그 세계 정신의 불완전한 모사품이라는 것이다. 유신론에 따르면, 인간은 인간[과 자연법칙]을 창조한 신성을 반영하고 있기 때문에 자연법칙을 파악할 수 있다. 신이 합리적이기 때문에 세상은 합리적이다.

"자연주의적 전제들하에서 과학이 가능한가"라는 문제를 제기했을 때 밸푸어도 같은 주장을 했다. 세계에 질서가 존재한다고 믿어야만 '법칙을 찾는 행위'라는 과학의 이상이 뒷받침될 수 있다. 그런데 세계의 질서 자체는 과학적으로 증명될 수 있는 것이 아니다. 그래서 밸푸어는 이렇게 결론을 내렸다. "세계가 어떤 합리적인 존재의 작품이라고 가정하지 않는다면, 이 문제에는 출구가 있을 수 없다. 이 세상을 지성이 깃들도록 창조하고, 그와 동시에 인간들이 미약하게라도 그 지성을 이해할 수 있도록 창조한 어떤 존재를 믿지 않는다면 말이다."[16]

밸푸어는 시지윅이 도덕에 제기한 질문을 과학에 제기했다. "그것〔과학, 또는 시지윅의 경우 도덕〕이 가능하려면 무엇이 진실이어야 하는가?" 시지윅이 도덕이 가능하려면 유신론이 참이어야 한다고 결론 내렸다면 밸푸어는 과학이 가능하려면 유신론이 참이어야 한다고 결론 내렸다. 밸푸어에 따르면, 자연주의자들은 '자연법칙'을 이야기하면서도 그 자연법칙이 진정으로 무엇을 의미하는지에 대해 제대로 성찰해 본 적이 없다. 그들은,

소위 '자연법칙'이라고 불리는 것이 일종의 자기존속적self-subsisting인 총체이며 법칙의 지배에 따라 세상 만물의 현상이 발생한다는 식의 용어를 습관적으로 사용한다. 물론 실상은 그렇지 않다. 현상들의 세계에서, 실재는 존재하는 것들과 발생하는 것들이 전부이다. 그것을 넘어서는 것은 아무것도 없다. 이 '법칙들'은 단지 사실의 복잡함을 헤쳐 나가는 길잡이로 삼기 위해 우리가 스스로를 위해 추상해 낸 고안물이다. 자연법칙은 어떤 독립적인 힘도, 실질적인 존재도 갖지 않는다.[17]

밸푸어는 역설적인 문제를 제기했다. 과학적 자연주의가 과학이 자연의 법칙을 발견할 수 있다는 믿음과 부합하지 않는다는 역설 말이

다. 플라톤주의와 기독교에서 자연법칙은 자연 세계가 아닌 다른 영역, 즉 무시간성의 이데아 영역, 혹은 신의 정신 영역에 존재한다. 그런데 자연주의가 옳다면, 이 다른 영역은 존재하지 않는다. 과학은 보편 법칙을 드러낼 수 없고, 기껏해야 (존재하지 않을지도 모르는) 규칙성을 찾는 행위일 뿐이다. 우주는 본질적으로 혼돈인지도 모른다. 혼돈이 본질인 세상에서는 초자연적인 현상이 그리 기이한 일이 아닐 것이다. 과학이 궁극적인 불규칙성을 허용할 수 있다면, 설명되지 않는 현상들도 궁극적인 실재로 받아들일 수 있다. 하지만 자연에 질서가 존재하고 초자연 현상은 자연 질서가 어그러진 틈새에서 나오는 것이라면, 초자연 현상은 인간의 힘을 증가시키는 데 사용될 수 없다.

어떤 심령연구자들에게는 실제로 심령연구(그들은 이것을 새로운 과학이라고 불렀다)가 일종의 마술적 사고였다. 어떤 면에서 신앙과 마술은 반대된다. 신앙은 더 높은 힘에 복종하는 것이고 마술은 의지의 승리를 꿈꾸는 것이다. 만물의 비밀스런 질서에 침투할 수 있다면 인간은 자연법칙을 뛰어 넘을 수 있다는 것이다. 어떤 주술주의든 이러한 마술적인 자유를 약속한다. (과학철학 중에도 그런 것이 있다.) 하지만 숨겨진 질서 같은 것은 없다. 엄밀하게 과학적으로 조사해 보면 세계가 혼돈으로 가득하며 인간의 의지는 그 안에서 결국 무력하다는 사실만을 알게 될 뿐이다. "모든 것이 가능하다"는 말은 사실일지 모르지만, "우리에게는 모든 것이 가능하다"는 말은 사실이 아니다.

많은 사람들은 이 사실을 받아들이고 싶지 않을 것이다. 인간들은 자신이 마음 속으로 존재한다고 믿고 있는 질서가 실제로 세계의 실재를 반영한다는 믿음을 여전히 필요로 한다. 하지만 사실은 그 반대가 맞을 것이다. 즉, 사물에 대한 어떤 견해가 우리 마음을 더 편하게 해준다면 그 견해는 실재를 덜 반영하는 것이기 쉽다.

인간이 세상에서 발견하는 질서는 [창조주 격인 지적 존재 없이] 저절로 발생할 수 있는 종류의 질서가 아니라는 지적설계론을 생각해 보자.[18] 인간 정신이 파악할 수 있는 방식으로 세계가 질서 지워져 있다면, 세계는 인간 정신과 비슷한 무언가에 의해 창조된 것이어야 한다 (고 그들은 주장한다). 같은 논리에서 인류 원리Anthropic Principle를 주장하는 사람들도 있다. 지금과 같은 우주여야만 인간이 존재할 수 있고 따라서 현재와 같은 형태로 우주가 생겨난 이유는 인류와 같은 고등 생물이 존재할 수 있게 하기 위해서라는 것이다. 하지만 인류 원리는 사실 다른 방향을 가리킨다. 특히 다세계 이론을 받아들인다면 더욱 그렇다. 우리의 우주가 많은 우주들 가운데 하나고, 대부분의 우주들은 생명이나 정신을 발생시킬 조건이 되지 않는데 어쩌다 이 우주만이 관찰자인 우리들을 포함하고 있다면, 창조자에 대한 가정은 필요하지 않다. 그런 경우에 인간이 이 우주에 존재한다는 사실은 어떤 다른 설명도 필요로 하지 않는다.[19]

다우주 개념은 너무 멀리 나간 것 아니냐고 생각할지도 모르겠다. 하지만 이는 르네상스 시기 유럽에서 많이 논의된 개념이다. 또, 힌두교와 불교의 우주 발생론도 상당수가 다우주 개념을 포함하고 있다.

힌두교와 불교의 다우주 세계관에서는 끝없이 이어지는 여러 우주들이 순환하며 그중 일부, 혹은 전부가 가짜일 수도 있다. 인간을 초월한 초超정신이 꾸는 꿈일 수도 있다. 쇼펜하우어도 이와 비슷한 개념을 이야기했는데, 그는 유령, 예감, 전조 현상을 설명하기 위해 시공간의 비실재성이라는 개념을 가져왔다.

과학적 자연주의의 계승자들(19세기의 토머스 헉슬리, 21세기의 리처드 도킨스)은 과학이 신에 대한 믿음을 전복한다고 일반적으로 주장한다. 반면, 밸푸어와 현대의 지적 설계론 지지자들은 그 반대라고 보았다. 과학이 자연법칙을 추구하는 것이라면 과학은 신의 존재를 가정해야만 하며, 따라서 과학이 신앙을 파괴하기는커녕 신앙 없이는 과학이 불가능하다고 말이다.

하지만 앞서 살펴보았듯이, 신이 존재한다고 해도 우주가 인간에게 호의적일 것이라는 보장은 없다. 신성한 정신은 세계를 창조만 해 놓고 그 다음에는 신경도 안 쓰고 있을 수도 있다. 혹은, 흄이 언급했듯이 신은 자신이 세계를 만들었다는 사실조차 잊었을지 모른다. '신이 창조한 우주'는 빅토리아인들이 그렇게 두려워했던 '공허한 우주'만큼이나 인간에 대해 별 생각이 없을지도 모른다.

'법칙이 지배하는 우주'를 믿는다면 신성한 존재를 상정해야 할지 모르지만, 법칙에 의해 세상이 지배된다는 그 개념 자체에 문제의 소지가 있다. 기독교의 일부 분파에서는 자연법칙은 신의 명령이며 기적이 일어날 때만 철회될 수 있다고 본다. 아리스토텔레스는 자연법칙이 만든 우주는 계속해서 완벽을 추구해 나간다고 본다. 플라톤은 물리적인 세계가 영원한 형상의 그림자 이미지라고 본다. 이들 모두, 우주에 인간이 생각하는 질서가 내재되어 있다고 본다. 하지만 이런 사상을 굳이 믿지 않아도 된다면, 세상이 법칙의 지배를 받는다고 가정해야 할 이유는 없다. 세상에는 곧 사라질 일시적 규칙성만 존재하는 것뿐일지도 모른다. 그런 규칙성은 인간이 생각하는 '법칙'과는 매우 다를 것이다.

시지윅은 유신론이 없다면 도덕은 불가능하다고 주장했다. 도덕이 옳고 그름에 대한 지상 법칙을 의미하는 것이라면 그의 생각은 옳다. 밸푸어는 유신론 없이는 과학이 불가능하다고 주장했다. 과학이 자연법칙을 발견하는 것을 의미한다면 그의 생각도 옳다. 하지만 윤리에 대해 다른 개념들이 있듯이 과학에 대해서도 다른 견해들이 있다.

철저한 자연주의자라면 과학을 동물적인 탐색의 세련된 형태라고 생각할 것이다. 인간이 이제까지 경험한 만큼의 우주에서, 그 세상을 헤쳐 나가기 위해 고안한 것들이라고 말이다. 과학을 법칙을 찾는 행위라고 보기보다는, 완전하게 이해할 수 없는 세상에 대처하기 위해 인간이 사용하는 도구라고 생각해 볼 수 있을 것이다. 이런 생각을 받아들이면 밸푸어가 제기한, 다윈주의와 자연주의 사이의 상충 문제는 해결된다.

자연주의는 종교에 적대적일 거라고 생각하기 쉽지만 오히려 그 반대가 맞다. 종교의 적들은 종교가 지성의 오류며 인간은 그 오류에서 깨어나야 한다고 생각한다. 그런데 이런 입장은 다원주의적 과학과 부합하지 않는다. 종교에 진화상의 가치가 없었다면 어떻게 종교가 이렇게 전 인류에 보편적으로 나타났겠는가? 하지만 오늘날의 무신론자들이 보이는 맹목성에서 볼 수 있듯이, 여기서 진짜 쟁점은 과학이 아니다. 세상을 '믿지 않음'으로 돌리려는 시도보다 더 종교적이고 더 불합리한 인간 행동은 없다. 과학에서도 종교에서도, 믿음은 딱히 중요한 것이 아니니 말이다.

과학과 종교는 서로 다른 인간의 필요를 충족시킨다. 종교는 의미를 위해 필요하고 과학은 통제를 위해 필요하다. 사람들은 과학과 종교가 모두 세계에 대해 상을 그리는 역할을 한다고 생각한다. 맹목적 무신론자들은 세상에 대한 과학적 견해가 필요하다고 역설한다. 하지만 널리 받아들여지는 견해들은 과학적 방법론과 맞아떨어지지 않는다. 우리가 아는 것이 하나라도 있다면, 그것은 어느 한 시대를 풍미한 이론들은 모두 거짓이라는 것이다. 과학적 이론들은 세계의 상을 그리는 도구가 아니라 우리가 임시변통으로 세상을 헤쳐 나가기 위해 이용하는 도구다.[20]

우리가 과학적 이론들을 믿을 필요는 없다. 만약 그것들이 우리가 환경을 다루어 나가는 데에 도움을 준다면 더 나은 것이 나올 때까지 그것을 사용할 수는 있다. 과학은 더 나은 이론들을 만드는 몇 가지 방법들을 갖고 있다. 가장 중요한 것은 반증이다. 일반적으로 반증이 입증보다 유용하다. 이미 세워진 통념을 뒷받침하는 증거를 찾는 것은 쉽지만, 어떤 이론을 반증하면 우리는 새로운 것을 배우게 된다. 그러나 반증을 통해 몇몇 이론들을 폐기하게 된다 해도 우리가 궁극적으로 하나의 진실한 이론에 도달하게 된다는 뜻은 아니다. 가지고 있는 질문을 다 던지고, 할 수 있는 탐구를 다한 뒤에도 서로 상충하는 이론들은 여전히 남아 있을 것이다. 심지어 모든 것을 설명한다는 이론도 여러 개 있을 것이다. 우리는 이 이론들 중 어느 것을 사용해도 좋다. 이를테면 미학적으로 가장 좋은 것을 골라도 좋다. 다만 우리는 그 이론이 세계를 거울처럼 반영한다고 상상할 필요는 없다.

과학이 믿음들의 체계가 아니라면 종교도 믿음들의 체계가 아니다. 그리스철학에 의해 기형이 된 서구 기독교는 신앙을 믿음과 혼동했다. 하지만 시詩가 주장들로 구성되지 않듯, 종교도 믿음들로 구성되지 않는다. 시지윅을 생각해 보자. 슬프게도 시지윅은 영국 성공회 39개조 신조에 동의할 수 있는가를 숙고해야 했고 불가피하게 동의할 수 없다는 결론에 도달했다. 그리고 나머지 인생을 영혼 지속의 증거를 찾으려는 헛된 노력 속에서 보냈다. 시지윅이 내세에서 보내왔다는 교차통신 문서의 내용을 믿는다면, 그는 죽어 영혼 지속의 증거를 찾고 난 뒤에도 자신이 그 전보다 더 현명해지지는 않았다는 것을 발견했다. 시지윅은 의미를 추구하다가 사실만을 발견했다.

모든 종교의 핵심은 실천, 즉 의례와 명상이다. 그리고 그런 실천을 뒷받침하는 신화들이 있다. 그러나 신화는 합리적으로 발전시켜 나가야 할 이론이 아니다. 심리학이 발전해도 이카로스의 신화는 무용한 것으로 치부되지 않는다. 고생물학이 발전해도 창세기 이야기는 폐기되지 않는다. 이런 신화들은 인간이 인간으로 남아 있는 한 지속될 것이다. 신화는 인간 경험의 바뀌지 않는 특성들을 다루는 이야기이다. 기독교도들의 삶에 의미를 부여해 주는 것은 십자가에서 못 박혀 돌아가시고 기적처럼 부활하신 예수님의 이야기다. 이 이야기가 사실에 근거한 것이냐 아니냐를 묻는 무신론자들은 이것이 문자 그대로 사실이라고 주장하는 종교인들과 동일한 실수를 저지르고 있다. 흔히 그렇지만, 여기에서 합리주의와 근본주의가 결합한다.

실증주의가 대두된 이래로, 신화를 만드는 것은 유아적 상태의 인종이 보이는 특성이라는 이론이 제기돼 왔다. 인류학자 J.G. 프레이저의 저술 모음집 『황금 가지The Golden Bough』(1890)가 이러한 실증주의 가설을 설파하고 있다. 신화적 사고는 일반적으로 어린이들과 원시인들에게서 발견되며 성인의 단계가 되면 과학이 나타난다는 것이다. 하지만 비트겐슈타인이 언급했듯이 "프레이저는 그 야만인들 대부분보다 훨씬 더 야만적이다." 현대의 신화들이 전통 사회에서 찾아볼 수 있는 어떤 신화보다 더 실재에서 동떨어져 있고, 과학의 이름으로 만들어진 주장들은 신앙의 불합리성보다 더 비이성적이다. 죽은 자가 종말이 오면 부활하리라는 믿음은 인류가 지식으로 무장하고서 더 나은 세상으로 나아가리라는 믿음보다 더 어처구니 없는 생각이 아니다.

종교는 과학 이론의 원시적 형태가 아니고 과학이 우월한 형태의 신념 체계인 것도 아니다. 합리주의자들은 신화를 과학적 이론의 원형으로 잘못 생각했고 과학적 이론이 말 그대로 진리라고 생각하는 오류를 범했다. 종교와 과학은 둘 다 문자 그대로의 용어로는 온전히 드러날 수 없는 실재에 대한 상징, 은유의 체계들이다. 모든 영적인 추구는 침묵으로 끝난다. 그리고 과학도, 경로는 다를지언정, 끝이 난다. 조지 산타야나가 언급했듯이, "정말로 솔직한 영혼이라면 세계를 전적으로 이해하는 것이 가능하다고 생각할 수 없다. 세계에는 불합리한 부분들이 있을 것이고 받아들이기 어려운 사실들도 있을 것이고 미치지 않으려면 지성을 침묵시켜야 하는 어두운 심연들도 있을 것이다."[21]

종교처럼 과학도 초월하려는 노력이고, 그 노력은 이 세계가 이해 불가의 영역에 있다는 것을 받아들임으로써 끝이 난다. 우리의 모든 질문들은 기저의 질서를 찾을 수 없는 사실들에서 끝나게 될 것이다. 신앙이 그랬듯이, 이성도 결국 복종할 것이다. 과학의 최종 목적은 불합리를 드러내는 것이다.

드디어 창조, 목적, 종말, 혹은 시스템이라는 거대한 사기에서 깨어났을 때, 나는 신성한 혼돈 속에 얼마나 더 거대하고 아름답고 희망적인 것이 존재하는지를 어렴풋이 알게 되었다. 무질서나 혼란으로서의 혼돈이 아니라 질서가 부재하다는 단순한 의미에서의 혼돈 말이다. 규칙과 질서로 만들어진 우주보다도 혼돈의 우주에 더 거대한 아름다움과 희망이 있었다. (…) 논리적으로 생각해 보면, 목적과 의도를 가지고 만들어진 것에는 한계가 있다. 설계와 목적이라는 개념 자체가 그것의 쓸모없음을 설명해 주는 것 같아서 거부감이 든다. 당분간은, 나는 무너지는 계획의 자리에 이성을 주입하려는 시도도 하지 않을 것이다. (…) 태양을 보면 거기에 아무런 질서도 부과돼 있지 않다는 것을 느낀다. 거기에는 신성한 혼돈이 있다. 그리고 그 안에, 무한한 희망과 가능성이 있다.[22]

— 리처드 제프리스Richard Jefferies

죽음이 진정한 소멸을 의미하며, 그래서 다행이라고 생각한 사람들도 언제나 존재했다. 20세기 초 영국 시인 에드워드 토머스Edward Thomas는 자연을 사랑하는 사람이었고 시골길을 걸으면서 행복한 시간들을 보냈다. 그는 또한 우울한 감상에 빠지는 경향도 있었다. 시골 산책에 대해 쓴 책들 중 하나인 『이크닐드 길The Icknield Way』(1913)에는 그가 빗소리를 들으면서 죽음에 대해 생각하는 내용이 나온다.

나는 빗소리를 들으면서 누워 있었다. 처음에는 마치 내가 오랫동안 바라 왔던 것처럼 귀와 마음에 빗소리가 즐겁게 들렸다. 하지만 잠이 들기 전에, 빗소리는 감미로운 소리와 상징이 아니라 나를 압도하고 급기야는 두렵게 하는 것으로 바뀌었다. 빗소리는 나를 재판대에 세우고 비난하며 판결을 내리고 있었다. 나는 빗소리가 내리는 선고를 들으며 오래 누워 있었다. 그리고 결국에는 나의 유령 같은 분신이 말하는 듯한 소리를 들었다. 그는 이렇게 투덜거렸다. 밤새 내리는 비는 우리의 여름을 횃불처럼 꺼 버릴 것이다. 보이지 않는 어두운 하늘에서 보이지 않는 어두운 땅으로 곧바로 내리는 검고 세찬 비에 여름의 열기는 사라지고 풍성한 놀라움도 죽었으며 여름은 갔다. 한밤의 비는 여름을 깊이 묻어 버린다. 자신의 소리만 남기고 모든 소리를 묻어 버린다. 아직 밤이고 나는 어둠 속에 혼자 있다. 내 귀는 세상의 나무 사이로 떨어지면서 부드럽게 포효하는 빗소리를 듣는다. 비는 내 귀가 더 이상 들을 수 없을 때에도 무덤 너머의 풀에 어둡게 떨어질 것이다. 나는 빗소리를 좋아했고, 그것 때문에 격렬히 슬퍼지기도 했다. 하지만 마치 존재한 적이 없다는 듯이 그것들은 모두 끝났다. 내 눈은 침침하다. 내 심장은 차분하고 고요하게 뛴다. 나는 머리도 발도 움직이지 않는다. 나는 젖은 풀이나 내리는 비 속에 누워 있을 때 가장 조용하다. 그리고 나는 풀만큼도 중요하지 않다. 여름은 갔다. 다시 오지 않을 것이다. 앞으로 더 이상의 여름은 없을 것이다. 나는 모든 것에 지쳤다. 떠나기에는 너무 약해서 머무는 것일 뿐이다. 멈추는 것보다 계속 기어가는 편이 더 쉽기 때문에 계속 가는 것이다. 내 얼굴을 창문에 댄다. 밖에는 어둠과 빗소리 말고는 아무것도 없다. 눈을 감아도 아무것도 보이지 않는다. 나는 혼자다. 한번은 빗소리 사이에서 새 한 마리가 무언가를 묻는 것처럼 촉촉이 우는 소리를 들었다. 단 한 번, 그리고 갑작스럽게. 새는 만족스러운 것 같았다. 새 소리는 나를 비난하듯 자연의 질서, 아름다움, 풍부함, 영원함을 실어 내 앞에 갖다 놓았다. 나는 자연의 일부가 아니다. 나는 혼자다. (…) 잠깐 동안은 마음의 눈과 귀가, 한때 눈과 귀가 즐거워했던 것들을 보고 듣는 척한다. 하지만 비는 그것을 부인한다. 보여야 할 것도 들려야 할 것도 없다. 예전에도 없었다. 노래의 마지막 반향인 추억은 깨어졌다. 비는 지구상에 계속 있었고 앞으로도 계속 있을 것이다. 어두운 비 말고 다른 것은 아무것도 없었다. 아름다움과 강함은 그것에 대면 아무것도 아니다. 눈은 그 안에서 반짝일 수 없다.

나는 지금까지 꿈을 꾸면서 누워 있었고 이제 깨어났다. 그리고 여기에는 아직도 비뿐이다. (…) 이 세상에는 비 말고는 다른 것을 위한 공간이 하나도 없다. 비만이 위대하고 강하다. 비만이 즐거움을 안다. 비는 자연의 질서에 대한 찬양을 단조로운 곡조로 읊조린다. 이제껏 나는 자연의 질서에 복종하지 않았고 거기에서 빠져 나오려 했다. (…) 진실을 말하자면, 비는 영원히 내리고 나는 그 안으로 녹아 들어가고 있다. 검고 단조로운 소리는 한밤중, 비의 외로움이다. 잠시 후에 혹은 한 시대 후에(사실 모두 마찬가지다), 나는 자연에서, 비 앞에서 보낸 과거의 나날들에 내가 왜인지는 모르겠지만 너무나 좋아했던 이 말의 진정한 뜻을 알게 될 것이다. '비가 그 위로 내리니 죽은 자들은 축복을 받았도다."[23]

토머스의 어조는 세상을 등지거나 달관한 사람의 말 같다. 그는 자연에서 발견한 '생각하지 않는 삶'을 살고 싶었지만 그렇게 하지 못했다. 정신분석도 해보았지만 그를 더 내면으로 향하게만 만들었을 뿐이다. 어딜 가든 토머스가 '저쪽'이라고 부른 것, 다시 말하면 자기 자신의 환영이 따라다녔다. 자기의식에서 벗어날 수 없었던 토머스는

죽음이 가져다 줄 망각을 추구하게 되었다. 그것의 이미지는 다음과
같았다.

> 숲의 키 큰 나무들
> 구름 같은 잎들이 드리운다.
> 잎 위에 또 잎.
> 침묵 속에서 나는 듣고 복종한다.
> 나의 길
> 그리고 나 자신을
> 내가 아마 잃을지도 모른다는 것을.[24]

토머스가 이 글을 쓴 것은 1916년이었다. 그가 1차 대전에 종군하
기로 결정했을 때다. 장교 후보생으로 훈련을 받고 나서 그는 1916년
6월에 영국 포병 연대 소위로 임명되었다. 1917년 1월에 프랑스 전선
으로 떠났고 그 해 4월에 포탄에 맞아 숨졌다.

사실이야 알 수 없지만, 토머스가 죽으려고 입대한 것이 아닌가 하
는 추측을 해 보게 된다. 그는 본성을 바꿔야만 자유로울 수 있다고 믿
게 되었는데, 이는 의지의 행동으로는 이를 수 없는 것이었다. 그래서
토머스는 자신의 문제들과 자기 자신을 죽음에 맡겼다.

죽음은 걱정과 염려에서 해방된다는 뜻이다. 죽음이 올 때 환영할
준비가 되어 있다면, 그리고 죽음이 늦도록 오지 않을 때 빨리 오라고

손짓할 수 있다면, 우리는 더 행복하게 살 수 있을지도 모른다. 기독교 시대 이전에는 자살이 결코 문제적인 행위가 아니었다. 우리의 삶은 우리 자신의 것이었고 삶에 진력이 나면 그것을 끝낼 자유가 있었다. 이제 기독교가 쇠퇴했으니 이런 자유가 되살아날 수 있지 않겠느냐고 생각할지도 모르겠다. 하지만 세속의 종교가 생겨나면서, 각자의 삶은 이제 모든 사람의 삶에 속하게 되었다. 삶이 즐겁지 않다고 끝내는 것은 여전히 신성 모독으로 비난받는다. 이제 공격받는 신성은 신이 아니라 인류이지만 말이다.

에드워드 토머스는 삶에 지쳤기 때문에 죽음을 추구했다. 하지만 삶에 지쳤다는 것 말고도 죽음이 유혹적일 수 있는 이유는 또 있다. 유대계 헝가리인 시인 죄르지 팔루지는 나치 점령하의 파리에서 탈출해 카사블랑카에 도착했을 때를 회상하면서, 자신이 거기서 "필멸의 향기가 주는 즐거움"에 빠져들었다고 했다.

이 마을에서 스며 나오는 가볍고 유혹적이며 거의 외설적이기까지 한 부패의 냄새를 항구에서부터 알아차릴 수 있었다. 이 냄새는 전혀 불쾌하지 않았다. 진저리 쳐지지도 않았다. 오히려 향기롭고 축축하고 신비한 가을 낙엽의 분해가 떠올랐다. 포도즙이 발효해 신비롭게 바뀌는 냄새와도 관련이 있는 것 같았다. 불쾌할 정도로 달거나 역하거나 죽은 사람 같은 냄새가 아니라, 신중한 전조로서 죽음이 감칠맛 나는 양념을 삶의 테이블에 놓아 준 것 같았다. (…) 나는 생각했다. 이 도시에서 죽음은 모든 향연에서 손님들 사이에 앉아 있고 연인들과 함께 침대에 누워 있다고. 죽음은 항상 있었고 모든 곳에 있었다. 홀바인의 판화 "죽음의 무도"에서와 비슷하지만 죽음이 가진 힘은 달랐다. 홀바인의 작품에서 죽음은 초대받지 않은 손님이어서 그의 등장은 공포와 절망을 일으킨다. 하지만 여기에서 죽음은 영리한 사람이 피해야 할 함정이 아니다. 여기에서 사람들은 백 살까지 살기를 원하지 않고 삶이 5백 년 지속되기를 바라지도 않는다. 여기에서는 아무도 50세에 머리나 수염을 염색하지 않을 것이다. 몸을 만들기 위해 아침마다 체조와 근육 운동을 하지도 않을 것이다. 이곳에서 죽음은 친구들과의 식탁에서 환영받는 손님이다. 사랑하는 사람의 침대 구석에 죽음이 있을 때, 죽음은 그들이 더 열정적으로 포옹하도록 북돋워 줄 뿐이다.

여기에서 사람들은 코를 막기보다는 부패의 냄새를 받아들였다. 그들은 스스로 결론을 냈고, 삶을 더 열정적으로, 더 욕심 부려가며, 그러나 더 조용하게 산다. 그들은 죽음에 맞서서 싸우려 하지 않는다. 질 수밖에 없다는 것을 알고 있기 때문이다. 죽음과 화해할 필요도 없다. 죽음과 싸워본 적이 없으니 말이다. 그리고 죽음을 두려워하지 않기 때문에, 의사가 하얀 거짓말을 해 주기를 바라지 않는다. 젊은이들은 죽음을 용감하게 눈 앞에서 바라본다. 늙은이들은 무덤을 향해 천천히, 그러나 위엄 있게 걸어간다. 마치 죽음이 편히 쉴 수 있는 안락의자인 것처럼.[25]

팔루지는 "독일인들을 조심하라"는 구절이 포함된 하이네의 시를 번역한 혐의로 헝가리에서 형을 선고받은 뒤 파리로 도망쳤다. 1938년에는 모로코로 탈출해 미국에 가서 미군 포수로 복무했다. 전쟁이 끝난 뒤 헝가리로 돌아갔지만 1948년에 레치크 수용소에 수감된다. 스탈린의 생일을 기념하는 시를 쓰지 않겠다고 했기 때문이었다. 수용소에서 팔루지는 에드거 앨런 포 대위와 월트 휘트먼 대령의 포섭으로 미국 스파이가 되었다고 자백했다.

1953년에 스탈린이 숨지고 나서 팔루지는 자유의 몸이 되었고 1956년의 혁명 뒤에 헝가리를 다시 한 번 떠났다. 그는 남은 인생 대부분을 미국과 캐나다에서 보내면서 1962년에 자서전 『지옥에서 보낸 행복한 나날들My Happy Days in Hell』을 출간했다. 30년 넘게 남성 파트너와 살았고 91세에 재혼했으며 2006년에 95세로 숨졌다.

팔루지와 죽음은 매우 가까웠다. 수용소에서 그와 같은 구획에 있던 수백 명 중에 21명만이 살아남았는데 그는 그중 한 명이었다. 팔루지는 죽은 자와 죽어 가는 자들의 친구였다. 팔루지가 죽음을 두려워하지 않았다고 말한다면 거짓일 것이다. 팔루지는 수년 동안 소멸에 관한 생각이 꿈에 나왔으며 지구에서 생명이 끝난 뒤에 찾아올 두 번째 소멸도 자주 꿈에 등장했다고 말한 적이 있다. 그는 소멸에 대한 두려움을 죽음을 각오함으로써 극복한 것 같다. 전쟁 이후에 모든 친구들이 말렸는데도 헝가리로 돌아갔고, 공산주의에 협력하지 않으면 수용소에서 구타와 굶주림과 고문으로 죽게 될 텐데도 협력하지 않았던 것을 보면 말이다. 팔루지는 죽어 간다는 것이 신성하거나 아름답지 않다는 것을 알고 있었다. 하지만 죽음에서 도망치려고 애쓰면서 자신의 나날들을 소모하는 게 얼마나 위험한지도 잘 알고 있었다. 그래서 죽음 기계 안으로 들어가서 그 끔직함을 직면했고, 거기서 벗어났다. 팔루지가 직면한 위험들은 그를 더 날카롭게 살아 있게 만들었다. 팔루지가 자신의 생존을 그 자신의 기민함 덕이라고 생각했는지 순전히 운이 좋아서였다고 생각했는지는 알 수 없다. 아마도 모라처럼 팔루지도 자신의 개인성을 넘어서 흘러가는 사건들을 믿었는지도 모른다. 물론 팔루지의 계획성과 기민함도 한몫했겠지만 말이다.

삶의 감각을 생생하게 만들기 위해 추한 죽음을 불사하겠다는 선택은 쉽게 내릴 수 있는 결정이 아니다. 하지만 우리는 더 고요하고 더 즐겁게 살 수는 있을지도 모른다. 우리가 죽음에서 구원하고 싶은 자아가 그 자체로 죽은 자아라는 것을 더 명확하게 인식하게 된다면 말이다. 불행히도 우리는 스스로가 만들어 놓은 자아 이미지에 너무 들러붙어 있어서 현재를 사는 것을 생각하지 못한다. 기억 속에 보존된 자아보다 더 쉽게 바뀌는 것도 없지만, 그래도 대부분의 사람들은 영원을 추구하면서 자기 자신이었다고 생각하는 상을 (혹은 자기 자신이었더라면 좋았을 것이라고 생각하는 상을) 미래에 투사하려 한다. 기억에서 그림자 같은 분신이 불려 나온다. 이 유령 자아는 우리가 어디를 가든 따라다닌다.

레닌의 시신을 육면체의 무덤에 봉인해 넣게 만든 희망들은 사라지지 않았다. 저칼로리 식단으로 노화를 방지하거나 인간의 정신을 슈퍼컴퓨터에 업로드 하거나 우주 공간으로 이주하거나……, 영원한 삶을 열망하면서, 인간은 여전히 "죽음이 규정하는 동물"로 남아 있다.

과학적 탐구의 최종 결과는 인류가 바뀔 수 없는 그 자신의 존재로 도로 돌아가는 것이다. 과학은 인류가 자신의 운명을 향상시키게 해 주기보다는 오히려 인간이 살아가는 자연환경을 훼손한다. 과학은 죽음을 극복하게 해 주는 것이 아니라 대량 살상을 가능케 하는 강력한 기술들을 만들어 낸다. 이 중 어느 것도 과학의 오류는 아니다. 단지 과학이 마법이 아님을 보여 줄 뿐이다. 지식의 성장은 인간이 할 수 있는 일들의 범위를 확장시켜 준다. 하지만 인간을 인간이라는 존재로부터 벗어나게 해 주지는 못한다.

대부분의 사람들은 불멸의 꿈을 결코 포기하지 않겠지만, 자기 삶의 꿈을 느슨하게 하는 사람들이 이곳 저곳에서 생겨날 수는 있을 것이다. 영원히 살기를 원하는 것은 곧 자신의 생기 없는 이미지만을 보존하려 하는 것이다. 이를 알게 된다면, 부활하고 싶거나 사후의 낙원에서 계속 살고 싶은 마음도 사라질 것이다. 죽을 수 없는 것보다 더 끔찍한 것이 무엇이겠는가?

유토피아처럼 내세는 아무도 살고 싶어하지 않는 곳이다. 계절이 없으면 그 무엇도 익어서 땅으로 떨어지지 않고 나뭇잎은 색이 변하지 않고 하늘도 공허한 파란색에서 다른 색으로 변하지 않는다. 아무 것도 죽지 않으면 아무 것도 태어나지 않는다. 영원한 존재는 영원한 고요함이다. 무덤 속의 영원한 평화다. 불멸을 추구하는 자들은 혼돈에서 탈출할 길을 찾으려 한다. 하지만 그들 자체가 혼돈의 일부다. 자연적인 혼돈이든 신성한 혼돈이든 말이다. 불멸은 빈 스크린에 흐릿한 영혼이 투사된 것일 뿐이다. 그것보다는 낙엽이 떨어지는 쪽에 더 많은 행복이 있다.

감사의 글

많은 책에서 도움을 받았지만, 특히 다음의 저작들이 없었다면 이 책을 쓰지 못했을 것이다.

교차 통신에 대해

바트 슐츠의 『헨리 시지윅 전기: 우주의 눈Henry Sidgwick: Eye of the Universe, An Intellectual Biography』(Cambridge University Press, 2004)은 시지윅의 삶과 사상에서 심령연구가 차지했던 중요한 위치, 시지윅과 지인들의 모호한 동성애적 관계 등을 잘 보여 주었다.

아치 E. 로이의 『열정적인 망자들: 망령에 대한 연구The Eager Dead: A Study in Haunting』(Book Guild Publishing, 2008)는 교차 통신을 이해하는 데 큰 도움을 주었다. 아마도 교차 통신에 관한 한 가장 종합적인 내용을 담은 책일 것이다.

스티븐 E. 브로드의 『불멸의 흔적들: 사후 영혼 지속의 증거Immortal Remains: The Evidence for Life after Death』(Rowman and Littlefield, 2003), 로저 루크허스트의 『텔레파시의 발명, 1870~1901The Invention of Telepathy, 1870~1901』(Oxford University Press, 2002), 자네트 오펜하임의 『내세: 영국의 심령학과 심령연구, 1850~1914The Other World: Spiritualism and Psychical Research in England, 1850~1914』(Cambridge University Press, 1985)는 심령연구의 현상과 의미를 빅토리아시대라는 시대적 맥락에서 살펴보는 데 도움을 주었다.

트레버 해밀턴의 『불멸의 갈망: F.W.H. 마이어스, 그리고 영혼의 사후 지속에 대한 빅토리아시대 추구*Immortal Longings: F.W.H. Myers and the Victorian Search for Life After Death*』(Imprint Academic, 2009)에서도 큰 도움을 받았다.

존 비어의 『신의 섭리와 사랑: 워즈워드, 캐닝, 마이어스, 조지 엘리엇, 러스킨 *Providence and Love: Studies in Wordsworth, Canning, Myers, George Eliot, and Ruskin*』(Clarendon Press, 1988)을 통해서는 마이어스의 '비밀스런 메시지'에 대해 많이 알게 되었다.

R.J.Q. 애덤스의 『밸푸어: 마지막 귀족*Balfour: The Last Grandee*』(John Murray, 2007) 덕분에 밸푸어를 더 잘 이해하게 됐고, 밸푸어의 삶과 인간관계에서 핵심적인 사실들을 알 수 있었다.

볼셰비키와 기술적 불멸의 추구에 대해

우선, 니나 투마르킨의 기념비적인 책 『레닌이여 영원하라! 소비에트 러시아의 레닌 컬트*Lenin Lives! The Lenin Cult in Soviet Russia*』(Harvard University Press, 1983, 1997)를 빼놓을 수 없을 것이다.

캐서린 메리데일의 『돌의 밤: 러시아의 죽음과 기억*Night of Stone: Death and Memory in Russia*』(Granta Books, 2000)에서도 많은 도움을 받았다.

버니스 글라처 로젠탈이 엮은 『러시아의 주술과 소비에트 문화*The Occult in Russia and Soviet Culture*』(Cornell University Press, 1997)는 풍부한 자료를 제공해 주었다.

볼셰비키 건신주의자들에게 니콜라이 페도로프가 미친 영향에 대해서는 드미트리 슐라펜토크의 논문 「페도로프 체제로서의 볼셰비키주의Bolshevism as a

Fedorovian Regime』(Cahiers du Monde Russe, 37, October-November 1996)에서 도움을 받았다.

안드레아 린의 『그림자 연인: H.G. 웰스의 마지막 사랑Shadow Lovers: The Last Affairs of H.G. Wells』(Westview Press, 2001)은 웰스의 복잡한 연애사 가운데 가장 핵심적인 관계를 설명하고 있다.

니나 베르베로바가 쓰고 매리언 슈워츠와 리처드 D. 실베스터가 옮긴 『모라: 부드베르크 남작 부인의 위험한 삶Maura: The Dangerous Life of the Baroness Budberg』(New York Review of Books Classics, 2005) 덕분에 몰랐던 사실을 많이 알게 되었다. 부드베르크의 삶에 대해서는 아직도 많은 부분이 불분명하고 논란이 많기는 하지만 말이다.

아카디 바크스베르크가 쓰고 토드 블루도가 옮긴 『막심 고리키 살해: 비밀스런 처형The Murder of Maxim Gorky: A Secret Execution』(Enigma Books, 2005)은 고리키의 삶과 죽음을 이해하는 데 중요한 배경 지식을 제공해 주었다.

공포정치에 대해서는 도널드 레이필드의 『스탈린과 그의 교수형 집행인Stalin and His Hangmen』(Penguin Books, 2004), 팀 줄리아디스의 『버림받은 자들-대공황에서 굴락까지: 스탈린 시대 러시아의 희망과 배신The Forsaken – from the Great Depression to the Gulags: Hope and Betrayal in Stalin's Russia』(Little, Brown, 2008)에서 많은 도움을 받았다.

S.J. 테일러의 『스탈린 지지자 월터 듀런티, 모스크바의 뉴욕 타임스 기자Stalin's Apologist, Walter Duranty, The New York Times's Man in Moscow』(Oxford University Press, 1990)를 통해서는 듀런티에 대해 많은 점을 알 수 있었다.

많은 사람들이 이 책의 초고를 읽고 의견을 내 주었다. 이 책을 담당한 펭귄 북스의 편집자 사이먼 윈더는 상세하고 날카로운 의견을 많이 제시했고 이 책이 나오기까지 여러 모로 귀한 도움을 주었다. 윌리 에이전시에서 내 책을 담당하고 있는 트레이시 보한은 아낌없는 격려와 유용한 제안들을 해 주었다. 애덤 필립스는 이 책이 모양을 갖추는 데 큰 도움을 주었다. 모라 부드베르크의 오디오 테이프에 대해 알려 준 기네스 윌리엄스에게 큰 감사를 전한다. 마틴 에이미스, 브라이언 애플야드, 고故 J.G. 발라드, 존 밴빌, 찰스 젠크스, 조프리 니트, 폴 슈츠, 윌 셀프, 조프리 스미스, 앨빈 스노든, 메리 앤 스티븐스, 조지 월든은 이 책의 핵심 주제에 대한 나의 생각에 자극을 주었다. 언제나 그렇듯이, 내가 가장 크게 빚을 진 사람은 나의 아내 미에코다.

사실관계의 오류나 판단의 착오 등, 이 책에 실수가 있다면 모두 나의 책임이다.

진리는 누구를 무엇에서 자유케 하는가?

『불멸화위원회』에는 이상한 이야기 두 개가 실려 있다. 19세기 말과 20세기 초, 영국의 상류층 사람들은 죽은 자가 영매를 통해 보내 오는 메시지를 듣기 위해 체계적인 실험을 시도했고, 본인이 직접 영매가 되는 훈련을 받기도 했다. 20세기 초, 소비에트 러시아 당국은 죽은 자를 기술적으로 살려낼 수 있다고 믿으면서 지도자의 사체를 냉동 보존했다. 구체적으로 어떤 양상으로 진행됐으며 그들이 얼마나 진지하게 임했는지를 더 자세히 읽어 보면, 위의 한 줄 요약을 보고 상상할 수 있는 것보다 훨씬 더 이상하다. 캐나다의 한 온라인 방송에서 진행한 강연에서 저자 존 그레이는 가능하면 각주를 달지 않고 이 책을 쓰려 했다고 말했다. 진행되는 사건과 인물의 성격 등이 너무나 기묘하고 기상천외하고 상상을 초월해서, 이상한 부분이 나올 때마다 일일이 설명을 달다가는 한도 끝도 없을 것 같아서였다고 한다. 게다가 더 이상한 것은, 이 이상한 일들이 '과학'의 이름으로 진행됐다는 점이다.

『불멸화위원회』는 존 그레이가 1990년대 말부터 일관되게 관심을 가져온 문제의식의 연장선상에 있다. 인간 종 중심주의적 휴머니즘과 유토피아주의가 결합된 근대적 기획들이 갖는 불합리성과 폭력성에 대한 문제제기다. 신화(경전)를 절대 진리로 여기고 신과 인간의 관계를 절대 명령에 대한 절대 복종의 관계로 여기는 특정한 종교관이 어느 시점에 서구 사회를 지배하게 됐고, 그에 저항하며 일어난 (혹은 그렇다고 우리가 배워 온) 탈종교적 근대 정치, 근대 과학, 근대 사상, 근대 제도가 사실은 맹목적 믿음이라는 동일한 특성을 물려 받아 공유하고 있다는 지적은 존 그레이의 서구 근현대 문명 비판에서 핵심을 이룬다. 존 그레이는 최근 15년여간 출간한 저서에서 '신神 주체'에 대한 믿음의 자리에 '인간 주체human agency'에 대한 믿음이 들어앉으면서 생겨난 문제들에 주목한다. 2002년에 나온 『하찮은 인간, 호모 라피엔스*Straw Dogs*』(한국어 판은 2010년에 출간)에서 위의 문제의식과 관련된 전반적인 아이디어들을 단상록의 형태로 소개하고, 1998년에 나온 『전 지구적 자본주의의 환상*False Dawn*』(한국어 판은 1999년에 출간)과 2007년에 나온 『추악한 동맹*Black Mass*』(한국어 판은 2011년에 출간)에서 전 지구적 자본주의와 신보수주의 등의 국제 정치경제 현실을 분석서의 형태로 비판했다면, 2011년 영국에서 출간된 이 책에서는 '과학'에 투사된 인간의 열망에 대해 두 개의 에피소드를 이야기 책의 형태로 들려 준다.

『불멸화위원회』가 들려주는 이야기는 과학과 죽음에 대한 것이다. 더 정확하게는 과학으로 죽음을 피하려고 했던 두 가지 시도에 대한 이야기다. 다윈의 생물학에 따르면 죽음은 존재의 소멸을 의미한다. 개체도 그렇고 종 전체도 그렇다. 그런데 인간 개체와 인간 종도 마찬가지라는 데서 문제가 발생한다. 개인의 삶과 인류 전체의 삶 둘 다를 의지로 구성해 나갈 수 있는 존재로서의 '인간 주체' 개념과 상충되기 때문이다. 개인적으로 의지를 실현하는 자아와 집단적으로 의지를 실현하는 사회적 주체라는 개념이 붕괴되는 것을 막으려면, 죽음이 종국적인 소멸을 의미한다는 것이 '참'이 아님을 밝혀야 했다. 영국의 심령연구자들은 과학적 방법론이 더욱 발전하면 현세의 죽음이 사실은 진짜 죽음이 아니라는 점을 과학적으로 증명할 수 있을 것이라고 생각했다. 러시아의 건신주의자들은 과학 기술이 더욱 발전해 인간의 역량이 커지면 현실에서 죽음을 무효로 만들 수 있을 것이라고 생각했다.

두 경우 모두에서, 그들이 생각한 해결책은 과학이란 객관적으로 존재하는 자연법칙을 발견하는 것이라는 생각, 그 자연법칙에는 진보가 포함된다는 생각, 그리고 과학 탐구의 방법론이나 과학으로 개발할 수 있는 테크놀로지가 아직은 덜 발전했지만 그 발전의 완성이 '임박' 했다는 생각을 전제로 하고 있었다. 그 위에 어떤 과학적인 방법론과 기술을 적용했든 간에, 이 세 가지 전제는 의심이나 검증이 허용되지 않는 믿음이었다. 그리고 이는 그들만의 소망을 보편의 위치에 등극시키고 그 보편을 완성하기 위해 그에 부합되지 않는 것들을 제거하는 과정을 정당화하는 결과를 낳았다. 영국의 심령연구자들이 과학으로 증명해 보이려고 했던 내세는 고상한 영국 상류층 세계의 좋은 점만 쏙 빼다 놓은 그들만의 세계였다. 그나마 그 세계에 맞지 않는 인간들을 현실에서 어떻게 처리할 것인가를 이들이 구체적으로 고민하지 않은 것은 다행이었다. 러시아에서는 새로운 인간형에 부합하지 않는 무용한 인간을 대대적으로 '박멸' 하는 작업이 진행됐으니 말이다.

과학을 '객관적 법칙 발견'과 동일시하는 견해는 자연과학뿐 아니라 사회과학에서도 지배적이다. 사회과학에서 말하는 이론적 작업이란 사회현상 이면의 메커니즘을 찾는 추상화 작업이다. 그렇게 찾아낸 혹은 만들어 낸 메커니즘은 '법칙'의 지위를 획득한다. 존 그레이는 현상을 이해하는 데 도움이 되도록 메커니즘을 발견해 내는 학문의 과정 자체를 문제 삼는 것이 아니다. 오히려 그는 이러한 과정과 그 과정을 통해 생산된 지식들이 인간에게 매우 유용할 수 있다고 생각한다. 문제는 그 메커니즘이 절대 진리로, 그리고 당위로 바뀔 때 발생한다. 존 그레이에게 과학의 유용성과 존재 의의는 기존의 지식 체계를 회의와 의심에 항상 열려 있게 만든다는 데 있고, 따라서 반증 가능성을 닫아 버린 절대 법칙은 과학이 아니라 도그마에 불과하다.

앞에서 언급한 온라인 강연에서, 존 그레이는 어떤 지식이나 법칙에 대해 '진리이냐 아니냐의 테스트truth tests' 보다는 '해로우냐 아니냐의 테스트harm tests' 가 필요하다고 이야기한 바 있다. 전작 『추악한 동맹』에서 국제정치 문제에 대해 그가 제시한 '현실주의' 적 해법과도 일맥상통한다. 과학에 대해서도 존 그레이가 제시하는 해법은 현실주의다. 종종 과학은 확실성의 탈을 쓰고 우리를 속인다. 요컨대, 과학이 '진리가 너희를 자유케 하리라' 하고 약속할 때, 우리는 과학의 약속을 유용한 만큼 얼마든지 받아들여도 좋지만 그 진리가 '누구를' '무엇에서' 자유케 하는지에 대한 비판적 고찰을 건너 뛴 채로 받아들이면 안 된다는 것이다. 자칫 우리만의 혹은 그들만의 진리에만 파묻혀 다른 모든 것을 배척하게 되거나, 불가능한 것(가령, 죽음)으로부터의 자유라는 가짜 약속을 줄기차게 부여잡게 될지도 모르니 말이다.

참고 문헌

헌사

1. From "Istanbul", 프레더릭 사이델의 시, *London Review of Books*, 6 August 2009, 11.
2. Emily Dickinson, *Complete Poems*, ed. Thomas H. Johnson, New York and London: Little, Brown, 1961, Poem 1731, 702.

1장 교차 통신, 유령과 나누는 대화

1. Wallace Stevens, "The Rock", in *The Collected Poems of Wallace Stevens*, New York: Vintage Books, 1990, 525.
2. 교령회에 대해서는 다음을 참고하라. Roger Luckhurst, *The Invention of Telepathy 1870~1901*, Oxford: Oxford University Press, 2002, 37~44.
3. 심령학과 예지력에 대한 조지 엘리엇의 복잡한 태도에 대해서는 다음을 참고하라. Nicholas Royle, "On Second Sight: George Eliot", *Telepathy and Literature: Essays on the Reading Mind*, Oxford and Cambridge, Mass.: Basil Blackwell, 1991, 84~110.
4. Janet Oppenheim, *The Other World: Spiritualism and Psychical Research in England, 1830~1914*, Cambridge: Cambridge University Press, 1985, 290~291.
5. 다음에 인용. Luckhurst, *The Invention of Telepathy*, 254. 다음도 참고하라. Trevor Hamilton, *Immortal Longings: F. W. H. Myers and the Victorian Search for Life After Death*, Exeter: Imprint Academic, 2009, 273~275.
6. 키플링의 몇몇 단편의 실제 저자가 앨리스 플레밍일 가능성에 대해서는 다음을 참고하라. Luckhurst, *The Invention of Telepathy*, 173~174.
7. 앨리스 플레밍의 정신 착란에 대해서는 다음을 참고하라. Judith Flanders, *A Circle of Sisters: Alice Kipling, Georgiana Burne-Jones, Agnes Poynter and Louisa*

Baldwin, London: Penguin Books, 2001, 289~290.

8. Bart Schultz, *Henry Sidgwick: Eye of the Universe, An Intellectual Biography*, Cambridge: Cambridge University Press, 2004, 722, 724.

9. G. N. M. Tyrrell, *The Personality of Man: New Facts and Their Significance*, London: Penguin, 1947, 144.

10. Alice Johnson, "On the Automatic Writing of Mrs. Holland", *Proceedings of the Society for Psychical Research*, 21 (1908), 374~377.

11. Alfred Russel Wallace, *Miracles and Modern Spiritualism, Three Essays*, London: James Burn, 1875, vii~viii. 심령학에 대한 월리스의 주장은 다음에 인용되어 있다. Michael Shermer, *In Darwin's Shadow: The Life and Science of Alfred Russel Wallace*, New York: Oxford University Press, 2002, 199.

12. 같은 책, 161.

13. 다음을 참고하라. Martin Fichman, *An Elusive Victorian: The Evolution of Alfred Russel Wallace*, Chicago and London: University of Chicago Press, 2004.

14. 다음에 인용. Luckhurst, *The Invention of Telepathy*, 40.

15. Henry Sidgwick, *The Methods of Ethics*, 1st edn, London: Macmillan, 1874, 473.

16. 다음에 인용. Oppenheim, *The Other World*, 114.

17. Schultz, *Henry Sidgwick*, 280.

18. *The Autobiography of Charles Darwin*, ed. Nora Barlow, New York and London: W. W. Norton and Company, 2005, 76~77. [『나의 삶은 서서히 진화해 왔다: 찰스 다윈 자서전』, 이한중 옮김, 갈라파고스, 2003]

19. Schultz, *Henry Sidgwick*, 281.

20. 같은 책, 208~209.

21. F. W. H. Myers, "George Eliot", *The Century Magazine* (November 1881). 해당 단락은 다음에 인용되어 있다. Rosemary Ashton, *George Eliot: A Life*, London: Penguin, 1997, 333~334.

22. Schultz, *Henry Sidgwick*, 297.

23. 다음에 인용. 같은 책, 726.

24. David Hume, *Dialogues on Natural Religion*, in *Hume on Religion*, ed. Richard Wollheim, London: Fontana/Collins, 1963, 130, 142.

25. Gerald Massey, *Concerning Spiritualism*, London: James Burns, 1871, 61. 매시의 인용문은 다음을 참고하라. Christine Ferguson, "Eugenics and the After-Life: Lombroso, Doyle, and the Spiritualist Purification of the Race", *Journal of Victorian Culture*, 12.1 (2007), 69.

26. Frederic W. H. Myers, "Multiplex Personality", *Proceedings of the Society for Psychical Research*, 4 (1887), 514.

27. F. W. H. Myers, *Collected Poems, with Autobiographical and Critical Fragments*, London: Macmillan, 1921, 14.

28. 같은 책, 17.

29. 같은 책, 17~20.

30. Frederic W. H. Myers, *Human Personality and Its Survival of Bodily Death*, London, New York and Bombay: Longmans, Green and Co., 1903, vol. 1, 280~281.

31. Frederic W. H. Myers, "Automatic Writing", *Proceedings of the Society for Psychical Research*, 3(1885), 31~32.

32. *The Autobiography of Charles Darwin*, 73.

33. Charles Darwin, *On the Origin of Species*, Ware: Wordsworth Editions, 1998, 368. [『종의 기원』, 송철용 옮김, 동서문화동판, 2009]

34. Archie E. Roy, *The Eager Dead: A Study in Haunting*, Sussex: Book Guild Publishing, 2008, 93.

35. 다음에 인용. Schultz, *Henry Sidgwick*, 726.

36. Wallace Stevens, "Angel Surrounded by Paysans", *The Collected Poems of Wallace Stevens*, New York: Vintage Books, 1990, 497.

37. Ernest Jones, *The Life and Work of Sigmund Freud*, vol. 2, New York: Basic Books, 1952, 27.

38. Sigmund Freud, "A Note on the Unconscious in Psycho-Analysis", *Proceedings of the Society for Psychical Research* (1912~1913), 312~318.

39. Sigmund Freud, "Dreams and Occultism", *New Introductory Lectures on Psychoanalysis and Other Works*, London: Vintage Books/Hogarth Press, 55.

40. 다음에 인용. Pamela Thurschwell, *Literature, Technology and Magical Thinking, 1880~1920*, Cambridge: Cambridge University Press, 2001, 220~221.

41. "글쓰기 치료법"으로 쓰인 자동 기술에 대해서는 다음을 참고하라. Sonu Shamdasani, "Automatic Writing and the Discovery of the Unconscious", *Spring: A Journal of Archetype and Culture*, 54, Dallas: Spring Publications, 1993, 100~131.

42. E. F. 켈리도 마이어스의 접근 방식을 이어받았다. E. W. Kelly, A. Crabtree, A. Gauld, M. Grosso and B. Greyson, *Irreducible Mind: Toward a Psychology for the Twenty-First Century*, Lanham: Rowman and Littlefield, 2006.

43. Myers, *Human Personality*, vol. 1, 14.

44. 다음에 인용. Oppenheim, *The Other World*, 258.

45. Myers, "Multiplex Personality", 496.

46. Henry Sidgwick, *The Methods of Ethics*, 7th edn, Indianapolis and Cambridge: Hackett Publishing Company, 1981, 418~419. 인용 부분은 다음을 참고하라. Schultz, *Henry Sidgwick*, 217.

47. Schultz, *Henry Sidgwick*, 450.

48. 블라바츠키의 생애와 서구 신비주의에 미친 영향에 대해서는 다음을 참고하라. Peter Washington, *Madame Blavatsky's Baboon: Theosophy and the Emergence of the Western Guru*, London: Secker and Warburg, 1993.

49. 블라바츠키에 대한 <심령연구학회>의 보고서는 다음을 참고하라. "Report on Phenomena Connected with Theosophy", *Proceedings of the Society for Psychical Research*, 3 (1885), 201~400. 다음도 참고하라. Schultz, *Henry Sidgwick*, 310, 315.

50. Schultz, *Henry Sidgwick*, 329.

51. 같은 책, 415.

52. 다음을 참고하라. Philip Hoare, *England's Lost Eden: Adventures in a Victorian Utopia*, London and New York: Harper Perennial, 2005, 217.

53. 다음에 인용. Alan Gauld, *The Founders of Psychical Research*, London: Routledge and Kegan Paul, 1968, 182.

54. Schultz, *Henry Sidgwick*, 414~415, 717~718.

55. 같은 책, 721~722, 769.

56. 같은 책, 722~723.

57. Johnson, "Automatic Writing of Mrs Holland", 321~322.

58. Schultz, *Henry Sidgwick*, 442.

59. Sidgwick, *Methods of Ethics*, 7th edn, 488~490.

60. Louis MacNeice, "Charon", in *Selected Poems*, London and Boston: Faber and Faber, 1988, 153.

61. Frederic W. H. Myers, *Fragments of Inner Life: An Autobiographical Sketch by Frederic W. H. Myers*, London: Society for Psychical Research, 1961.

62. 같은 책, 3.

63. W. H. Salter, *Memoirs*, 1955, 미출간, Trinity College Library, Cambridge. 해당 단락은 다음에 인용. Hamilton, *Immortal Longings*, 285.

64. Hamilton, *Immortal Longings*, 285.

65. 같은 책, 289; Roy, *The Eager Dead*, 117~118. 다음도 참고하라. John Beer, *Providence and Love: Studies in Wordsworth, Canning, Myers, George Eliot, and Ruskin*, Oxford: Clarendon Press, 1988, 116~188, 특히 138~143.

286 불멸화위원회

66. 레오 마이어스에 대해서는 다음을 참고하라. George Dyson, *Darwin among the Machines*, London: Penguin, 1997, 201~202. 마이어스와 올라프 스테이플턴의 관계에 대해서는 다음을 참고하라. Robert Crossley, *Olaf Stapledon: Speaking for the Future*, Liverpool: Liverpool University Press, 1994.

67. Arthur James Balfour, *The Foundations of Belief, Being Notes Introductory to the Study of Theology*, London and New York: Longmans Green and Co., 1895, 117.

68. 다음을 참고하라. R. J. Q. Adams, *Balfour: The Last Grandee*, London: John Murray, 2007, 22.

69. 데즈버러 부인이 두 아들을 전쟁에서 잃고 난 뒤 밸푸어가 데즈버러 부인에게 쓴 편지에서. 다음에 인용됨. Oppenheim, *The Other World*, 131.

70. Balfour, *The Foundations of Belief*, 29~31.

71. 같은 책, 126.

72. Jean Balfour, "The 'Palm Sunday' Case: New Light on an Old Love Story", *Proceedings of the Society for Psychical Research*, 52 (1958~1960), 94~95.

73. Roy, *The Eager Dead*, 422.

74. 다음을 참고하라. Adams, *Balfour: The Last Grandee*, 46~47. 애덤스는 밸푸어와 메리 리틀턴과의 관계에 대해서도 신빙성 있게 설명하고 있다. 29~32.

75. 다음을 참고하라. Elizabeth Longford, *A Pilgrimage of Passion: The Life of Wilfred Scawen Blunt*, London: Tauris Parke Paperbacks, 2007, 247~248.

76. Adams, *Balfour: The Last Grandee*, 32.

77. Longford, *Pilgrimage of Passion*, 247, 311.

78. Balfour, "The 'Palm Sunday' Case", 105.

79. 같은 책, 247.

80. 같은 책, 175.

81. 다음에 인용. Balfour, "The 'Palm Sunday' Case", 163. 다음에도 인용. Roy, *The Eager Dead*, 213.

82. Adams, *Balfour: The Last Grandee*, 377.

83. Thomas Hardy, "In a Former Resort After Many Years", in *Selected Poems*, ed. Tim Armstrong, London: Pearson/Longman, 2009, 275.

84. 다음에 인용. Roy, *The Eager Dead*, 257.

85. 같은 책, 498.

86. 같은 책, 262.

87. 크리슈나무르티에 대해서는 다음을 참고하라. James Webb, *The Occult Underground*, Chicago and La Salle: Open Court, 1988, 100~104.

88. 19세기 영국의 생활상이라는 맥락에서 에밀리 러티언스를 다룬 내용으로는 다음을 참고하라. Alex Owen, *The Place of Enchantment: British Occultism and the Culture of the Modern*, Chicago and London: University of Chicago Press, 2004, 44, 267, n. 84. 크리슈나무르티가 어린 시절 영국을 방문한 이야기는 다음을 참고하라. Frances Osborne, *The Bolter*, London: Virago, 2008, 26~27, 70~71.

89. Roy, *The Eager Dead*, 555.

90. Roland Vernon, *Star in the East: Krishnamurti: The Invention of a Messiah*, Boulder: Sentient Publications, 2002, 243.

91. Roy, *The Eager Dead*, xvi.

92. 어거스터스 헨리 쿰브-테넌트의 생애에 대해서는 다음을 참고하라. 같은 책, 특히 539~546.

93. 다음에 인용. David Fontana, *Is There an Afterlife? A Comprehensive Overview of the Evidence*, Ropley: O Books, 2007, 187.

94. Geraldine Cummins, *Swan on a Black Sea: The Cummins-Willett Scripts*, Norwich: Pilgrim Books, 1986, 37~38.

95. C. D. Broad, "Foreword", in Cummins, *Swan on a Black Sea*, li~lii.

96. Roy, *The Eager Dead*, 203~205.

97. 다음을 참고하라. Christopher Moreman, "A Re-examination of the Possibility of Chance Coincidence as an Alternative Explanation for Mediumistic Communication in the Cross-correspondences", *Journal of the Society for Psychical Research*, 67 (2003), 225~242. 다음 글은 모어맨의 결과를 반박하고 있다. Montague Keen and Archie Roy, "Chance Coincidence in the Cross-correspondences", *Journal of the Society for Psychical Research*, 68 (2004), 57~59.

98. 다음을 참고하라. George Mills Harper, *The Making of Yeats's A Vision: A Study of the Automatic Script*, vol. 1, London: Macmillan, 1987.

99. Myers, *Human Personality*, vol. 2, 140.

100. 다음을 참고하라. Theodore Flournoy, *From India to the Planet Mars: A Case of Multiple Personality with Imaginary Languages*, Princeton: Princeton University Press, 1994, with a new Introduction by Sonu Shamdasani.

101. Andre Breton, "The Automatic Message", in *What Is Surrealism? Selected Writings*, London: Pluto Press, 1989, 100. 해당 단락은 샴다사니Shamdasani가 인용한 것으로, 다음을 참고하라. Flournoy, *From India to the Planet Mars*, xv.

102. Andre Breton, "The Mediums Enter", in *The Lost Steps*, trans. Mark Polizotti, Lincoln and London: University of Nebraska Press, 1996, 90~91.

103. F. W. H. Myers, "On a Telepathic Explanation of Some So-called Spiritualistic Phenomena", *Proceedings of the Society for Psychical Research*, 2 (1884), 226~231.

104. Frederic W. H. Myers, "Automatic Writing", *Proceedings of the Society for Psychical Research*, 3 (1885), 24~25.

105. Adam Phillips, *Terrors and Experts*, London and Boston: Faber and Faber, 1995, 20.

106. Frederic Myers, "Automatic Writing", *Contemporary Review*, 47 (1885), 233~234. 해당 부분은 다음에 인용. Frank M. Turner, *Between Science and Religion: The Reaction to Scientific Naturalism in Late Victorian England*, New Haven: Yale University Press, 1974, 126~127.

107. Thomas Lovell Beddoes, "Dream-Pedlary", in *Selected Poetry*, ed. Judith Higgins and Michael Bradshaw, Manchester: Fyfield Books, 1996, 30.

108. Gary Lachman, *In Search of P. D. Ouspensky: The Genius in the Shadow of Gurdjieff*, Wheaton and Madras: Quest Books, 2006, 241~242.

2장 건신주의자, 과학으로 죽음을 정복하려 한 사람들

1. 다음에 인용. Joseph Finder, *Red Carpet*, New York: Holt, Rinehart and Winston, 1983, 11.

2. *H.G. Wells in Love: Postscript to an Experiment in Autobiography*, ed. G. P. Wells, London: Faber and Faber, 1984, 164.

3. 같은 책, 163~164.

4. H. G. Wells, *Russia in the Shadows*, New York: George H. Doran Co. 1921, 16.

5. Tania Alexander, *An Estonian Childhood: A Memoir*, London: Heinemann, 1987, 151.

6. R. H. Bruce Lockhart, *Memoirs of a British Agent*, London: Pan Books, 2002, 243~244.

7. 같은 책, 60.

8. 다음을 참고하라. Gordon Brook-Shephard, *Iron Maze: The Western Secret Services and the Bolsheviks*, London: Pan Books, 1998, 81~125. 다음도 참고하라. Michael Occleshaw, *Dances in Deep Shadows: Britain's Clandestine War in Russia 1917~1920*, London: Constable, 124~143. 연합군이 레닌과 트로츠키의 암살을 계

획했을 가능성을 암시하는 증거에 대해서는 다음을 참고하라. Michael Smith, *Six: A History of Britain's Secret Intelligence Service, Part 1: Murder and Mayhem 1909~1939*, London: Dialogue, 2010, 229~230.

9. Lockhart, *Memoirs*, 318.

10. 같은 책, 74~75.

11. *The Diaries of Sir Robert Bruce Lockhart*, vol. 2: 1939~1965, ed. Kenneth Young, London: Macmillan, 1980, 741~742, 753.

12. 정보기관과 모라의 관계에 대해서는 다음을 참고하라. Andrea Lynn, *Shadow Lovers: The Last Affairs of H. G. Wells*, Boulder: Westview Press, 2001, 179~197.

13. Wells, *Russia in the Shadows*, 152, 81, 162, 78, 162.

14. *Wells in Love*, 175.

15. 같은 책, 176.

16. 같은 책, 210.

17. 같은 책, 184.

18. 웰스와 모라의 대화는 다음을 참고하라. Anthony West, *H. G. Wells: Aspects of a Life*, London: Hutchinson, 1984, 145.

19. H.G. Wells, *The Anatomy of Frustration: A Modern Synthesis*, London: The Cresset Press, 1936, 236.

20. 같은 책, 237~238.

21. West, *H. G. Wells*, 142~145.

22. H. G. Wells, *Mind at the End of Its Tether*, London: William Heinemann, 1945, 15.

23. H. G. Wells, *Anticipations*, London: Chapman and Hall, 1902, 299.

24. 같은 책, 317.

25. H. G. Wells, *The Time Machine*, London: Penguin, 2005, 91.

26. H. G. Wells, *The War of the Worlds*, London: Penguin, 2005, 168.

27. 같은 책, 179.

28. H. G. Wells, *The Island of Doctor Moreau*, London: Penguin, 2005, 78.

29. 같은 책, 79.

30. 같은 책, 75.

31. 같은 책, 130.

32. 같은 책, 75.

33. 다음을 참고하라. Michael Sherborne, *H. G. Wells: Another Kind of Life*, London: Peter Owen, 2010, 289.

34. Wells, *Anticipations*, 317.

35. Wells, *Russia in the Shadows*, 88.

36. H. G. Wells, *Star Begotten*, ed. John Huntington, Middletown: Wesleyan University Press, 2006, 62.

37. 같은 책, 131.

38. 같은 책, 132.

39. H. G. Wells, *The Fate of Homo Sapiens*, London: Secker and Warburg, 1939, 311~312.

40. H. G. Wells, *The War in the Air*, London: Penguin, 2005, 279.

41. Wells, *Mind at the End of Its Tether*, 17.

42. Wells, *Star Begotten*, 82.

43. H. G. Wells, "A Thesis on the Quality of Illusion in the Continuity of the Individual Life in the Higher Metazoa, with Particular Reference to the Species Homo Sapiens", in H. G. Wells, '*42 to '44: A Contemporary Memoir upon Human Behaviour during the Crisis of the World Revolution*, London: Secker and Warburg, 1944, 169 et seq.

44. H. G. Wells, "The Betterave Papers", *Virginia Quarterly Review*, 21.3 (Summer 1945), 433.

45. H. G. Wells, *The Happy Turning: A Dream of Life*, London: William Heinemann, 1945, 48.

46. Wells, '*42 to '44*, 7.

47. 같은 책, 11.

48. 같은 책, 211~212.

49. Wells, *Mind at the End of Its Tether*, vii.

50. 같은 책, 5, 15.

51. 다음을 참고하라. Bernice Glatzer Rosenthal(ed.), *The Occult in Russian and Soviet Culture*, Ithaca and London: Cornell University Press, 1997, 194.

52. 다음에 인용. Sheila Fitzpatrick, *The Commissariat of Enlightenment: Soviet Organisation of Education and the Arts under Lunacharsky*, Cambridge: Cambridge University Press, 1970, 5.

53. Maxim Gorki, *Fragments from My Diary*, trans. Moura Budberg, London: Allen Lane/Penguin Press, 1972, 145~146.

54. 루나차르스키와 계몽 위원회에 대해서는 다음을 참고하라. Kirkpatrick, *The Commissariat of Enlightenment*.

55. Nina Tumarkin, *Lenin Lives! The Lenin Cult in Soviet Russia*, Cambridge, Mass.: Harvard University Press, 1997, 21.

56. Rosenthal, *The Occult in Russian and Soviet Culture*, 259.

57. P. D. Ouspensky, *In Search of the Miraculous: Fragments of an Unknown Teaching*, London: Penguin/Arkana, 1987, 143.

58. 베흐테레프의 죽음에 대한 약간 상이한 설명들은 다음을 참고하라. Donald Rayfield, *Stalin and His Hangmen: An Authoritative Portrait of a Tyrant and Those Who Served Him*, London: Penguin, 2005, 158, and Roman Brackman, *The Secret File of Joseph Stalin*, London: Frank Cass, 2001, 195~197.

59. 다음을 참고하라. Bernice Glatzer Rosenthal, *New Myth, New World: From Nietzsche to Stalinism*, Pennsylvania: Pennsylvania State University Press, 2002, 414.

60. 같은 책, 416.

61. 다음을 참고하라. Arkady Vaksberg, *The Murder of Maxim Gorky: A Secret Execution*, New York: Enigma Books, 2007, 283. 1920년대 초 소비에트의 세균무기 실험에 인간 생체가 사용된 사례는 다음을 참고하라. Smith, *Six*, 296~297.

62. 다음을 참고하라. Anne Applebaum, *Gulag: A History of the Soviet Camps*, London: Allen Lane, 2003, 81.

63. David Remnick, *Lenin's Tomb*, London: Penguin, 1994, 139.

64. 다음을 참고하라. A. Nekrich and M. Heller, *Utopia in Power: A History of the Soviet Union from 1917 to the Present*, London: Hutchinson, 1986, 121.

65. Rosenthal, *New Myth, New World*, 271.

66. 엥겔스의 인종주의에 대해서는 다음을 참고하라. Tristram Hunt, *The Frock-Coated Communist: The Revolutionary Life of Friedrich Engels*, London: Allen Lane/Penguin, 2009, 169~171.

67. *Selected Works of Konstantin E. Tsiolkovsky*, Honolulu: University Press of the Pacific, 2004, 124~127.

68. Keith Douglas, "How to Kill", *Keith Douglas, The Complete Poems*, London and New York: Faber and Faber, 2000, 119.

69. 다음을 참고하라. Vitaly Shentalinsky, *Arrested Voices: Resurrecting the Disappeared Writers of the Soviet Regime*, New York and London: Martin Kessler Books/Free Press, 1996, 252~254.

70. 다음을 참고하라. Leslie Chamberlain, *The Philosophy Steamer: Lenin and the Exile of the Intelligentsia*, London: Atlantic Books, 2006.

71. Rayfield, *Stalin and His Hangmen*, 210.

72. 다음을 참고하라. Rosenthal, *The Occult in Russian and Soviet Culture*, 27.

73. 다음을 참고하라. Ilya Zbarsky and Samuel Hutchison, *Lenin's Embalmers*,

trans.Barbara Bray London: Harvill Press, 1998, 17~18.

74. 페도로프의 사상과 페도로프가 볼셰비키에 미친 영향에 대해서는 다음의 내 저작을 참고하라. *Straw Dogs: Thoughts on Humans and Other Animals*, London: Granta Books, 2002, 137~139. [『하찮은 인간, 호모 라피엔스』, 김승진 옮김, 이후, 2010] 이와 관련해 다음에서 크게 도움을 받았다. Dmitry Shlapentokh, "Bolshevism as a Federovian Regime", *Cahiers du Monde Russe*, 37.4 (October - November 1996), 429~466.

75. Nikolai Fedorovich Federov, *What was Man Created For? The Philosophy of the Common Task*, Lausanne: Honeyglen Publishing, 1990, 96~97.

76. 다음을 참고하라. Sean McMeekin, *History's Greatest Heist: The Looting of Russia by the Bolsheviks*, New Haven and London: Yale University Press, 2009, 91.

77. Tumarkin, *Lenin Lives!*, 181.

78. 다음을 참고하라. Bernice Glatzer Rosenthal, "Political Implications of the Early Twentieth Century Occult Revival", in Rosenthal, *The Occult in Russian and Soviet Culture*, 405~406.

79. 다음에 인용. Tumarkin, *Lenin Lives!*, 190.

80. Richard Overy, *The Dictators: Hitler's Germany and Stalin's Russia*, Old Saybrook: Konecky and Konecky, 2004, 109.

81. 다음에 인용. Charlotte Douglas, "Beyond Reason: Malevich, Matiushin and Their Circle", in *The Spiritual in Art: Abstract Painting 1890~1985*, New York: Los Angeles County Museum of Art and Abbeville Press, 1986, 188~190.

82. 다음을 참고하라. J. K. Birkstead, *Le Corbusier and the Occult*, Cambridge, Mass., and London: MIT Press, 2009.

83. Tumarkin, *Lenin Lives!*, 189.

84. Zbarsky and Hutchison, *Lenin's Embalmers*, 24~31. Catherine Merridale, *Night of Stone: Death and Memory in Russia*, London: Granta Books, 2000, 192~194.

85. Remnick, *Lenin's Tomb*, 443~444.

86. 다음에서 인용. Michael Jakobson, *Origins of the Gulag: The Soviet Prison Camp System 1917~1934*, Lexington: University Press of Kentucky, 1993, ii.

87. 다음에 인용. Rayfield, *Stalin and His Hangmen*, 76.

88. 다음을 참고하라. W. Bruce Lincoln, *Red Victory: A History of the Russian Civil War, 1918~1921*, New York: Simon and Schuster, 1989, 388.

89. Brackman, *Secret File of Joseph Stalin*, 192.

90. *The Diaries of Sir Robert Bruce Lockhart*, vol. 2, 758.

91. Rosenthal, *New Myth, New World*, 98~99.

92. Brackman, *Secret File of Joseph Stalin*, 207.

93. 블룸킨에 대한 최근 책으로는 다음을 참고하라. Mary-Kay Wilmers, *The Eitingons: A Twentieth-Century Story*, London: Faber and Faber, 2009, 158~159.

94. Brackman, *Secret File of Joseph Stalin*, 209.

95. Joseph Roth, *The Silent Prophet*, London: Peter Owen, 2002, 175.

96. Rosenthal, *The Occult in Russian and Soviet Culture*, 26.

97. Dmitri Volkogonov, *Lenin: Life and Legacy*, London: HarperCollins, 1994, 372.

98. Shentalinsky, *Arrested Voices*, 214~215.

99. 다음을 참고하라. Tim Tzouliadis, *The Forsaken – From the Great Depression to the Gulags: Hope and Betrayal in Stalin's Russia*, London: Little, Brown, 2008, 357.

100. Remnick, *Lenin's Tomb*, 506.

101. Rayfield, *Stalin and His Hangmen*, 114.

102. 같은 책, 80.

103. Lincoln, *Red Victory*, 384.

104. Jakobson, *Origins of the Gulag*, 24~25.

105. Rayfield, *Stalin and His Hangmen*, 80.

106. Lincoln, *Red Victory*, 385.

107. Rayfield, *Stalin and His Hangmen*, 75.

108. Lincoln, *Red Victory*, 389.

109. William Henry Chamberlin, *The Russian Revolution*, vol. 2, New York: Grosset and Dunlap, 1965, 70~71.

110. 탐보프 농민반란 진압에 독가스를 사용한 것과 숲의 나뭇잎 제거, 마을을 통째로 파괴하는 정책 등에 대해서는 다음을 참고하라. *The Black Book of Communism*, Cambridge, Mass. and London: Harvard University Press, 2000, 116~118.

111. Rayfield, *Stalin and His Hangmen*, 79~80.

112. 다음을 참고하라. Richard Pipes, *The Unknown Lenin: From the Secret Archive*, New Haven and London: Yale University Press, 1998, 116~117.

113. Norman Cohn, *Warrant for Genocide*, London: Serif, 1996, 132.

114. Rayfield, *Stalin and His Hangmen*, 82.

115. 다음을 참고하라. John J. Dziak, *Chekisty: A History of the KGB*, New York: Ivy Books, 1988, 1장, 2장.

116. Nekrich and Heller, *Utopia in Power*, 173.

117. 같은 책, 236~237.
118. 다음을 참고하라. Timothy Snyder, "Holocaust: The Ignored Reality", *New York Review of Books*, 56.12 (16 July 2009).
119. Rayfield, *Stalin and His Hangmen*, 190.
120. Jakobson, *Origins of the Gulag*, 139.
121. Donald Rayfield, "killing fields", *Literary Review*, September 2010, 11.
122. 다음을 참고하라. Merridale, *Night of Stone*, 254.
123. 다음을 참고하라. Robert Gellately, *Lenin, Stalin and Hitler: The Age of Social Catastrophe*, London: Vintage Books, 2008, 460, 521.
124. Tzouliadis, *The Forsaken*, 230.
125. 같은 책, 355~356.
126. 다음을 참고하라. Remnick, *Lenin's Tomb*, 138~139.
127. Rayfield, *Stalin and His Hangmen*, 395. 나치 침공 당시 소련의 사상자 수를 2천 5백만 명 이상으로 보는 추정치도 있다. 유대인 대량 학살에 대해서는 다음을 참고하라. Patrick Desbois, *The Holocaust by Bullets*, London: Palgrave Macmillan, 2008. 헝거 플랜에 대해서는 다음을 참고하라. Snyder, "Holocaust: The Ignored Reality".
128. Tzouliadis, *The Forsaken*, 103.
129. 다음을 참고하라. Gustaw Herling, *Volcano and Miracle*, New York: Penguin, 1996, 248.
130. Tzouliadis, *The Forsaken*, 56~57.
131. 듀런티가 바이닝거를 흠모했던 것과 크롤리의 팀에 합류했던 것에 대해서는 다음을 참고하라. S. J. Taylor, *Stalin's Apologist: Walter Duranty, The New York Times's Man in Moscow*, New York: Oxford University Press, 1990, 28~38.
132. 다음을 참고하라. Patrick Wright, *Tank: The Progress of a Monstrous War Machine*, London: Faber and Faber, 2000, 10장.
133. Tzouliadis, *The Forsaken*, 53.
134. I.E. 스톤에 대한 증거는 다음을 참고하라. John Earl Haynes, Harvey Klehr and Alexander Vassiliev, *Spies: The Rise and Fall of the KGB in America*, New Haven: Yale University Press, 2009, 146~152.
135. Rayfield, *Stalin and His Hangmen*, 340; Donald Rayfield, "As though no one was looking", *Times Literary Supplement* (12 December 2008), 23.
136. Tzouliadis, *The Forsaken*, 113.
137. Remnick, *Lenin's Tomb*, 406.
138. Wallace Stevens, "Waving Adieu, Adieu, Adieu", *Collected Poems*, London, Faber

and Faber, 2006, 109.

139. *The Diaries of Robert Bruce Lockhart, vol. 1: 1915~1938*, ed. Kenneth Young, London: Macmillan, 1973, 156.

140. 다음에 인용. Nina Berberova, *Moura: The Dangerous Life of the Baroness Budberg*, trans. Marian Schwartz and Richard D. Sylvester, New York: New York Review Books Classics, 2005, 245. 다음도 참고하라. Stephen Koch, *Double Lives: Stalin, Willi Munzenberg and the Seduction of the Intellectuals*, New York: Enigma Books, 2004, 293; Lachlan Mackinnon, *The Lives of Elsa Triolet*, London: Chatto and Windus, 1992, 104~105.

141. "Baroness warned MI5 about Blunt in 1951", *Daily Telegraph* (28 November 2002); *Graham Greene: A Life in Letters*, ed. Richard Greene, London: Abacus, 2007, 405. 2008년 5월 7일 방영된 BBC 4 텔레비전 프로그램 <스파이 숙모>에서 모라의 후손인 드미트리 콜린브리지는 모라가 첩보의 세계와 전혀 관련이 없었을 수도 있다고 말했다. 이렇게까지 보는 것은 지나친 것이지만, 콜린브리지는 적어도 모라가 고리키의 죽음에 연루되지는 않았음을 보여 주는 정보를 제공해 주었다. 모라의 생애는 『타임』 2010년 4월 27일자에 도널드 매클린타이어Donald MacIntyre의 기사 "닉 클레그에 부드베르크 남작 부인의 흔적이 있나?Is there a bit of the Baroness in Nick Clegg?"로도 다뤄졌다. 닉 클레그는 영국 자유 민주당 지도자인데 모라의 증손자뻘이 된다.

142. Berberova, *Moura*, xxi.

3장 달콤한 필멸

1. 원거리 투시 등의 현상에 대해서는 다음을 참고하라. Damien Broderick, *Outside the Gates of Science*, New York: Thunder's Mouth Press, 2007.

2. 스콜 실험에 대한 평가는 다음 기사를 참고하라. Bryan Appleyard, *The Sunday Times*, 27 June 1999. 스콜 실험을 지지하는 입장에 대해서는 다음을 참고하라. David Fontana, *Is There an Afterlife: A Comprehensive Overview of the Evidence*, Ropley: O Book, 2007, 324~347.

3. Roy, *The Eager Dead*, 561.

4. 탈세속화 경향에 대해서는 다음을 참고하라. John Micklethwaite and Adrian

Wooldridge, *God Is Back: How the Global Rise of Faith Is Changing the World*, London: Allen Lane, 2009.

5. 에틴거에 대해서는 다음을 참고하라. Bryan Appleyard, *How to Live Forever or Die Trying: On the New Immortality*, London and New York: Simon and Schuster, 2007, 198~199.

6. Robert C. W. Ettinger, *The Prospect of Immortality*, Palo Alto: Ria University Press, 2005, 6, 180.

7. Alan Harrington, *The Immortalist: An Approach to the Engineering of Man's Divinity*, St Albans: Panther, 1973, 11, 15, 29, 229.

8. George Faludy, *Selected Poems of George Faludy 1933~1980*, ed. and trans. Robin Skelton, Athens: University of Georgia Press, 1985, 98.

9. Ray Kurzweil and Terry Grossman, MD, *Transcend: Nine Steps to Living Well Forever*, New York: Rodale Books, 2009. 〔『영원히 사는 법』, 김희원 옮김, 승산, 2011〕

10. Ray Kurzweil, *The Singularity Is Near: When Humans Transcend Biology*, New York: Viking, 2005, 24~29. 〔『기술이 인간을 초월하는 순간 특이점이 온다』, 장시형 · 김명남 옮김, 김영사, 2007〕

11. 같은 책, 390.

12. 같은 책, 487.

13. Dyson, *Darwin among the Machines*, 32.

14. 다원주의적으로 설명한 가이아 이론에 대해서는 다음을 참고하라. Lovelock, *The Vanishing Face of Gaia*, London: Allen Lane, 2009, 112~118.

15. Czesław Miłosz, "Throughout our Lands", in *New and Collected Poems*, London: Penguin, 2005, 182.

16. Balfour, *The Foundations of Belief*, 301.

17. 같은 책, 310~311.

18. 최근에 지적 설계론으로 돌아선 사람으로는 앤터니 플루를 들 수 있다. 다음을 참고하라. Antony Flew with Roy Abraham Varghese, *There Is a God: How the World's Most Notorious Atheist Changed His Mind*, New York: HarperCollins, 2008, 5장.

19. 이 사안들에 대한 논의를 보려면 다음을 참고하라. Paul Davies, *The Goldilocks Enigma: Why Is the Universe Just Right for Life?*, London: Penguin, 2007.

20. "임시변통으로 헤쳐 나가기"라는 용어는 나심 니콜라스 탈리브에게서 빌렸다. 그가 쓴 다음 책(출간 예정)을 참고하라. *Tinkering: How to Live in a World We Don't Understand*.

21. George Santayana, "Ultimate Religion", in *The Essential Santayana: Selected*

Writings, Bloomington and Indianapolis: Indiana University Press, 2009, 343.

22. Richard Jefferies, "Absence of Design in Nature", in *Landscape with Figures: An Anthology of Richard Jefferies's Prose*, London: Penguin, 1983, 244.

23. Edward Thomas, *The Icknield Way*, London: Wildwood House, 1980, 280~283.

24. Edward Thomas, "Lights Out", in *Annotated Poems*, ed. Edna Longley, Tarset: Bloodaxe, 2008, 136.

25. György Faludy, *My Happy Days in Hell*, trans. KathleenSzasz, London: Penguin Books, 2010, 113~114.

불멸화위원회

유령과 볼셰비키, 그리고 죽음을 극복하려는 이상한 시도

지은이 _ 존 그레이
옮긴이 _ 김승진
펴낸이 _ 이명회
펴낸곳 _ 도서출판 이후
편집 _ 김은주, 신원제, 유정언
마케팅 _ 김우정

첫 번째 찍은 날 2012년 10월 18일

등록 1998. 2. 18(제13-828호)
주소 _ 121-754 서울시 마포구 동교동 165-8 엘지팰리스 1229호
전화 _ 대표 02-3141-9640 편집 02-3141-9643 팩스 02-3141-9641
www.ewho.co.kr

ISBN 978-89-6157-062-6 03100

이 도서의 국립중앙도서관 출판시도서목록(CIP)은 e-CIP 홈페이지
(http://www.ni.go.kr/cip.php)에서 이용하실 수 있습니다.
(CIP 제어번호: CIP 2012004585)